苏珊·福沃德心理学经典作品

DR.SUSAN FORWARD

原生家庭

如何修补自己的性格缺陷

(美)
苏珊·福沃德 克雷格·巴克 著

黄姝 王婷 译

北京时代华文书局

关于本书

这是一部振聋发聩的家庭心理疗伤经典之作。苏珊·福沃德博士通过工作中接触到的大量真实素材，分析了各类“有毒父母”的所作所为，以及这些行为如何伤害了子女并持续影响子女成年后的生活。

难能可贵的是，作者的主旨并不在于控诉这样的父母，而在于传授具体的对策，使那些受过或仍在承受父母伤害的人们获得勇气和力量，从与父母的负面关系模式中解脱，恢复自信和力量，得到自由和幸福。

推荐序

直面家庭的真相

武志红

你的所有感受都是有道理的，尤其是那些灰暗的感受。

内心充满痛苦的人，只要能发现这样一个简单的道理，他们的痛苦就会减轻很多。

并且，这个道理的核心是，你那些灰暗的、一直以来难以被别人和自己所理解接纳、似乎根本无处安放的感受，其实就是来自你的家庭，而且主要是来自你与父母的关系。

这是一个真相，我们必须尊重的真相。

父母是伟大的，天下无不是的父母，这是我们文化一直所宣导的，经过两千多年一以贯之的宣导，孩子对父母的孝道就成了一种“非如此不可”的教条。

在这种教条之下，你的那些灰暗的感受将无处安放。

一位男士，他的精神濒临崩溃，他有想杀死妻子的冲动，他觉得妻子背叛了他。

我问他，什么时候还曾有过这样的冲动，他说，偶尔有。

我再仔细询问，这些时候有一些什么样的共同点。

结果发现，其中最大的共同点是，每次都是妈妈过来和他一起住，约半年后他产生了杀死妻子的冲动。

我再问，你真正想杀的是谁？他沉默了很久后说，是妈妈。

我另外一位来访者，他做了一个梦，梦见自己杀死了一个女同学，然后就四处逃亡，终日活在惶惶不可终日的道德焦虑中。我请他自由联想，即这位女同学会让他第一时间想到谁，他说，妈妈。

现实中，他当然没有杀死妈妈，他对妈妈百般孝顺。事实上，他对女性极其温柔，他甚至都不会和女性吵架。但他的内心深处藏着很深的道德焦虑，因为他真的对妈妈有巨大的愤怒，这种愤怒有时会让他在一闪念中产生想杀死妈妈的冲动。

孝道教条主义之下，对妈妈的愤怒成了不可呈现的东西，不管这份愤怒有多大，它也不能流向妈妈哪怕丝毫，于是，它最终流向了另一个女人，或者其他人。

这是迁怒，而我们社会中的无数恶性事件乃至陋习，其核心都是迁怒，即将对父母的不满迁怒于其他人。

这两位男士，在相当长时间的咨询中，细致地审视了与父母的关系，尊重了自己对妈妈的愤怒，于是这份愤怒就真的可以放下了；愤怒放下后，对妈妈的更充分的爱出来了。同时，他与妻子就真的可以相爱了。

瑞士心理学家荣格有一个术语“阴影”。我很喜欢这个术语，不能在阳光下呈现的心理，最后就会躲入阴影中，但它不会消失，而是会以我们不能控制的破坏性的方式出现。

譬如这位男士对妈妈的愤怒，如果只能躲在阴影中，那么最终真可能会以制造北京大兴灭门案的李磊的故事模本而结束。相反，当这份愤怒可以用觉知之光照亮时，它反而可以化解了。

在我听到的几千个故事中，类似这样的故事比比皆是。

所以，我们需要《原生家庭：如何修补自己的性格缺陷》这样的书。这本书并没有很深的道理，它简单直接，可以让我们很清晰地去认识自己的家庭。

我们的文化尤其需要这样的书，因为孝道流传两千多年，在我们每个人的心中都扎根太深。我个人认为，孝道以及与孝道密不可分的重男轻女，最终成为几乎一切常见的病态心理的根源。

譬如中国人好面子。为什么？因为我们在孩子的时候是没有面子的，既然父母怎么对孩子都是对的，那么父母可以肆无忌惮地否定孩子、攻击孩子，孩子的尊严荡然无存。于是，等长大了有力量有力气了，就会过度地去捍卫自己的面子。

譬如中国人好吃。为什么？因为看似“一切为了孩子”的我们，实际上在喂孩子吃奶这件事上做得相当之差。于是我们做孩子时吃奶的欲望普遍没有得到满足，一切没有完成的重大愿望都会成为诅咒般的力量，这种吃奶的饥渴感最后就化为了对吃的执着。

譬如中国人有私德而缺乏公德。为什么？因为私德的核心是孝道，是孩子要无条件地遵从父母的规则，这是“非如此不可”的、必须做的东西。相反，公德的核心是良知，但在家里过度孝顺的我们到了社会上就忍不住想放肆，破坏公德都会给我们叛逆的快感。可以说，破坏公德就是过度孝顺的阴影。

类似这样的对比，如果仔细分析起来，可以无穷无尽。

家，是爱与温暖的传递通道，也是恨与伤害的传递通道。但孝道让我们只看到前者，而否认后者的存在。于是，打着“天下无不是的父母”的旗号，父母们就可以放肆地去伤害孩子，像自己的父母伤害自己一样，由此将恨与伤害传递下去。

这个通道，在我看来，远大于战争的破坏力，因为至亲之间的相互伤害容易让人丧失对人性的希望。

有些父母是“中毒”的，而且中毒的父母绝不在少数，尊重这一点，而不是活在孝道的教条主义之下，我们的心就有了空隙，觉知之光就可以照射到我们的心中，爱、幸福与自由就会点燃。

《原生家庭：如何修补自己的性格缺陷》这本书的作者苏珊·福沃德对我有特殊的影响。在北京大学学习时，一次在图书馆借到了一本书《情感敲诈》（*Emotional Blackmail*），这本书让我读得很过瘾，尤其是长期困扰自己的一些东西一瞬间就明白了，这种理解来得相当简单容易。那时我就想，为什么不这样写书呢？为什么非得将书写得晦涩难懂呢？

也许这是一个重要的起因，为什么我自己的书会写成我现在的风格。

《情感敲诈》这本书，是苏珊·福沃德的另一本力作，我也很期待国内的出版社能将这本书“激活”，就像《原生家庭：如何修补自己的性格缺陷》这本书被“激活”一样。

出版这样的书，是功德无量的事情。说“功德无量”这样的话，容易给人一点压力，似乎这么好的书，你不接受就是你的错。我不希望给你这样的感觉。

选择一本书最好的方式，在我看来，就是你喜不喜欢这本书，至于这本书是否重要，这真的不算重要。

虽然我还想补充说，《原生家庭：如何修补自己的性格缺陷》真的是一本重要的书。

武志红

心理学家，心理咨询师，《广州日报》心理版专栏作家

目录

Contents

第二部分　拥抱你的内在小孩

前言

有毒的父母，中毒的孩子

他们大多也和戈登一样，不会把生活中遇到的问题同自己的父母联系起来。这是一个颇具共性的情感盲区——人们很难意识到，与父母的关系会对自己的生活产生重大的影响。

戈登，一位三十八岁的成功的整形外科医生，在结婚六年的妻子离开他后来找我。他曾想方设法地挽留她，但他妻子说，如果他不想办法改掉他那控制不住的坏脾气，她是不会考虑回家的，他突如其来的爆发和毫不留情的训斥实在令她恐惧。戈登也知道自己脾气暴躁而且有些唠叨，但面对妻子的出走，他仍然惊讶得目瞪口呆。

我让戈登聊聊他自己，并在交谈间提了几个问题，引导话题走向。当我问到他父母时，他笑着描绘了一幅光辉灿烂的景象，尤其在谈到他父亲——一位中西部地区杰出的心脏病专家时，他这样说：

没错，过去我父亲经常打我，但他这样做只是为了让我乖乖听话。我不觉得这和我婚姻破裂有什么关联。如果不是父亲，我根本就不会成为一名医生。他是最棒的，病人都把他视为圣人。

我问他现在和父亲的关系怎样，他尴尬地笑了笑，说：

很好啊……至少在我告诉他我打算从事整体医学[1]研究之前是这样的。你是不是觉得我想要成为一个杀人如麻的刽子手？我是大约三个月前告诉他的，现在每次说起，他都咆哮着说他送我上医学院不是为了让我成为信仰治疗师[2]的。昨天谈得更糟糕，他很烦躁地说，让我忘了自己是他的家人。这真的很伤人。我也不知道为什么我们的关系会变成这样，或许整体医学真的不是个好选择吧。

在戈登描述他父亲的时候（显然，他父亲并没有他想让我相信的那样出色），我注意到他的双手不断地扣紧再松开，似乎预示着他内心的不安。而当他意识到自己这一动作时又开始刻意克制，双手指尖相抵，就像讲台前的教授常常会有的样子，这手势看起来似乎是从他父亲那里学到的。

我问戈登他父亲是不是总这么霸道。

不，其实也不能这么说。我是说，以前他确实常常对我大吼大叫。和

1　整体医学（holistic medicine）：理念上与传统中医学一脉相承，从整体角度研究人体疾病的发生发展规律、疾病中人体各部分之间的相互联系及所导致的机体状态的变化规律，并从整体角度研究疾病的预防治疗方法的一门学科，是将古代传统医学的整体观念与现代科学的实证方法有机结合的全新医学体系。

2　信仰治疗师（faith healer）：通过修正、改变人的世界观和人生观，塑造信仰体系来恢复或强化病人的心理能力，以治愈其心理疾病的医师。

别人家的小孩一样，我偶尔也会挨揍。可尽管如此，我也不觉得他霸道。

在说到“挨揍”这个词的时候，他脸上的神情以及声音里细微的情感波动触动了我。于是我追问下去。原来，他所谓的“挨揍”竟然是每周被父亲用皮带抽打两三次！戈登用不着犯什么大错便能招来一顿暴打：言语间的些微不敬，低于平均分数的成绩单，或者忘了做家务……都是不可饶恕的“罪行”。戈登的父亲抡起皮带来也是没头没脑的。在戈登的记忆里，他的后背、双腿、胳膊、双手和屁股，都无一幸免。我又问戈登他父亲下手有多重：

戈登：“也没有流血或是怎样，每次我都没什么大事。他只是需要采取些手段让我守规矩而已。”

苏珊：“但你还是很怕他，是不是？”

戈登：“过去真是怕得要死，但为人父母不就应该是这样吗？”

苏珊：“戈登，你希望你的孩子也这样怕你吗？”

戈登避开了我的目光，这问题让他非常不安。我把椅子拉近了些，用温和的语气继续问下去：

你太太是儿科医生。如果她在诊室里见到某个孩子身上伤痕累累，就像曾经你挨完揍身上留下的那些伤痕一样，你觉得她应不应该依法向有关部门报告？

戈登没有回答。忽然间的醒悟让他的双眼满含泪水。他低声说：

我胃里堵得难受。

戈登的防线彻底垮掉了。尽管非常痛苦，他却第一次发现了自己的坏脾气隐藏已久的根源在哪里。从童年时代起，他的心底一直潜伏着一座火山，那是他对父亲的愤怒。一旦外界的压力过大，他便会肆意向身边的人——通常是他的妻子喷发。我已经知道了该如何解决戈登的问题：面对他内心深处这个挨过揍的孩子，并且治愈这个孩子。

那天晚上回家后，我发现自己仍然满脑子都是戈登的遭遇，眼前不断浮现出他终于意识到自己遭受虐待时满眼泪水的样子。我还想起了许多曾经在我这里接受治疗的成年男女，想起他们的生活是如何被童年时期父母设定的模式所影响甚至控制的，这些模式对孩子的情感极具破坏性。我忽然意识到，一定还有更多的人想不通为什么他们总是诸事不顺，而他们同样可以得到治愈。这正是我撰写本书的原因。

为什么要回顾过去

戈登的经历并不是个例。作为一名心理医生，在过去十八年的从业生涯中，不论是在私人诊所，还是在医院，我都接触过大量的咨询者。他们的自尊心大多受过伤害，而这些伤害来自于他们的父母——经常打骂、训斥他们；嘲笑他们愚笨、丑陋或无用，使他们深受负罪感的折磨；对他们实施性虐待；强加给他们太多的责任或者对他们极度溺爱和过度保护……他们大多也和戈登一样，不会把生活中遇到的问题同自己的父母联系起来。这是一个颇具共性的情感盲区——人们很难意识到，与父母的关系会对自己的生活产生重大的影响。

心理疗法的侧重点早已从“当时”转变为“此时此地”。如今的心理治疗早已不再倚重分析咨询者早期的生活经历，而是把重点转移到对他们当前行为、人际关系和心理机制的检验和改善了。我认为这种转变的原因是许多传统疗法昂贵、耗时，却收效甚微，令咨询者心生抵触。

对于能改变破坏性行为模式的短期疗法，我坚信不疑，但经验告诉我，仅治疗身体上的症状是不够的，还必须解决引发这些症状的根源。只有双管齐下，才能获得最好的疗效：在改变咨询者现阶段自毁行为的同时，也要彻底治愈过去的精神创伤。

戈登需要学习一些技巧来控制他的愤怒，但要做出彻底的改变，能够经得住压力的改变，他还需要回顾过去，治疗自己童年时期的伤痛。

父母在我们心里种下了精神和情感的种子，它们会随我们一同成长。在有些家庭里，父母种下的是爱、尊重和独立，而在另一些家庭里，则是恐惧、责任或负罪感。

如果你来自第二种家庭，那么这本书就是为你而写的。随着你步入成年，这些种子也会长成无形的杂草，以你想象不到的方式侵入你的生活。它们的须蔓可能已经伤害了你的自信和自尊，而你在人际关系、事业或家庭各个方面也很可能已经受损而不自知。

我现在就来帮你找出这些杂草，将它们彻底拔除。

什么样的父母是有毒的父母

所有的父母都难免偶有不足之处。我自己也曾在孩子的事情上犯过严重错误，给他们（也给我自己）造成了不小的伤害。能够满足孩子所有情感需求的父母是不存在的，偶尔向孩子发发脾气也是正常现象。每位父母都有可能偶尔对孩子管教过严。大部分父母都打过孩子，哪怕只是偶尔为之。仅凭这些一念之差的过激行为，就能说明他们是残暴无情或不称职的父母吗？

当然不能。父母也不过是普通人，也有很多他们自己的问题。只要他们平时给予孩子足够的爱和理解，大部分孩子还是可以原谅他们偶尔的怒气爆发的。

但也有很多家长，他们的负面行为模式是持续存在的，始终支配着孩子的生活。这些就是伤害型父母了。

当我试着寻找一个合适的词来描述这些伤害型父母所具备的共性时，头脑中不断闪现一个词——有毒。这些父母加之于孩子的情感伤害，就像化学毒素一样蔓延至孩子的整个身心，而孩子遭受的痛苦也会随着成长不断加深。还有什么字眼比“有毒”更适合描绘这些不断贬损、伤害甚至虐待孩子，即使在他们成年后也大多并未收敛的父母呢？

在这一界定中的“持续性”和“反复性”方面也存在一些例外——性虐待和身体虐待的伤害太过巨大，往往一次就足以给孩子的感情造成重创。

遗憾的是，我们应该掌握的至关重要的技能之一——如何为人父母，在很大程度上仍然靠我们凭感觉和本能去尝试。父母的所谓方法主要来源于他们的父母，而他们的父母在教导子女方面的表现可能一样乏善可陈。

许多代代相传的古老的教子之法其实不过是貌似聪明的馊主意罢了（还记得“不打不成器”的老话吗）。

有毒的父母都对你做了什么

不论小时候的经历如何不同，是常常挨打还是被独自留在家，是遭受性虐待还是被当作傻瓜对待，是被过度宠溺还是为负罪感所累，中毒的成年子女所表现的症状都惊人地相似：自尊心受损以及由此引发的自我毁灭式行为。几乎所有人都或多或少地感到自己毫无价值、不讨人喜欢而且一无是处。

这些想法很大程度上来自于这样一个事实：中毒的子女会自觉或不自觉地因为父母的虐待而自责。对于一个毫无防范、依赖父母的孩子来说，很容易觉得自己做了“坏事”在先，惹得父亲发火是理所当然的，并因此感到愧疚。他如何会认识到这样一个可怕的事实——本该保护他的父亲竟然不值得信赖！

这样的孩子成年后，会继续背负着身为不称职子女的罪恶感，很难建立起一个积极的自我形象。由此引发的自信心和自我价值感的缺失反过来也将影响他们生活的方方面面。

为自己的心理诊脉

要判断你的父母是否有毒，或是曾经有毒，并不总是那么容易。很多人都与自己的父母关系紧张，单凭这一点还不足以说明你的父母在情感上对你造成过伤害。人们往往内心挣扎，摇摆不定，弄不清究竟自己是受到了虐待还是只是过于敏感。

我设计了一份调查问卷来帮你解开这一内心矛盾。其中有些问题或许会让你焦虑不安，这也没关系，要正视父母可能对你造成了多少伤害毕竟不是件容易的事。情绪上的反应可能有些痛苦，但毫无疑问是益于身心健康的。

为了方便起见，我会在问题中使用“父母”这一统称，你可以根据父亲或母亲任何一方的表现做出回答。

I. 童年时期你与父母的关系：

1. 父母说过你很糟糕或者一无是处之类的话吗？他们骂过你吗？总是训斥你吗？

2. 父母体罚过你吗？他们用皮带、刷子或是别的什么东西打过你吗？

3. 父母曾酗酒或吸毒吗？你对此感到过迷惘、不安、恐惧、伤心或羞愧吗？

4. 父母曾因情感问题或身心疾病而情绪严重低迷，或者对你不闻不问吗？

5. 你曾经因为父母出现状况而反过来照顾他们吗？

6. 父母曾对你做过什么不可告人的事吗？你是否曾遭受过性骚扰（不论是何种形式）？

7. 你是否曾在很长的一段时间里对父母心怀畏惧？

8. 你是否不敢表达自己对父母的愤怒？

II．成年后你的生活：

1. 你觉得自己与他人的关系具有伤害性或者毁灭性吗？

2. 你相信如果你与别人过于亲密，他们就会伤害你，或者抛弃你，或者伤害你之后再抛弃你吗？

3. 你觉得人们会用最糟糕的方式对待你吗？生活中也总是遇上倒霉事吗？

4. 你觉得弄清自己的身份、感受和愿望很难吗？

5. 你是否担心人们了解了真实的你后就不再喜欢你了？

6. 取得成功时你是否会焦虑，害怕有人揭发你是个骗子？

7. 你会无缘无故地感到愤怒或伤心吗？

8. 你是个完美主义者吗？

9. 你觉得放松下来尽情玩乐很难吗？

10. 你是否觉得有时自己明明是出于好意，行事却与你的父母如出一辙？

III．成年后你与父母的关系：

1. 父母还把你当成孩子对待吗？

2. 你人生中的重大决定大多需要先征得父母的首肯吗？

3. 与父母在一起，或者仅仅想到将与父母一起共度时光，你就会有强烈的情绪反应或身体反应吗？

4. 与父母的意见不同会让你害怕吗？

5. 父母会用威胁或令你内疚的手段来操控你吗？

6. 父母会用金钱控制你吗？

7. 你觉得自己要为父母的情绪负责吗？如果他们不高兴，你会觉得是自己的错吗？你觉得哄他们开心是你的职责吗？

8. 你是否觉得无论自己做什么，总是对父母有所亏欠？

9. 你是否觉得总有一天你的父母会变好？

如果你对以上问题中的三分之一做出了肯定的回答，那么本书会对你非常有帮助。尽管有些章节的内容看起来与你的状况并无关联，但请你务必记住一点：不论何种形式的虐待，有毒的父母带给孩子的伤害都是一样的，无一例外。举个例子，或许你的父母并不酗酒，但是酗酒家庭的典型特征——吵闹，不安，孩子缺少正常的童年生活——对于其他类型的中毒的子女来说，一样感同身受。成年子女寻求康复所要遵循的规则和技巧对未成年子女同样适用，所以我建议你不要遗漏任何章节。

从有毒父母的遗毒中解脱出来

如果你已成年，那么你有很多方法可以将自己从有毒父母留给你的扭曲的负罪感和自我怀疑中解救出来。在本书中，我将针对这些策略进行探讨。我希望你可以满怀希望地读下去。不是那种父母会奇迹般骤然变好的自欺欺人的希望，而是相信自己能够从心理上摆脱父母那种强烈且具有毁灭性影响的切实的希望。你要做的就是找到这份勇气，事实上你本来就具备这样的勇气。

我将引导你完成一系列步骤，让你对父母造成的负面影响有更清楚的认知，并且着手去解决这些问题，不论你与父母当前的关系如何，是正在发生冲突，还是仅仅维持表面的和谐；是多年未曾相见，还是他们之中的一方或双方已然辞世。

奇怪的是，许多人在父母去世后仍然处在他们的控制中。从超自然的角度来说，不断纠缠他们的鬼魂是不存在的，但从心理学的层面审视，他们的影响却是实实在在的。父母的需求、期望以及因为没能达到他们的要求而产生的愧疚感会一直萦绕在子女的心间，即使父母已经去世很久。

或许你已经意识到自己有必要摆脱父母的影响了，或许你已经开始正视它了。我的一位咨询者总喜欢说："我的父母对我的生活没有丝毫影响……我讨厌他们，而他们也知道这一点。"但是后来她渐渐意识到，她的父母其实是以煽动愤怒情绪的方式施行对她的操控，而她的愤怒所耗损的精力则侵蚀着生活的其他方面。要驱除过去和现在的妖魔鬼怪，正视问题是至关重要的一环，但切记，永远不要在盛怒之下审视问题。

"我难道不应该为自己的样子负责吗"

话已至此，你或许会想:"等等，苏珊，几乎所有的书和专家都告诉我，不要因为自己的问题去指责别人。"

胡说！你的父母应该为自己做过的事情负责。当然，你也要为自己成年后的生活负责，但是成年后的生活很大程度上是由不可控的经历形成的。

> 你无须为毫无防范之心的年幼的自己的惨痛经历承担责任！
>
> 你要做的是，即刻采取积极有效的措施来解决问题！

这本书能为你做些什么

我们将一起展开一段重要的旅程，一段关于真相和探索的旅程。在旅程结束时你会发现，你从未如此真切地把握自己的生活。我不会浮夸地保证你父母的问题会奇迹般地在一夜之间消失，但是如果你有勇气和力量遵循书中的指引，必定可以从父母手中寻回你作为成年人本应拥有的各种权利，以及生而为人的大部分尊严。

一旦你卸下内心的戒备，就会体验到五味杂陈的情感：愤怒、焦虑、痛苦、迷惘，尤其是悲伤。在你心中根深蒂固的父母形象毁于一旦，必然会引发强烈的失落感和被遗弃感。我希望你能够根据自身情况，以你觉得适宜的速度来阅读。如果某些内容使你感到不安，那么不妨放慢速度。重要的是有所收获，而不是一味地追求速度。

为了使书中的概念更易于理解，我运用了大量行医过程中接触过的病例。有些是根据录音材料直接记录下来的，还有些是我从笔记中重新整理出来的。本书中用到的所有信件均出自我多年留存的咨询者卷宗，与原件内容完全相同。对咨询者的心理疏导部分虽然没有录音，但对我来说仍然记忆犹新，在重新整理的过程中，我尽量对治疗细节进行还原，以保证材料的真实性。出于合法性方面的考虑，我仅对咨询者姓名以及有明确指向性的情景做了部分改动。所有上述案例并未进行戏剧化的加工处理。

这些案例看似曲折离奇，但事实上非常典型。我并没有故意从卷宗中搜寻那些最具刺激性或戏剧性的特例，恰恰相反，我所选择的都是在日常工作中每天都会遇到的、最具代表性的事例。我在本书中提出的问题并没有背离人们的生活，而是生活的组成部分。

本书共有两个部分。在第一部分，我们会仔细审视不同类型的有毒父母的行为模式，我们将对你的父母曾经伤害你、或许仍然在伤害你的各种方式做深入的探究。理解了这一部分的内容，才能有备无患地进入下一个环节。在第二部分，我会教你一些具体的做法，使你能够在与有毒父母的关系中扭转局面。

消除父母对你造成的负面影响是一个循序渐进的过程。但是最终你内心的力量将得以释放，你隐藏多年的自我亦会得到解放，你将找回自己本应成为的那个富有爱心、独一无二的人。通过共同努力，我们将帮你挣脱束缚，成为自己生活的主人。

第一部分

有毒的家庭行为模式

Part One

第一章

“他们当时只不过是想帮我”

——天下无不是的父母

在与这位年轻可爱的女士交谈的过程中，使我深受触动的，除了她父母的行为给她造成的痛苦之外，还有她竭力为父母开脱责任的执着。

桑迪，一位二十八岁的棕发女郎，相貌出众，看似拥有一切，在第一次与我见面时却非常沮丧。她说生活中的一切都令她很不开心。她在一家颇有名气的花卉店做了几年的花艺设计师，一直梦想着可以自己开店，但又觉得自己不够精明，无法取得成功。她非常惧怕失败。

桑迪想要个孩子，并为此做出了两年多的努力，可惜始终没能如愿。在交谈间我渐渐意识到，怀孕失败这件事使她对丈夫产生了强烈的不满，也让她在这段关系中有些力不从心，尽管她的丈夫很爱她，也真心理解她。最近她与母亲的一次谈话让事情变得更糟糕了。

怀孕这件事一直困扰着我。和妈妈一起吃午餐的时候，我告诉她我非常沮丧，可她却对我说："我敢肯定这都是当年你流产造成的。上帝总会降罚做了错事的人。"然后我的眼泪就止不住了。我想忘记的事情，她却总是不断提起。

我问她流产是怎么回事，开始她有些迟疑，后来还是对我讲起了这段往事。

那个时候我还在上高中。我的父母都是非常虔诚的天主教徒，所以我念的是教会学校。我发育得比较早，十二岁的时候身高已经超过一米七，体重将近六十公斤，胸部也有36C了。男孩子们开始注意我，而我也挺享受这种感觉。可是我的父亲十分恼火。第一次看见我与男孩子吻别互道晚安的时候，他大骂我是婊子，声音大到整个小区的邻居都能听到。从那以后，挨骂就成了家常便饭。每次我与男孩子出去，父亲都说我一定会下地狱。他没完没了地骂，我觉得反正我也要被上帝责罚了，于是就和这个男孩发生了关系，那时我十五岁。偏偏这么倒霉，我怀孕了。家里人发现后都快气疯了。我告诉他们，我决定把孩子打掉，他们完全失控了，咆哮着指责我犯下"不可饶恕的罪孽"不下一千遍。如果说此前我的所作所为还不足以被打入地狱的话，这次一定万无一失了。我想要他们在流产手术同意书上签字，唯一的办法就是用自杀来威胁。

我问桑迪流产之后的日子如何，她瘫坐在椅子上，脸上黯然的神情让人心疼。

这是失去天恩的大事。之前父亲的训斥已经让我惧怕了，流产之后我甚至觉得自己没有权利活在世上。我越是感到羞愧，就越是努力想要弥补。我只希望时间能够倒流，可以像小时候那样被关爱。可是他们从不放弃任何旧事重提的机会，就像是坏掉的唱片机一样，反反复复、喋喋不休地数落着我的劣行，以及我是如何让他们颜面尽失的。这也不能怪他们，毕竟是我做错事在先。他们曾经对我寄予了那么高的道德期望，而我却犯下罪过让他们如此伤心。所以现在我只想好好地补偿他们，他们让我做什么我就做什么。这让我的丈夫很崩溃，为此我们也曾多次激烈地争吵，可是我不得不这么做。我只希望他们能原谅我。

在与这位年轻可爱的女士交谈的过程中，使我深受触动的，除了她父母的行为给她造成的痛苦之外，还有她竭力为父母开脱责任的执着。她似乎拼命想要说服我相信她一切的遭遇完全是咎由自取，而她父母坚定的宗教信念愈发加深了她的自责。我知道，如果桑迪能意识到父母对她是多么残酷，他们是如何在感情上虐待她的，那么我的治疗工作就会变得容易多了。我认为这个时候我必须要表明态度了。

苏珊："你知道吗，听完这些故事，我很为那时的你感到气愤。我认为你父母对待你的方式很过分，他们不该利用你的宗教信仰来惩罚你。我觉得你不应该承受这些痛苦。"

桑迪："可是我犯下了两条不可饶恕的罪孽。"

苏珊："想想看，那时候你只不过是个孩子。就算你犯了错，也没必要无止境地去弥补。即使是教会也允许你做出悔改，然后开始新的生活。如果他们真像你所说的那么好，就应该同情你。”

桑迪：“他们一直都在尽力拯救我的灵魂。要不是因为深爱着我，他们才不在乎呢。”

苏珊：“让我们换个角度来看吧。如果你当年没有流产，而是选择生下这个孩子，会怎样呢？你会有一个小女儿，长到现在也该有十六岁了吧？”

桑迪点了点头，不明白我这样发问的意图何在。

苏珊：“如果她怀孕了，你会怎样？你会像你父母对待你那样对待她吗？”

桑迪：“永远不会！”

桑迪骤然领悟到了自己的回答背后的含义。

苏珊：“你会更加怜爱她，当年你的父母也应该更加怜爱你。这是他们的过错，而不是你的。”

桑迪用了半生的时间，在心底精心筑起一道防御墙。这种防御墙在中毒的成年子女群体中非常普遍。它们是由各种不同的心理构件筑成的，而其中最为常见同时也是桑迪这堵墙中最基本的材料，是一种特别坚固的砖，叫作“否认”。

否认——暂时的宽慰，巨大的代价

“否认”是最简单也最有力的心理防御方式。它借助虚假的现实来极力缩小，甚至是否定痛苦的生活经历所产生的影响。它甚至能令一些人忘记父母曾经的所作所为，继续把他们当作完美的偶像顶礼膜拜。

由否认带来的宽慰不过是暂时的，而为此付出的代价却是巨大的。否认是情感高压锅上的盖子：锅盖在高压锅上放得越久，积聚的压力就越大。锅内的高压迟早会将锅盖“砰”地掀起，呈现眼前的将是一场情感危机。到那时，我们将不得不面对此前一直竭力回避的问题，同时还要背负巨大的压力。如果我们能够早点坦然地面对这种否认心理，便能像打开锅盖上的压力阀一般，轻松地排解压力，化解危机。

遗憾的是，你需要面对的不仅仅是你内心的否认，你的父母也有他们的否认体系。当你竭力去重新构建自己过往的真相时，尤其是当事情的真相使他们颜面受损时，你的父母很可能一口咬定“哪有那么糟糕”“当时的情况不是这样的”，甚至说“根本就没有这回事”。这些说法会阻挠你重建个人历史，令你对自己的印象和记忆产生怀疑。它们会削弱你对自己感知现实的能力的信心，让自尊心的重建变得难上加难。

桑迪的否认太过强烈，致使她难以看清自身的现实，甚至拒绝承认另一种现实的存在。我同情她所遭受的痛苦，但同时我也必须让她意识到：她心目中完美的父母可能只是一种假象。我尽可能地让自己显得不那么具有威胁性：

你热爱你的父母，并且坚信他们都是好人，对此我表示尊重。我相信在你的成长过程中，他们一定对你关怀备至。但是你应该知道，至少曾经隐约感觉到，真正疼爱子女的父母是不会这样无情地伤害孩子的自尊，践踏他们的自我价值感的。我不是要你挣脱父母或是背弃自己的宗教信仰，你也没有必要与父母脱离关系或是离开教会。但是你能否从抑郁沮丧的情绪中解脱出来，就要看你能不能打破“他们很完美”的幻想了。他们残忍地对待过你，伤害过你，不论你犯过什么错误，犯都犯了，他们再怎么滔滔不绝地训斥、说教都无法改变这一点。你感觉不到他们对你内心那个敏感的少女伤害有多深吗？其实他们完全没有必要这样做，是不是？

“是的。”桑迪的声音小得几乎听不到。我问她想明白这一点时是否有些害怕，她只是点了点头，也说不清自己究竟有多害怕。尽管如此，她还是选择勇敢地继续接受治疗。

合理化 = 自我欺骗

经过两个月的治疗，桑迪的状况有所好转，但她仍坚信自己的父母是完美的。除非她能打破这个神话，否则将一直为自己生活中的种种不幸遭遇而自责。我让她邀请父母一起参加心理辅导，我希望他们可以看到自己的行为给桑迪的生活带来了多么糟糕的影响，或许这样他们就能承担起自己那部分责任，桑迪修复她负面的自我形象时会容易得多。

我们还没来得及相互熟悉，桑迪的父亲就开腔了：

医生，你或许不知道她以前是个坏小孩，见到男孩子就着迷，还不停地勾引人家。现在她所有的麻烦都是因为当年那次该死的流产。

我看到泪水涌上了桑迪的双眼，于是挺身而出为她辩解：

这并不是造成她现在问题的原因，我请二位来也不是为了列举她的罪状。如果您来这里的目的就是这些，那么我们不会取得任何进展。

我的话没有起到任何作用。在整个辅导期间，桑迪的父母轮番抨击他们的女儿，全然不顾我的规劝。这真是无比漫长的一个小时。他们刚一走，桑迪便立刻代他们向我道歉。

我知道他们今天的表现对我毫无帮助，但我还是希望你能喜欢他们。他们都是很好的人，只是来这儿有点紧张。或许我就不该让他们来……可能他们在这儿觉得不安吧，他们对心理治疗这种事情还不太习惯，但是他们真的很爱我……给他们一点时间适应一下，你就会明白我说的都是真的。

这次以及之后的几次与桑迪父母的会面都清楚地表明，桑迪的父母思想非常闭塞，在桑迪的问题上，他们绝不接受任何不同的意见。无论如何，他们二人都不承认对女儿的状况负有任何责任，而桑迪却仍然崇拜他们。

“他们当时只不过是想帮我”

对许多中毒的成年子女而言，否认是一个简单的、无意识的过程，把特定的事件和情感从自己的意识中清除，装作这一切从未发生过。而另一些人，比如桑迪，则采取了一种更加微妙的方式——合理化[1]。

合理化就是，我们用“充分的理由”来对事情做出解释，以排除那些令人痛苦不安的可能性。

以下是一些合理化的典型范例：

- 父亲冲我大吼大叫是因为母亲跟他唠叨。
- 母亲酗酒只是因为孤独。如果当时我能多在家陪陪她就好了。
- 父亲打过我，但他不是真的想伤害我。只是想给我一点教训而已。
- 母亲对我不理不睬，是因为她自己的生活本就不幸。
- 我不能因为父亲骚扰我而责怪他。母亲不肯与他同房，而男人都需要性生活。

所有这些合理化的解释都有一个共同点：将不可接受的事情变为可接受的。表面看来，这似乎是起到了作用，但是，你内心深处的某个角落其实一直都清楚事情的真相。

“他这么做只是因为……”

露易丝，一位四十五六岁的女士，要和她的第三任丈夫离婚了。在她已成年的女儿的坚持下，她来找我做心理辅导，因为女儿威胁她说，如果

1　合理化（rationalization）：一种心理防御机制，当个体的动机未能实现或行为不能符合社会规范时，尽量搜集一些合乎自己内心需要的理由，给自己的行为一个合理的解释，以掩饰自己的过失，减免焦虑的痛苦，维护自尊免受伤害。简言之，合理化就是制造“合理”的理由来解释并遮掩自我的伤害。

她不想办法改改她身上难以控制的敌意，便与她断绝母女关系。

第一次见到露易丝的时候，她那僵硬的姿势和双唇紧闭的表情足以说明一切——她是一座积聚怒气的火山。我问起离婚的事情，她告诉我，她生活中的男人无一例外地离开了她，她的现任丈夫就是最新的例子。

我就是那种每一次都会选错伴侣的女人。每一段婚姻在开始的时候都无比美好，但我知道，一切都不会长久。

我聚精会神地听露易丝讲述她“男人都是混蛋”的论调，接着她就开始拿生活中出现的男人与她的父亲作比较：

为什么我就找不到一个像父亲那样的人呢？他看起来就像电影明星……每个人都非常喜欢他，他就是有那种吸引人的魅力。小时候我妈妈常常生病，他就会独自带我出去……只有我和他。那真是我一生中最美好的时光。在父亲之后，就再也没有这么出色的男人了。

我问她父亲是否还在世。在回答这个问题时，露易丝变得十分紧张：

我不知道。他就突然消失不见了。那大概是我十岁的时候吧。谁愿意和妈妈这样的女人一起生活呢？所以他就在某一天毫无征兆地离开了。没有留言，没有电话，什么都没有。我真的非常想念他！在他离开后的一年里，我每晚都能听到他开车回来的声音……我不能为他的离开而责怪他。他是那么富有活力，谁又愿意一辈子被生病的妻子和年幼的小孩拖累呢？

露易丝一辈子都在等着自己理想化的父亲回到自己身边。因为无法面对父亲的冷漠和不负责任，她便用许多合理化的解释来保持他在自己心目中的神圣形象——尽管他的所作所为给她造成了难以言说的痛苦。

她的合理化解释也使她否认自己因为被父亲遗弃而产生的愤怒。不幸的是，这一腔怒火在她与其他男人的关系中找到了宣泄口。每次她认识新的男人，刚开始一切都进展得十分顺利。但随着两人日渐亲密，她担心自己被抛弃的恐惧感也变得愈发难以控制，而这种恐惧感最终无一例外地转化成了敌意。每个男人都是出于同一个原因离开她，而她却看不透其中的缘由：两人的关系越亲密，她的敌意就越强烈，而她则固执地认为自己怀有敌意也是理所当然的，因为他们总是抛弃她，这是事实。

对让你生气的人发火

上学时，我读过一本心理学方面的书里有几幅插图，形象地描绘了人们是如何转移自己的情绪的——尤其是愤怒。第一幅图画的是一个正在被老板训斥的人。显然在这种状况下，与老板顶嘴是有风险的，于是，第二幅图呈现的是这个人回到家对妻子咆哮以发泄怒火的情景。在第三幅图中，妻子又向孩子怒吼，孩子则踢了狗，而狗又咬了猫。这三幅插图看似简单，却是我们自身的惊人写照，准确地刻画了我们是如何将强烈的情绪从原本的目标上移开，转而发泄在更容易下手的弱者身上的。

露易丝没有意识到这一点，她不断地选择那些令她生气又失望的男性。只要能把怒气发泄在其他男人的身上，她就不会察觉到自己心底对父亲的愤怒。

前面提到过的桑迪，她把自己在怀孕及流产期间因父母的态度而感到的愤怒和失望发泄在她丈夫身上。她不允许自己对父母发火——这样做会有辱她奉若神明的父母的完美形象。

不要过度神化已故的父母

子女对父母的神化不会因为父母去世而终止，死亡或许还会对这种神化的效果予以强化。

承认尚在世的父母对自己造成的伤害已属不易，在父母过世后再去责怪他们曾经的过失更是难上加难。批评逝者是万万不可触碰的禁忌，这就好比对方已经不支倒地了，我们却还要不依不饶地上前踹上一脚似的。因此，死亡赋予逝者神圣的光环，即使是最恶劣的虐待者也不例外。这样一来，过世的父母被神化也就顺理成章了。

不幸的是，在有毒的父母因亡故而得到神圣光环庇佑的同时，他们尚在人世的子女却备受其情感遗毒的摧残。“不可对逝者出言不逊”或许只是人们推崇的老生常谈，但在现实生活中，当人们想去解决与已故父母之间的冲突时，它却常常成为阻碍。

“你永远都是我的小失败者”

瓦莱丽，一位年近四十、身材高挑、面容清秀的歌手，在我们共同朋友的推荐下找到了我。这位朋友担心瓦莱丽的缺乏自信会妨碍她歌唱事业的发展。谈话进行了十五分钟之后，瓦莱丽承认她的前途一片暗淡。

我已经一年多没接到演唱的活儿了——就连在酒吧弹钢琴的活儿都没有。我一直在做临时工，这样才能攒些钱交房租。我真不知道该怎么办才好。可能唱歌对我来说就是一个遥不可及的梦吧。前些天和家人一起吃晚饭的时候，大家聊到了我的状况。父亲对我说："别担心，你永远都是我的小失败者。"他肯定不知道这话有多伤人，这话真把我的心都伤透了。

我告诉瓦莱丽，任何人遇到这种状况都会很伤心的。她的父亲很残忍，这样的话是一种侮辱。她回答道：

这种事已经不是第一次发生了。我的生活一直就是这样，我一直是家里的垃圾桶，不论发生什么，受责骂的都是我。如果父亲和母亲起了争执，那一定是我的错，他会喋喋不休地跟我唠叨。如果我做了什么让他高兴的事，他又会一脸得意地跟好朋友们吹嘘。天啊，能获得他的认可真是棒极了，可是有时候我会觉得自己就像一个情感悠悠球[1]。

在此后的几个星期里，瓦莱丽与我进行了深入的交流。她开始意识到自己对父亲的满心愤怒和难过。

后来，她的父亲中风去世了。

父亲的去世突如其来，让所有人措手不及。瓦莱丽因为在之前的治疗

1　悠悠球（yo-yo）：一种用线拉动小轮上下飞舞的玩具，此处比喻情绪全由别人掌控，忽高忽低，身不由己。

中曾表达过对父亲的愤怒而产生了强烈的负罪感，此时更是不堪重负。

我坐在教堂里，听到大家滔滔不绝地称赞他是多么好的一个人，而我却因为自己的问题责怪他，我就是个混蛋！我只想为自己给他造成的痛苦赎罪。我总是在想，我那么爱他，却又那样对待他。我再也不想提起那些混账的想法了……现在一切都不重要了。

瓦莱丽的悲伤使她一度中断了治疗，但最终她还是渐渐认识到一个事实，即使是父亲的去世也无法改变的事实——在她童年乃至成年后，父亲对待她的方式确实欠妥。

瓦莱丽接受治疗至今已有六个月了，我很高兴看到她可以渐渐地找回自信。虽然她的歌唱事业仍然毫无起色，但至少不再是因为她的消极不作为了。

将他们拉下神坛

神圣的父母制订规则，进行审判，造成痛苦。不论他们仍然在世还是已经作古，在神化他们的同时，也意味着在以后的生活中你将恪守他们所信奉的规则，将痛苦的情感视为生活中的一部分，甚至将它们合理化，说服自己其实这对你还颇有益处。是时候停止这一切了。

当你将有毒的父母拉下神坛、让他们回归凡人姿态的时候，当你找到勇气实事求是地看待他们的时候，你才能在与他们的关系中实现力量的平衡。

第二章

“你不是故意的，不等于你没有伤害我”

——不称职的父母

那些集中精力于自己的身体和情感维护的家长向他们的孩子传递了一条明确的信息：“你的感受无关紧要，只有我自己最重要。”

三十四岁的莱斯是一家体育用品店的老板。他来找我是因为他是一个不折不扣的工作狂，而这令他十分痛苦。

我的婚姻彻底完了，因为我除了工作什么都不会做。就算不出门，在家里我也一定是在工作。我的妻子厌倦了和一个机器人一起生活，所以离开了我。同样的事情现在又发生在我的新任女友身上。我恨透了这样的结局，真的。可我也不知道怎样才能让自己松弛下来。

莱斯表示，任何情感的表达对他来说都是棘手的难题，尤其是柔情脉脉、爱意缱绻的那种。他不无苦涩地告诉我，他的字典里从来就没有“有趣”

这个词。

我多希望自己懂得怎样哄女友开心，可是不知怎么，每次聊天，我总能把话题引到工作上去，然后她就兴致全无了。或许是因为工作是我唯一没有搞砸的事情吧。

接下来的几十分钟，莱斯竭力向我证明他是如何一次次把恋情搞砸的。

交往过的女朋友们总是抱怨我没能给她们足够的时间和爱。的确是这样。我是个糟糕的男朋友，曾经更是个糟糕的丈夫。

我打断了他："你对自我形象的定位是糟糕的，看起来只有在工作的时候才会觉得自己还不赖，为什么会这样呢？"

我知道工作应该怎么做，而且可以完成得不错。我每周工作75小时……我一直这样拼命工作，从很小的时候就开始了。要知道，家里的三兄弟中我是大哥。在我八岁的时候，母亲大概是患上了神经衰弱。从那时候起，家里的窗帘一直都是拉着的，屋子里总是昏暗的。母亲似乎总是穿着睡袍，也不怎么说话。我关于母亲的最遥远的记忆，就是她一手端着咖啡杯，一手夹着烟，目不转睛地盯着她那些该死的肥皂剧的画面。每天早上我们出门上学之后，还要过很久她才会起床。所以呢，照顾两个弟弟吃早餐，为他们准备好午餐便当，再把他们送上校车，就要由我来负责了。等我们放学回到家的时候，她可能还躺在电视机前，又或者正在睡她那长达三小时的午觉。小伙伴们出去打球玩耍的时候，我多半被困在家里做饭或是打扫。我讨厌这些事情，可是那又怎样？总要有人来做。

我问莱斯，这个时候他的父亲去了哪儿。

父亲经常出差，而且他对母亲的病情也不抱任何期望了。他一般睡在客房……这样的婚姻关系很奇怪。他也曾给母亲请过几个大夫，但都不见起色，于是也就放弃了。

我对莱斯说，那个小男孩的内心一定非常孤独，我很心疼他。然而他并不领情：

我那么忙，哪有时间同情自己！

被剥夺的童年

那时的莱斯不过是个孩子，却常常被本应由父母来承担的重任压得喘不过气。迫于家庭的压力，他成长得太早也太快，也因此被剥夺了正常的童年生活。在小伙伴们出去打球的时候，他却要待在家，代替父母履行家长的职责。为了让家有个家的样子，他不得不变身为“小大人”，没有时间玩耍，也无法摆脱忧虑。既然自己的需求得不到回应，他便学着干脆否认自己有需求这回事，以此来对抗孤独感和情感缺失。他的存在就是为了照顾别人，至于他自己则无关紧要。

更可悲的是，除了身为弟弟们的主要看护人，莱斯甚至还成了母亲的家长。

父亲早上七点出门上班，常常快到半夜才回家。出门的时候，他总是叮嘱我："记得把作业都做完，一定照顾好你妈妈，保证她能吃饱。让弟弟们别吵闹……还有，看看有什么办法能让妈妈开心点儿。"我费了很多心思琢磨怎么才能让母亲开心，我坚信肯定有什么法子能让一切都好起来……她总会好起来的。但是不论我怎么努力，一切都还是老样子，毫无起色。这种感觉真是糟糕透了。

料理家务和抚养小孩的重任足以击垮任何小孩，而除此之外，莱斯竟然还兼任母亲的情感看护。而事实最终也证明，这是个失败的决定。对于身陷角色颠倒的混乱之中的孩子来说，无力感如影随形。他们无法发挥大人的作用，因为他们原本就不是大人。但是孩子不明白自己为什么会失败，他们会单纯地以为是自己做得不够好，并因此感到愧疚。

在莱斯的案例里，驱使他进行不必要的超时工作的需求背后的目的有二：首先，工作可以让他不必直面内心的孤独感以及被剥夺的童年和成人生活；其次，工作也强化了他长久以来抱定的信念——不论多么努力都不为过。莱斯内心幻想着，只要自己投入了足够的时间，就一定能证明自己确实是个能干而有价值的人，证明自己可以把一切完成得很好。就本质而言，其实他仍在努力地想让母亲开心些。

何时是终结

莱斯没有意识到，长大以后，他的父母仍在向他行使支配权，这对他来说是颇具危害性的。然而，几个星期之后，成年后的痛苦挣扎与他童年时期的遭遇之间的关联便骤然显现出来了。

我已经在洛杉矶生活了六年，但是我的家人就是不肯让我一个人好好地生活。他们每周都要打两三通电话过来，搞得我现在都害怕接电话了。每次通话父亲的开场白都大同小异："你妈妈情绪很低落……你能不能抽出点儿时间回来看看她？你知道这对她来说有多么重要！"然后母亲会接过去，告诉我我是她的全部生命，她也不知道自己还能活多久。面对这种情形，你还能说什么？我常常是跳上飞机就飞回去了……以此对抗之前没回家而产生的负罪感。但是这样还不够，无论我怎么努力，都无法将这负罪感彻底根除。要是可以省下这些机票钱该有多好。或许我当初就不该从家里搬出来。

我告诉莱斯，对于被迫与父母交换情感角色的孩子来说，这种情况非常普遍。他们所背负的强烈的负罪感和责任感会一路跟随他们步入成年阶段。他们常常受困于这样的恶性循环：起初一力承担起所有的责任，接着不可避免地感到力不从心，之后因为无法胜任而产生负罪感，继而加倍努力地试图挽回颓势。这是一个足以耗尽心力的恶性循环，引发的后果必然是与日俱增的失败感。

在父母期望的驱使下，小莱斯很早就明白，自己品行的好坏基本上是由对家人付出多少来衡量的。成年后，来自父母的外部需求转化为他内心的魔鬼，在他能获得自我价值感的领域里迫使他继续前行——这个领域便是他的工作。

莱斯既没有时间，也没有合适的角色榜样供他学习，学习如何去爱别人以及如何接受别人的爱。他在成长过程中没有汲取到任何的情感滋养，于是，他索性关闭了自己的情感之门。不幸的是，现在他发觉自己已无法将它再次打开，即使他很想这么做。

发觉自己无法向任何人敞开心扉，莱斯感到非常沮丧和迷惘，我告诉他我非常理解他现在的感受，但同时我也规劝他要宽容地对待自己。因为小的时候没人教给他这些，而仅凭一己之力去摸索学习是非常艰难的。

我对他说："这就好比你连钢琴键上的中央 C 的位置都找不准，就要你去弹奏协奏曲一样！你可以学，但是得给自己一点儿时间——打好基础的时间，练习的时间，甚至是失败一两次的时间。"

孩子拥有最基本的、不可剥夺的权利——衣食住行的需求要得到满足，安全要受到保护。但是，除了这些物质方面的需求外，他们也有权获得情感上的抚慰，有权要求自己的感情得到尊重，要求家长正面积极的对待，从而形成正确的自我价值感。

孩子也有权利要求父母设定一些合理的行为限制来对自己加以引导，有权犯错，也有权在不受身体和感情虐待的前提下受到惩罚。

最后，孩子也有权利做个孩子。他们有权在童年时期嬉戏玩闹，率性而为，并且不必担心因此受到责怪。当然，随着孩子渐渐长大，父母也会让他们分担一些家务并承担一部分责任，但这些绝不能以牺牲童年生活为代价。

让孩子做个孩子

孩子对语言信息以及非语言信息的吸收，就像是海绵吸水一般——完全不加选择地全盘接收。他们倾听父母的言谈，观察父母的举止，并且模仿父母的行为。他们接触不到任何家庭以外的参照标准，于是，在家中获取的关于自身及他人的信息便被孩子当作普世真理，深深铭刻于心。父母角色的榜样作用对于孩子的自我认同感的形成——尤其是性别身份[1]的形成至关重要。虽然在过去二十年里，父母角色历经了翻天覆地的变化，但是你的父母曾经应该承担的所有义务同样适用于现在的父母。

- 他们必须满足孩子物质上的需求。
- 他们必须保护孩子，使其免受身体上的伤害。
- 他们必须满足孩子对爱、关怀以及更深层次的情感的需求。
- 他们必须保护孩子，使其免受感情上的伤害。
- 他们必须在道德伦理方面给予孩子正确的引导。

当然，这张清单还可以继续写下去，我们有很多项目可以罗列，但是这五项是称职的父母必须履行的基本职责。我们讨论的有毒的父母大多连清单上的第一条都无法完成。很多时候，他们自己在保持稳定的情绪或健康的心态方面存在着（或存在过）极大的障碍。他们不但不能及时满足孩

1　性别身份（gender identity）：性别身份是以心理性别为标准的，也就是一个人对自己的心理性别是男性还是女性的自我认识。由于心理性别可能和生理性别不一致，根据性别身份，我们可以将人类划分成性身同一的男性、性身同一的女性，性身相异的男性和性身相异的女性四个群体。

子的需求，反而常常指望甚至是要求孩子来满足自己的需求。

当父母把家长的责任强加在孩子身上的时候，家庭中各个成员的角色就变得模糊、扭曲甚至颠倒了。被迫成为自己的父母，甚至是父母的父母的孩子，没有可以模仿、学习或尊崇的对象。在情感发展的关键阶段，失去了父母角色的榜样作用，孩子的自我认同感[1]便会在波谲云诡的迷惘之海中随波逐流。

如果我不满足他们的需求，还有谁会这么做

亲爱的艾比[2]：

我生活在一个非常怪异的家庭里。你能带我逃离吗？

无望者

这是我的一位咨询者，梅勒妮，在十三岁的时候写下的。现在的她是一名四十二岁的离异的会计。如果不是最近几个月睡眠不规律令她面露疲态的话，她应该还是挺漂亮的，虽然她极瘦。她很坦诚，对自己的情况毫无隐瞒。

1　自我认同感（personal identity）：自己对自己所思所做的一种认可感，指个体能够理智地看待并接受自己以及外界，有明确的人生目标，在追求目标的过程中会体验到自我价值以及社会的承认与赞许。个体既从这种认同感中巩固自信与自尊，又不会一味地屈从于社会与他人的舆论。

2　亲爱的艾比（Dear Abby）：美国专栏作家阿比盖尔·范·布伦（Abigail Van Buren）开设的女性情感问答专栏，因为读者的来信多以“Dear Abby”的称呼开篇而得名。

一直以来，我都身处彻底的绝望中。我的生活似乎完全脱离了控制，我就是什么都做不好。我觉得自己每天都在挖坑，而我自己则在这个坑里越陷越深。

我让她说得具体一些。她咬着嘴唇转过脸去，避开了我的视线，然后继续：

我的内心非常空虚……这一生中，我从未觉得自己与任何人有过任何关联。我结过两次婚，也曾经和几个男人同居过，但始终找不到合适的人。我每次挑中的人不是懒鬼就是混蛋，当然就要由我来管着他们，让他们守规矩。我总觉得我可以让他们改过自新。我借钱给他们，让他们搬过来与我一起生活，甚至还曾为其中两三个人介绍过工作。可是这些完全不起作用，而我也从不吸取教训。不管我为他们付出多少，他们都不爱我。有一个家伙竟然当着孩子们的面打我，还有一个开着我的车跑了。我的第一个丈夫在外面乱搞，第二个是个烂酒鬼，还有过犯罪前科。

梅勒妮并不知道，她所描述的正是“共依存”[1]型人格的典型行为。“共依存”这一术语最初专门用于描述酒精或毒品成瘾者身边的陪护人的，曾经一度可与“助人者”[2]的概念互换使用。助人者视“拯救”受助者为已任，

1　共依存（co-dependent）：指人因为失去自己内在的爱和信任，而沉溺于外界事物并无法自拔的一种生存状态，他们依赖外界的某些事物以求生存，却对那些事物所引发的问题视而不见。“共依存”既是一种生存状态，也是一种不健康的行为特质。

2　助人者（the enabler）：相对于“受助者”（the enabled）。受助者通常会在生活的方方面面完全依赖助人者，而后者则依赖着前者对自己的依赖。对于助人者而言，他们依赖这种“被需要”的感觉，甚至觉得自己是对方唯一的拯救者。

却因此使自己的生活脱离了掌控。

但是在过去几年里，共依存的定义泛化了，也包括了对有强迫、成瘾、虐待或过度依赖行为的人施以援手或承担责任并为此做出牺牲的所有人。

梅勒妮总是被那些麻烦缠身的人吸引。她相信如果自己足够好——竭尽所能地去付出、去爱、去担忧、去帮助、去掩饰，他们总会意识到自己的错误，最终他们总会爱她的。但是他们并没有。她选中的这些穷困潦倒又以自我为中心的男人根本就不懂什么是爱。所以，她一直找不到自己内心渴求的真爱，到头来只有空虚。她觉得自己被利用了。

我发现梅勒妮对“共依存”这个概念并不陌生。她与酒鬼丈夫吉姆在一起的时候曾经参加过嗜酒者互诫协会[1]举办的“酗酒者家属的十二步戒酒项目”，在那里她第一次听到这个说法。当时她确信自己不是共依存者，只不过运气不好、遇人不淑罢了。当然，她也使尽了浑身解数来帮助吉姆戒掉酒瘾。她最终离开吉姆，是因为得知他和在酒吧里认识的女人一起过夜。

梅勒妮又一次踏上了寻找 Mr. Right 的征途。她把自己的问题归咎于曾一起生活的那些男人，却把他们看作毫无关联的一个个 Mr. Wrong。她没有意识到，一切问题的根源其实在于她选择伴侣的标准。她以为自己寻找的是对集奉献、体贴、有爱心、乐于助人于一身的女人欣赏有加的男人。当然，在这个世界上肯定有喜欢这种女人的男人。她觉得共依存是高尚的。

梅勒妮没想到的是，她所谓的“奉献与帮助”正在引领她走向毁灭。她对每一个人都甘于奉献，除了她自己。她并不知道，自己一直跟在男人后面为他们收拾残局，实际上只会助长他们不负责任的行为。当她讲起她

1　嗜酒者互诫协会（Alcoholics Anonymous）：一个匿名戒酒者协会。

的童年生活时，我才明白，她这种竭力拯救落魄男人的行为模式其实是她与父亲关系的强迫性重复[1]。

我的家庭真的很古怪。我父亲是个成功的建筑师，可他却用他该死的坏脾气控制着家里的每一个人。他常常因为一些鸡毛蒜皮的小事发脾气，比如，有人把车子停在了他的停车位上，或者我和弟弟打了架，诸如此类。每当这个时候，他就会走进自己的房间，关上门，然后扑到床上大哭，简直就像小孩子那样哭！然后妈妈就受不了了，把自己泡在浴缸里不肯出来。最后进屋安抚父亲的总是我。我就坐在那里，在他的啜泣声中盘算怎么做才能让他感觉好一点。其实我做什么并不重要，通常只要坐在那里，等他自己慢慢平复就好了。

我递给梅勒妮一份我自己制定的检测表，让她告诉我哪些描述与她的感情和行为特征相符。检测表中罗列的都是共依存者的一些主要特征。这些年我帮助过很多咨询者确定他们是否属于共依存者，我发现这些衡量标准非常有用。如果你觉得共依存这个概念或许也适用于你，那么也请你看一看这份列表。

共依存自测量表

我用“他”来泛指任何性别的受困者。我知道很多男性与遇到麻烦的妻子或情人都处于共依存的关系。

1　强迫性重复（compulsive repetition）：指每个存在着童年某方面心理发育缺陷的人，都会不自觉地、强迫性地在心理层面退回到遭受挫折的心理发育阶段，在现实中重复童年期的情结和关系。

1. 解决他遇到的问题或者减轻他的痛苦是我一生中最重要的事情——我愿意为此付出任何的情感代价。

2. 我的好心情来自他的赞许。

3. 我保护他不受自己行为所产生的后果的伤害。我为他说谎，替他掩饰，绝不允许别人说他半点坏话。

4. 我尽力让他按照我的方法行事。

5. 我从不在意自己的感受或愿望。我只在乎他的感受和愿望。

6. 只要他不抛弃我，我愿意做任何事情。

7. 只要他不生我的气，我愿意做任何事情。

8. 我认为充满波折和戏剧性的关系会让我更有激情。

9. 作为一名完美主义者，一切差错都让我自责。

10. 我常常觉得气愤懊恼，不受重视，被人利用。

11. 遇到问题的时候我会装作一切都很好。

12. 想让他爱我的努力支配着我的生活。

梅勒妮对每一项描述的回答都是肯定的！她惊愕地发现自己竟然是个不折不扣的共依存者。为了帮她摆脱这种模式，我告诉她，要把自己的共依存属性同她和父亲的关系联系起来，这很重要。接下来，我让她回忆一下最初看到父亲哭泣时自己的感受。

开始我真的吓坏了，以为父亲要死了，要真是那样的话，谁来给我当爸爸呢？后来看到他那个样子，我开始觉得很丢脸。但更多时候，我会感到非常内疚——这全都是我的错，我不该和弟弟打架，又或是不该做其他什么错事，让他这么失望。最糟糕的是，不知道该如何哄他开心也让我感到绝望。不可思议的是，父亲去世已经四年了，我都四十二岁了，还有两个小孩，可是我仍然觉得内疚。

梅勒妮被迫成了父亲的看护者。她的父母把自己成年人的责任无情地压在她弱小的肩膀上。在她人生中最需要强大的父亲给予自信的时候，她却发现自己反而要去呵护孩子气的父亲。

梅勒妮和父亲的关系是她第一次与男性建立起情感关系（也是最深刻的一次）。小的时候，父亲的窘境以及因无法满足父亲的需求而产生的愧疚感让她不堪重负。没能哄父亲开心的遗憾驱使她无止境地做出弥补，甚至在父亲去世后仍未停止。于是，她找到一些同样落魄受困的男人作为替代品来照料。她选择男人的标准是由她想要减轻负罪感的需求决定的。而选择父亲的替代品，也就意味着自己童年时所经历的情感剥夺再次重演了。

我问梅勒妮，父亲不曾给予她的爱和关怀，母亲是否给过她。

我母亲是想这么做的，可惜她常常生病，总要往医院跑。有时候结膜炎发作起来，就只能卧床静养。医生会给她开镇静剂，她吃那些药就像吃爆米花一样，我猜她可能上瘾了吧，我也不太懂。她对家里的一切总是一副事不关己的样子。可以说我们是由管家带大的，我母亲在或不在并没什么差别。十三岁的时候，我写信给“亲爱的艾比”，可糟糕的是，这封信居然被我母亲看到了。你一定觉得她会找我谈心，问问我为什么事情烦恼吧？但她什么都没问。我觉得她根本就不关心我的感受，好像我根本就不存在一样。

不被关爱的孩子

那些集中精力于自己的身体和情感维护的家长向他们的孩子传递了一条明确的信息："你的感受无关紧要，只有我自己最重要。"这些孩子大多无人陪伴，缺少关爱和照料，开始觉得自己不受重视——就好像他们根本就不存在。

为了让孩子们建立起自我价值感——让他们感觉到自己存在的意义并不只是占据空间，其实自己很重要，他们需要父母确认自己的需求和情感。但是梅勒妮父亲的情感需求太过强烈，所以他完全没有注意到女儿的需求。他痛哭的时候女儿总会过来安慰，而他却从未予以回报。梅勒妮知道母亲发现了自己写给"亲爱的艾比"的信，可是母亲却只字未提。这对父母所传递的信息既响亮又清晰：对他们来说，女儿无足轻重。梅勒妮学会了用他们的感受而不是自己的感受来定义自己。如果能让父母开心，她就是好人。反之，如果她让父母不快，那么她就是坏人。

所以，成年后的梅勒妮很难在成年人的生活中去界定自己的身份。因为她独立的思想、情感以及需求从未得到过任何鼓励，她不知道自己是谁，也不知道面对恋爱关系时应该抱有什么样的期望。

与我的许多成年咨询者不同，梅勒妮来找我咨询的时候已经意识到自己对父母的愤怒情绪了。此后我们便可以集中精力来梳理这股怒气，面对她因在情感上遭到遗弃而产生的深刻感受。她需要学会在对他人奉献的时候有所保留，学会尊重自己的权利、需求和情感。她将学着重新成为被大家关爱的人。

消失的父母

到目前为止，我们讨论的都是没能给予孩子足够的情感陪伴的父母。而父母的遗弃也会让孩子产生一系列的心理问题。

我第一次见到肯，是在医院的吸毒青少年心理治疗小组。那时他二十二岁，很瘦，目光锐利。在第一次小组会议上就能明显看出来，这个小伙子非常聪明，能言善辩，但同时也很自卑。他有点神经质，要在九十分钟的会议期间老老实实地坐着，对他来说可没那么容易。我请他在小组活动结束后留下来，跟我聊聊他的事情。一开始他对我有些戒备，装出一副街头混混油滑难缠的样子。聊了几分钟之后，他发觉我并没有恶意，只是真心想帮他减轻痛苦，于是松弛下来，语气也柔和了：

我一直讨厌上学，又不知道有什么可做，所以十六岁就应征入伍了。我就是那会儿染上毒瘾的。也不知怎么搞的，我的生活总是一塌糊涂。

我问他，他的父母如何看待他参军这件事。

家里只有我和妈妈两个人。对于我想参军的想法，她一点儿也不激动，但我觉得她应该还是挺高兴的，因为终于可以摆脱我了。我总是惹麻烦，让她伤心。她是个非常好说话的人，我想做的事情她都不会干涉，不论什么事情。

我问他在这期间他的父亲去哪儿了。

他们在我八岁的时候就离婚了。妈妈还为此大发脾气。从前我老是觉得爸爸是个特别酷的人，他总能对我做一些“父亲专属的事情”。我们一起看体育节目，偶尔他还会带我出去看比赛。真是棒极了！他搬走的那天，我哭得眼珠子都要掉出来了。他告诉我，一切都不会改变，我们还会和以前一样，他还会来陪我看电视，每个礼拜天都回来看我，我们还是好朋友。而我竟然还相信他，真是蠢透了！开始的几个月我确实常常都能见到他……可是后来就变成一个月一次了……再后来是两个月一次……然后就根本见不着了。有那么两三次，我打电话给他，他说他真的很忙。他离开大约一年的时候，妈妈告诉我，他娶了个带着三个小孩的女人，搬到别的州去了。他已经有新家了，这真让人难以接受。他这么快就把我忘了，肯定是更喜欢新的家人吧。

“这一次情况将大不相同”

肯苦心经营的硬汉形象瞬间崩塌了。有关他父亲的话题显然让他感到很不自在。我问起他最后一次与父亲见面的情形。

那是在我十五岁的时候，这完全是一个错误。当时我被琐事烦得不行，于是就决定给他一个惊喜。天呐，我当时激动得要命！我搭了个便车一路奔过去——整整十四个小时啊！到了以后，我以为他会非常热情地迎接我，但实际上，他态度挺好，但也没表现得多喜出望外。待了一会儿，我就开始觉得别扭了——我们就好像是陌生人。他和那些小孩儿玩成一团，而我只能傻坐在一旁，我觉得自己就是个讨厌的外人。你知道吗，那天晚上离开他家以后，我的心情特别沉重。直到现在我也还是很想念他。当然，我肯定不想让他知道我在这儿。等我离开这儿，我还想再试一次。这一次情况完全不一样了……这是男人与男人之间的见面。

当肯的父亲遗弃年幼的儿子时，他在孩子的生活中留下了一片空白。肯被击垮了。他在学校和家里都表现出极度的愤怒，想以此来解决问题。从某种意义上来说，他这种做法其实是对父亲的呼唤，就好像“他需要有人管教”这一迫切的问题能帮他把父亲抢回来一样。但是肯的父亲似乎并不愿意对儿子的召唤做出回应。

大量证据表明，他的父亲不想再与他的生活有任何交集，可是肯的心里仍然抱有幻想，认为自己总能重新赢得父亲的爱。过高的期望带给他的是极度的失望，而面对失望，他选择用吸毒来麻痹自己。我担心他这一连串的遭遇会继续影响他成年后的生活，我们必须一起努力来打破这种模式。

肯仍然不自觉地以自责的方式将父亲遗弃他的行为合理化。小时候，他认定是自己哪里不好，才会让父亲打了退堂鼓，匆匆地离他而去。得出这样的结论之后，必然会产生自我仇视的心理，于是他就成了一个既无生存目的又无生活方向的年轻人。尽管他很聪明，但在学校读书的时候还是烦躁不安、郁郁寡欢，以为参军可以让一切问题迎刃而解。发现这个办法行不通时他又开始吸毒，竭尽全力地想要填补内心的空虚，减轻自己的痛苦。

肯的父亲在离婚前或许是个称职的父亲，但在离婚之后，他甚至不能给予年幼的儿子所渴求的最低限度的接触。他没能做到这一点，这严重损害了肯尚未发展完善的自尊心和自爱的心理。

圆满离婚这种事情根本就不存在。即使就当时的婚姻状况而言，离婚是最健康的举措，还是会对家庭中的每一位成员造成一定的伤害。但是对父母而言，认识到自己离开的是伴侣而不是整个家庭，这一点至关重要。父母双方都有责任与孩子保持联系，尽管他们自己的婚姻破裂、生活发生巨变。一纸离婚判决书并不能成为不称职的父母遗弃子女的许可证。

父母任何一方的离开都会让孩子心里产生极为痛苦的缺失感和空虚感。记住，孩子们通常会得出这样的结论：如果家里发生了什么不好的事情，一定是他们的错。父母离异的孩子尤其容易产生这样的想法。从孩子的生活中消失的父母会强化孩子不被关爱的感觉，继而伤害到他们的自尊心。而受伤的孩子将会带着这种伤害步入成年，就好像囚犯拖着镣铐一般。

造成伤害的正是他们的不作为

如果父母对孩子动手或者常常谩骂斥责，我们很容易认定这属于虐待行为。但是不称职或不合格的父母的毒副作用却是不易觉察且难以界定的。当父母对孩子造成伤害的原因是疏漏而不是打骂——通过他们的“不作为”而不是“有所作为”时，孩子成年后出现的问题和这种有毒的教养方式之间的关联就很难被人发现了。由于这样的子女会先入为主地以各种方式否认这种关联，我的工作也就变得更为艰难。

让问题更加复杂的是，在这些家长中，许多人本就备受困扰，自顾不暇，让人同情。他们常常表现得像个孤弱无力或不负责任的孩子，激起他们已成年的子女强烈的保护欲。这些子女会站出来为父母辩解，就像是受害者替罪犯认错一样。

不论是“他们并不想伤害我”还是“他们已经尽力了”，这些辩解都掩盖了一个事实：这些父母推卸了自己对孩子应尽的责任。这些有毒的父母通过推卸责任，让孩子失去了积极角色的榜样，而没有了积极角色作为榜样，孩子的情感将难以健康发展。

如果你是不合格或不称职父母的成年子女，在成长过程中你或许没有意识到，除了“我应该对父母负责”的想法之外，其实你还有别的选择。做被他们情感牵制的傀儡并不是你唯一的出路。

你是可以选择的。这需要一个过程。首先，你要弄明白自己是受错误的逼迫过早成长起来的，本应属于你的童年生活被夺走了。其次，你必须承认，你在不该自己承担的责任上耗费了大量的精力。一旦踏出了这第一步，你便会发现，自己第一次瞬间找到了全新的精力之源——这一生中你耗费在有毒父母身上的精力，最终却可以用来帮你做出改变：变得更爱自己，对自己更负责任。

第三章

“为什么不能让我过自己的生活”
——操控型父母

我十分努力才能获得今天的工作和地位，但是我妈妈却总把我当小孩看待，她觉得我根本不能独立生活。

让我们来听一段发生在成年子女和操控型母亲之间的假想对话。这段对话当然不会存在于现实中，但如果对话的双方能够诚实地表达他们深藏的感受，他们就有可能说出以下的话。

成年子女：“为什么你要这样做？为什么我做什么都是错的？为什么你就不能把我当成大人来对待呢？我不当医生对爸爸有什么影响？我跟谁结婚又和你有什么关系？你什么时候能放手？为什么每次我自己做出决定，你都会觉得我是在跟你作对呢？”

操控型母亲：“当你想挣脱我时，我简直不能形容我有多痛苦。我希望你能永远需要我。我不能承受那种失去你的感觉。你就是我的全部生命。

我担心你会犯下什么无可挽回的错误。看见你受到伤害，我的心就好像被撕裂了。我宁愿死，也不愿意面对身为失败的母亲的感受。”

“这都是为了你好”

操控不一定是个贬义词。如果一位母亲控制自己蹒跚学步的孩子，不让他走到街道上，我们不能说她是操控型家长，只能说她很谨慎。这种“操控”十分适时，也十分适度，完全是为了满足孩子对保护和指导的需求。

如果这位母亲十年之后还在这样做，适度的控制就成了过度的控制，因为那时孩子早就可以独立过马路了。

如果总是得不到父母的鼓励去做、去尝试、去探索、去掌握以及去承担失败的风险，孩子就总会觉得无助和不满足。在焦虑、胆怯的父母的过度控制下，孩子也会变得焦虑和胆怯，很难成熟起来。而当这些孩子步入青少年时期和成人期时，许多人仍然无法摆脱对父母一直以来的指导和管控的需求。于是，父母便名正言顺地继续对他们的生活横加干涉和操控，并常常成为孩子生活的主宰。

由于害怕不再被孩子需要，许多操控型父母会尽力维持孩子的无力感，并希望它永不消失。这些父母对于“空巢综合征”（孩子离家后父母不可避免要经历的一种失落感）有种病态的恐惧。所以，操控型父母会因为孩子的独立而感觉遭到背叛和遗弃　他们将家长角色与自己的人格紧密相连。

之所以说操控型父母十分狡猾阴险，是因为他们经常把操控伪装成关心。一些常见的说辞有“这都是为了你好”“我这样做都是为了你”“正因为我这么爱你”……其实表达的都是同一个意思："我这样做是因为我太怕失去你，所以我宁可让你生活在痛苦中。”

直接控制

直接控制没什么特别之处，它是一种公开的、具体的，甚至赤裸裸的控制。

按我说的做，否则我不会再理你！

按我说的做，否则我就再也不给你钱花！

如果你不按我说的做，你就不再是这个家的一员！

如果你违背我的意思，就等于在我的心口插上一刀。

直接控制就是如此简单直接，毫无掩饰。

直接控制经常包含威胁、恐吓和羞辱。面对直接控制，你的感受和需要必须要服从于你父母的感受和需要，你就像是收到了最后通牒。你的意见毫无价值，你的需求和愿望也无关紧要。在你和你父母之间存在着严重的权力失衡。

迈克今年三十六岁，是个英俊帅气的广告经理。他和妻子结婚六年，十分相爱。可是最近因为妻子和他父母之间的激烈争执，他的婚姻亮起了红灯，所以他来寻求我的意见。他给我提供了一个直接控制的好例子。

我和我父母之前都相安无事，直到我搬到加州居住。我妈妈可能以为我只是暂时搬去一段时间，所以当我告诉她我恋爱了并且要结婚时，她才意识到我要在那儿定居。从那时起她就一直给我施加压力，希望我搬回去。

我让迈克谈谈这种压力具体是什么。

最糟糕的一次是我结婚一年后。我们正打算去波士顿参加我父母的结婚周年聚会，可是我妻子突然得了重感冒，她病得十分严重，我不想离开她一个人回去，所以我给我妈妈打电话，告诉她我可能回不去了。然后呢，她突然就哭了，紧接着对我说："如果你不来参加我们的周年聚会，我就不活了！"所以我只好投降，乖乖回去。聚会当天我搭早班飞机回到波士顿，一下飞机我父母就开始极力劝说我在家住一个礼拜，我不置可否，但第二天一早就离开了。又过了一天，我接到了爸爸的电话，他说："你简直就是要气死你妈妈，她昨晚整宿都在哭，都快哭晕了。"他们到底想让我怎么做呢？和我妻子离婚，然后回到波士顿，搬回家住？

迈克的父母竟然在千里之外也能操纵他们的儿子。我问迈克他的父母是否回心转意接受了他的妻子，迈克十分气愤，满脸通红。

怎么可能！他们来电话，从来都没关心问候过她，甚至从来都不提起她，装作根本没这个人。

我问迈克他是否面对面和父母谈过他的感受，他似乎很不好意思地回答道：

我倒希望我谈过。每次我父母为难我妻子，我都希望她忍耐。当她抱怨时，我只是劝她理解。天啊，我就是个傻子！我的父母在不断伤害我妻子的感情，而我却任由他们这样做！

迈克错在长大独立，“害得”他的父母孤独绝望，于是他们就使出最擅长的手段：收回他们对儿子的爱，并预言他将遭遇劫难。

和许多操控型父母一样，迈克的父母也非常以自我为中心。他们看到迈克的快乐，首先感到的是威胁，而不觉得那是对他们教育的肯定。迈克的兴趣对他们而言并不重要。迈克搬到加州并不是一个发展事业的机会，而是对他们的惩罚。迈克结婚也不是为了爱情，而是为了折磨他们。迈克的妻子也不是真的生病，她是在夺走迈克。

迈克的父母总是逼迫迈克在他们和妻子之间做出选择。他们将迈克的每一次选择都设定成非此即彼的难题，对直接控制子女的父母来说，永远不存在中间立场。只要成年的子女试图把握自己的生活，哪怕只是一小部分，他们就必须付出代价，从此生活在内疚、沮丧、愤怒以及深深的负罪感中。

迈克第一次来向我求助时，还觉得他的婚姻是最主要的问题，但很快他就意识到，自己的婚姻不过是与父母斗争的牺牲品，而这种关于自主权的斗争从他搬离家里的那天就已经开始了。

对于操控型父母来说，子女的婚姻是极具威胁性的。他们将子女的配偶视为争夺子女感情的竞争对手，与之发生激烈战争，而子女为了兼顾两边的关系，往往腹背受敌。

有些父母会极力批评、讽刺子女的婚姻，并预言其必然失败；有些父母会拒绝承认子女的配偶，甚至于无视其存在，正如迈克的父母；还有些父母则会直接骚扰、对付子女的配偶。父母的这些伎俩很容易引发夫妻间的矛盾并动摇婚姻关系，这种情况并不少见。

“为什么我要把自己出卖给父母”

金钱是权力的代言，所以操控型父母把钱作为有力武器让子女依附于自己，也是顺理成章的事情。

金带着很多问题来见我。她今年四十一岁，略胖，不喜欢自己的工作，离婚，独立抚养两个十几岁的孩子。她觉得自己的生活停滞不前，她想要减肥，在事业上拼搏一番并且找到人生方向。她认为只要找到如意郎君，自己所有的问题都能够马上解决。

在聊天中我发现，金认为如果找不到能照顾她的男人，她将一事无成。我问她这种想法从何而来。

嗯，当然不是从我前夫那儿来，其实是我更照顾他一些。我大学刚毕业就认识他了，那时他二十七岁，还和他父母一起住，还没搞清楚自己想要做什么职业。但他很感性、很浪漫，我爱上了他。我爸爸坚决反对我们在一起，但我觉得他暗地里很满意我找了一个一无是处的男人。看到我坚持要结婚，我爸爸说可以先在经济上补贴我们一段时间，如果情况没有改善，他会让我丈夫到他的公司工作。当然，听上去我爸爸特别伟大，但是这也让他紧紧地控制住了我们俩。即使我已经结婚了，却还要做爸爸的乖乖女。爸爸在经济上不断接济我俩，同时他也不断干涉我们如何生活，我那时做家务、带孩子，可是……

金话说到一半，突然停了下来。我追问道：“可是什么？”她低下头盯着地板，继续说道：

可是……我还需要我爸爸照顾我。

我问金是否意识到，她的父女关系和她需要依赖男人让自己的生活走上正轨这两件事之间存在着某种关联。

毫无疑问，爸爸是我生活中最强大有力的人。小时候我十分崇拜他，但当我开始有了自己的思想，他就不知道该怎么办了。如果我胆敢与他意见不一致，他就会大吼大叫，用难听的话数落我，他的声音真的很大、很吓人。等我十几岁的时候，他开始用钱来约束我，有时他真的极其大方，让我觉得他很爱我，很有安全感。但有时他却故意让我难堪，让我为电影票钱或课本钱苦苦哀求。我都不知道自己犯了什么错，我只知道自己花了很多时间去想怎样才能让他高兴，不过他说变就变，想要取悦他越来越难。

对于金来说，取悦自己的父亲就像是一场永远看不到终点的马拉松。她跑得越努力，父亲就会把终点设得越远，她永远都不可能成功。金的父亲把钱作为奖惩女儿的手段，他时而慷慨，时而吝啬，他给予金的爱和关怀也是一样多变。他所传递的混乱信息令金感到困惑，他的赞许也左右着金对于他的依赖。这种困惑一直持续到她的成年时期。

我鼓励丈夫去为我爸爸工作，真是大错特错！我爸爸把我们俩紧紧控制在股掌之中，从此我家的大事小情都得按照他的意思来办——无论是选公寓还是教孩子上厕所，什么都要听他的。他在工作上给吉姆（我丈夫）施加了很多压力，吉姆十分不开心，最终辞去了工作，而我爸爸认为这再次证明了吉姆的一事无成。尽管吉姆很快找到了新工作，但我爸爸仍然不断拿这件事情数落我，威胁不再接济我们，但是圣诞节时他又像变了个人似的，给我买了一辆新车作为礼物。他递给我钥匙，和我说："难道你不想你的丈夫和我一样富有？"

金的父亲表面看来慷慨大方，实际上却在用金钱来折磨女儿并破坏她的幸福。他用钱堆砌出自己在女儿心目中的高大形象，也用钱不断地贬损女婿，这样他才能长久地控制已经长大离巢的女儿。

"你就不能做对哪怕一件事吗"

许多父母把子女当作能力不足、什么事情都做不好的小孩子对待——尽管这种认知与事实极其不符——以此达到控制子女的目的。

马丁今年四十三岁，经营着一家小型建筑材料供应公司。他来见我时很是恐慌。他告诉我：

我真是很害怕。我最近变了不少，常常无法自控地发脾气。我一直都是个脾气温和的人，但在过去的几个月里，我对妻子和孩子大吼大叫，摔门而去。三周之前，我发了很大脾气，一拳打在墙上，把墙砸了个洞。我怕自己会伤害到别人。

我表扬了他的勇气，认为他在事情失控前主动来接受治疗颇有些先见之明。我问他，当他挥拳砸墙的时候，心里真正想揍的是谁。他苦笑道：

很简单，我想揍我爸。不管我多努力，他总让我觉得自己做什么都是错的。你能相信吗？他竟然在我公司的员工面前贬损我。

马丁看到我很不解，于是解释道：

十八年前，我爸把我招进他的公司，三年后他就退休了，所以我已经经营这家公司十五年了。但是真见鬼，每个星期我爸都得到公司来一趟，他先是查账，然后就开始责骂我把生意搞得一团糟。他跟着我走出办公室，当着公司员工的面大声骂我搞垮了他的公司。讽刺的是，在过去的三年里，是我拯救了公司，带着员工扭亏为盈，把利润翻了一倍，可是他仍然不停地责备我，我不知道他还想要我怎么样。

马丁为了证明自己，将公司的利润翻了一番——这是他能力的铁证，可是这样的证明在他父亲的眼中不值一提。我向马丁暗示道，他父亲可能是把他的成功看作对自己的威胁。他父亲的自尊心与公司的创立经营紧密相连，可是儿子如今的表现却令他曾经的辉煌战绩黯然失色。

我问马丁，在父亲责骂他时，除了自然而然的怒气之外，他还有没有什么别的感觉。

你说对了，我真的有点羞于启齿，但是每次我爸来公司时，我都觉得自己像个两岁小孩，连问题都回答不好。我开始口吃、道歉、觉得害怕。他看起来那么高大，虽然我和他的块头差不多，可我总觉得在他面前矮了一截。他眼神冰冷、声音威严。他为什么就不能把我当作成年人来对待呢？

马丁的父亲用公司的生意令马丁觉得他很无能，并由此获得一种满足感和成就感。每次他这样做的时候，马丁就立刻变成了拥有成人外表的无助孩子。

虽然花了不少时间，但马丁最后认识到他不能再奢望父亲做出改变。目前马丁正在努力改变他和父亲相处的方式。

操纵者的暴行

还有一类控制，它比直接控制更加细微和隐蔽，但同样极具破坏力，这就是巧妙的操纵。操纵者可以不费吹灰之力地得到自己想要的东西。他们不会暴露自己的真实目的，因此也无须承担遭到拒绝的风险。

我们都会在不同程度上操纵别人，很少有人会自信到什么都直接开口索取,于是大家逐渐学会了间接索取。我们不会直接要求另一半端来一杯酒，我们会问开瓶器在哪儿；我们也不会在深夜直接开口赶走客人，我们会打呵欠；我们不会直接向有魅力的陌生人要电话，我们会先和对立搭讪。孩子也会操纵父母，就像父母会操纵孩子一样。配偶、朋友、亲戚之间也都会互相操纵利用。销售员就是靠推销技巧来操纵客户赚钱的。操纵本身并无任何恶意，实际上，操纵是人类交流的一种常见模式。

但是，当操纵变成长期控制别人的工具时，它就极具破坏性了，尤其是当它存在于亲子关系中时。由于操纵孩子的父母十分擅长隐藏他们的真实目的，所以子女常常会感到困惑——他们察觉到自己不知不觉间受人摆布，却不知道事情是如何发生的。

“为什么她总要帮忙”

有种常见的操纵型父母是“帮手型”父母，他们对成年的子女不会放手不管，相反，他们会经常制造一些状况让子女“需要”他们的帮助，他们对子女的操纵常常表现为诚意十足但根本不必要的帮助。

李今年三十二岁，曾是业余网球界的头号种子选手，一直在乡村俱乐部担任网球教练。虽然她社交生活丰富，职业生涯也发展得一帆风顺，但是她患有周期性的严重抑郁，且这种情况愈演愈烈。第一次见我时，她一大半时间都在聊她和母亲的关系。

我十分努力才能获得今天的工作和地位，但是我妈妈却总把我当小孩看待，她觉得我根本不能独立生活。她一辈子都是围绕着我来生活，尤其是在我爸爸去世之后，她更不愿意对我放手。她经常带着饭菜到我家来，因为她总觉得我不能好好吃饭。有时我回到家，看到她正在“帮我”打扫屋子。她甚至会重新整理我的衣服，挪动我的家具。

我问她是否曾劝母亲不要做这些事情。

一直在劝。可是每次我一提起，妈妈就会擦着眼泪对我说：“妈妈给心爱的女儿做这些，有错吗？”上个月我接到邀请去旧金山参加网球锦标赛，她不停地说旧金山有多远，我不可能自己开车走那么远的路等等，然后毛遂自荐和我一起去。当我对她说她真的不需要去时，她表现得就像是我不让她出去玩，于是我只好同意。我真的很想自己去旧金山，可是我又能说什么呢？

通过治疗过程中的沟通，李开始意识到母亲是如何摧残她对自己能力的信心的。但是，每当她想要对母亲表达一点不满时，心里就会充满负疚感，因为母亲看起来是那么爱她、关心她。李对母亲的怒气与日俱增却又无处宣泄，只能在心中越积越深，最终导致了她的抑郁。

当然，她的抑郁又促使这种恶性循环持续下去。她母亲每次看到她心情低落，都会“适时”地说：“你看看你，闷闷不乐的，我来做点吃的，让你开心一点儿！”

有几次，李鼓起勇气和她母亲说出自己的感受。这时，她母亲便会立刻做出泪水涟涟的殉道者姿态，让她顿觉无比愧疚并连连道歉。接着，母亲会打断她说“别担心，我没事儿”，令她错愕。

我对李说，如果她母亲变换一种方式，直接说出自己想要什么，她就不会感到如此气愤了，李深表同意。

你说得对。如果她能干脆些，直接对我说“我很孤独，我需要你，我想让你多陪陪我”，至少我知道自己该怎么做，我还有选择。可是现在她这样，我觉得她是在控制我的生活。

当李叹息自己的无可奈何时，她也说出了很多被父母操纵的子女的心声。父母的操纵将很多子女逼入了死胡同：选择反抗，他们就会伤害到自己“只是出于好意”的父母。对多数人来说，选择屈服似乎更容易一些。

“那一刻我觉得自己成了卑鄙小人”

操纵型父母在节日里尤其活跃，把负疚感像圣诞祝福那样到处散播。节日会加剧家庭里已有的矛盾。很多人发现自己并不期盼着过节，恰恰相反，他们很担心在节日里给家里带来紧张气氛。

我的一位咨询者名叫弗莱德，今年二十七岁，是家里四个孩子中最小的一个。他给我讲了一个他母亲操纵他的经典例子：

我妈觉得圣诞节我们必须都得回家，对她而言这是头等大事。去年我参加一个电台节目获奖，可以在圣诞节免费去阿斯彭旅行。我十分兴奋，因为自费的话，我是无论如何也负担不起这次旅行的。我喜欢滑雪，而且这次我终于可以带我女朋友去个像样的地方了，这是个宝贵的机会。我们俩平时工作都很辛苦，这次旅行简直就是做梦。但是，当我把这个消息告诉妈妈时，她就好像听到了什么噩耗。她目光暗淡，嘴唇也开始颤抖，好像马上就要哭出来了。然后她说：“好的，宝贝儿，你好好玩儿！也许今年我们不吃团圆饭了。”那一刻我觉得自己成了卑鄙小人。

我问弗莱德，后来他有没有去旅行。

我去了，但是整个过程很糟糕。我的心情特别不好，一直和我女朋友吵架。旅行的大部分时间我都在和我妈讲电话，还有我姐姐和两个哥哥……我一直在和他们道歉，早知道这么痛苦我就不去旅行了。

其实我很惊讶，弗莱德最终还是选择了去旅行，我见过很多人为了不让自己内疚就放弃了旅行。操纵型父母善于制造内疚，而弗莱德的母亲更是精于此道。

当然，我不在家，他们还是吃了圣诞团圆饭。但是我妈那天一直很难过，四十年来第一次把火鸡烤煳了。我姐姐给我打了三个电话，指责我破坏了家庭传统。我大哥也说因为我不在场，大家都闷闷不乐，而我二哥则教训我说："妈就我们这几个孩子，你觉得妈还有多少圣诞节可以和我们一起过？"就好像我在我妈临终时抛弃了她一样。苏珊，你觉得这公平吗？我妈还不到六十岁，身体也很好。我确定我二哥这句话原本是我妈说的。这么说吧，我再也不想过圣诞节了。

弗莱德的母亲不直接向儿子表达感情，却让其他的孩子来做这件事，这是很多操纵型父母都会采取的策略。我们要记住，操纵型父母的主要原则就是避免直接冲突，所以弗莱德的母亲自己不去指责儿子，而是在大家聚餐时摆出楚楚可怜的样子。实际上，这样的指责简直比登报批评自己儿子还强烈。

我对弗莱德讲，他的母亲和哥哥姐姐们圣诞节过得惨淡，那是他们自己的选择，不是他的责任。他们完全可以无视弗莱德的缺席，度过一个愉快的夜晚。

只要弗莱德胆敢为自己做点什么，就会觉得自己是个不孝的儿子，那么他的母亲就可以通过负罪感继续控制他。弗莱德终于意识到了这一点，现在他已经能够更好地和母亲交流了。虽然弗莱德的母亲把儿子的这种变化当作是对自己的“惩罚”，但弗莱德已经将母子关系扭转到了一个新的局面：现在他在母子关系中做出的任何让步，都是自主的选择而不是无奈的投降。

“为什么你就不能像你姐姐那样”

许多有毒的父母会把一个孩子与其他的孩子作比较，以突显其不足，使他觉得自己做得不好，因此不能得到父母的爱，这就促使孩子不顾一切去迎合父母的想法，以得到他们的认同和喜爱。父母采用这种分而击之的策略来对付那些过于独立、威胁到家庭稳定的子女。

不论是不是故意的，这些父母都把正常的家庭子女间的竞争挑拨得更加激烈、残酷，这种竞争会阻碍兄弟姐妹间感情的健康发展，影响极其深远。除了使孩子的自我形象受损，消极的对比也会造成兄弟姐妹间的憎恨与嫉妒，令他们的感情一生蒙尘。

叛逆有因

当有毒的父母给我们施压，摧残我们的感情，使我们胆怯、内疚好控制我们时，通常我们有两条路可以走：投降或者叛逆。这两种选择都不利于心理上的解脱。尽管叛逆看起来似乎会促进心理的解脱，但事实上，选择叛逆和选择屈服一样，我们还是被父母牢牢地控制着。

乔纳森是一位五十五岁的单身汉，拥有一家大型的电脑软件公司。在第一次聊天中，他谈到了自己强烈的恐慌感和孤独感，并为此感到难为情。

我有漂亮的大房子，我收集汽车，我过得很不错，但是有时我觉得十分孤独。我拥有一切，却没有人分享。有时我觉得自己失去了很多东西，比如一种充满爱的、亲密的关系，这时我会很难受。想到我会这样孤独终老，我觉得很恐惧。

我问乔纳森知不知道自己为什么会在个人感情方面始终没有收获。

每次我靠近一个女人……甚至只是想想要和某个人结婚，都会十分恐慌。我不知道为什么……我要是知道就好了。我妈从来都不给我这种机会。

我问乔纳森，对来自母亲的压力有什么想法。

她十分热衷于张罗我的婚事。她八十一岁，身体很健康，也有不少朋友，但我觉得她整天担心我的爱情生活。我真的很爱她，但我没法天天和她谈论这件事，她就像是只为了我和我的幸福活着，她的关心有时让我窒息。我没有办法摆脱她，她不停地教我该怎样生活……一直如此。我觉得，如果可能，她简直都要代替我呼吸了。

乔纳森的最后一句话生动形象地诠释了什么是“捆绑一体”。乔纳森的母亲深深地介入到他的生活中，早就忘了父母在介入子女生活时应保持的尺度。她把自己的生活和乔纳森的生活“捆绑”在一起，仿佛乔纳森成了她生活的延伸，乔纳森的生活也成了她的生活。乔纳森需要把自己从他母亲那令人窒息的禁锢中解放出来，所以他只能选择叛逆。他拒绝母亲让他做的一切事情，包括那些也许他自己原本也想做的事情，比如婚姻。

我含蓄地暗示乔纳森，他可能过度执着于反抗他母亲，以至于忽略了自己的真正需求。对于他而言，最重要的事情是不能屈服于母亲的控制，所以他逐渐压抑了自己也想要和别人发展亲密关系的需求。只有这样，他才可以为自己营造“身为自己的主宰者”的幻觉，但实际上，他对于叛逆的需求已经压制了他自己的自由意志。

我把这叫作“适得其反的叛逆”，是另一种形式的屈服和投降。健康的反抗和叛逆是基于自由选择的一种积极做法，能够促进个人的成长和个性的发展。“适得其反的叛逆”则是对操控型父母的对抗，是一种企图通过叛逆来向父母证明的做法，对子女来说没什么好处。

来自逝者的控制

我的一位心理咨询组员曾说过：“我的父母都去世了，所以他们无法再向我施压。”另一位成员马上说：“他们虽然已经不在了，但可能还活在你的思想里！”适得其反的叛逆和对父母的屈服投降在父母过世后依然可以长时间存在。

许多人认为，一旦操纵自己的父母过世了，他们就自由了。但实际上，亲子关系中的心理脐带不仅可以跨越地域，更可以在阴阳相隔的父母和子女间发挥作用。我就见过许多子女在父母过世后仍然忠贞不渝地坚守父母的要求，并继续承受来自父母的负面影响。

伊莱今年六十岁，是一位成功的商人，智力超群，诙谐幽默，可他对自己的生活却给出了一个别有意味的评价："我在自己的生活里是个配角。"

第一次见伊莱时，虽然他已然家财万贯，却仍旧住在只有一间卧室的公寓里，开着一辆破旧的老爷车，乍一看还以为他的生活朝不保夕。他对两个已经成年的女儿十分慷慨，可是自己却有些过分俭省。

我记得有天他下班之后来我这里，我问他这一天过得怎样，他笑着说自己因为迟到差点丢了一桩价值 1800 万的生意。伊莱是个很守时的人，可是那天会面前，他为了省下几块钱的停车费，绕着整个街区转了 20 分钟寻找免费停车位。他差点为了省 5 块钱而搞砸了 1800 万的生意！

我们开始细细分析伊莱这种省钱强迫症的原因，发现这都是他脑海里不断回响的一个声音所致，而这个声音来自他已经去世了十二年的父亲。

我父母是贫穷的移民，我小时候家里的境况很不好。我的父母，尤其是我爸，总是教导我对一切都要心怀敬畏，谨小慎微地生活。他总是说："外面的世界太危险了，如果不小心谨慎，你会被生吞活剥掉的。"他的话总让我觉得未来有无穷无尽的危险，别无其他。后来我结婚了，生意也很成功，但他还是喋喋不休地说着同样的话。对于我花了多少钱以及买了什么东西，他都要严加盘问。一旦我不小心说漏了嘴，他的标准回应一定是："你这个蠢蛋！你居然把钱浪费在奢侈品上，你应该把每一分钱都存起来！世道会变差的，一定会！到时候你就会需要钱了！"就这样，我简直到了一分钱都不敢花的地步。我爸从不觉得生活是一种享受，他认为生活就是无可逃避的煎熬。

伊莱的父亲把自己生活中的恐惧和艰难传给了儿子。伊莱不断取得成功，但每次他想享受一下自己辛苦劳动的成果时，听到的都是父亲的警告，单曲循环般永久地停留在他的脑海里。即使伊莱偶尔冲破束缚买了些自己喜欢的东西，耳边响起的父亲的训诫也会让他意兴阑珊、无心享受。

伊莱的父亲对未来强烈的不安全感也贯彻到了对女人的态度上。“和成功一样，终有一天女人也会背叛你。”他对于女人的怀疑近乎偏执，而他儿子也承袭了这些观点。

我在女人方面运气总是不太好，我就是没有办法相信女人。因为我总是责备我妻子过于奢侈，所以她最终离开了我。其实我真的很荒谬，她只是买了一个手提包，我却马上想到了破产。

在伊莱的治疗过程中，我发现钱并不是他和前妻之间唯一的问题，伊莱非常不擅长表达情感，尤其是表达爱，这令伊莱的前妻十分苦恼。这一问题在他们结婚前就十分明显，伊莱说：

每次我和女人约会，都仿佛听到我爸在说：“女人都喜欢欺骗男人，如果你蠢到相信她们，她们就会骗走你的一切。”我觉得这就是我总是喜欢和不那么聪明的女人交往的原因，我知道她们不够聪明，骗不了我。我总是承诺用自己的经济能力去照顾她们，甚至在事业上帮助她们，可是我从不兑现承诺。我觉得我是想在她们骗我之前先欺骗她们。我不确定自己能不能找到可以信任的女人。

令人难以置信的是，伊莱这样聪明敏锐的人，却被已过世的父亲的强大意念所左右，甚至在洞悉一切的情况下仍然甘愿受控。他被父亲的恐惧感和不信任感紧紧地束缚住了。

伊莱在治疗中十分努力。他不断挑战自己，强迫自己采取新的做法。他开始去直面心中的很多恐惧。最终，他迈出了可喜的一大步——购买了一幢高档公寓。他仍旧觉得不安和内疚，但是他已经学会了如何克制这些情绪。

伊莱脑海中的声音始终存在，但他逐渐学会了把它的音量拧小一些。伊莱还在努力克服他对于女性的不信任，但他已经学会了把这种不信任感视作父亲的“有毒的馈赠”。他正在努力去信任现在的约会对象，希望能以信任作为武器，重新夺回对自己生活的控制权。

我永远记得那一天伊莱来找我，告诉我他前一晚怎样努力克服了自己的猜忌和不安，让内心变得温暖，变得有成就感。他眼含泪水，看着我说：“你知道吗，苏珊，现在我的生活中没有任何事情能让我像过去一样心怀恐惧。”

“我觉得窒息”

芭芭拉是个三十九岁的作曲家。她来见我时，心情极度抑郁。

夜里醒来的时候，我会觉得很空虚，好像我的心已经死了。我过去是大家口中的音乐奇才，五岁就能弹奏莫扎特的《钢琴协奏曲》，十二岁获得朱丽亚音乐学院的奖学金。我的事业发展一直顺风顺水，但是我的内心很空虚，好像已经没有了生气。六个月之前，我因为抑郁症入院治疗。我以为自己熬不过来了，我不知道应该向谁寻求帮助。

我问芭芭拉，是不是发生了什么特殊的事情导致她住院，她告诉我她在三个月之内接连失去了双亲。我为她感到难过，但是她立刻拦住我，告诉我不必难过：

没关系的。我和我父母已经好几年都不说话了，所以我觉得从某种意义上来说，我早就失去他们了。

我问她是什么造成了这种隔阂。

四年多以前，我和恰克打算结婚时，我的父母非要搬过来住在我们家，帮我们筹备婚礼。我最不想要的就是他们过来添乱，就像我小时候那样，那时候他们对我的事情指手画脚，他们的盘问就像宗教法庭上的质询那样严苛，我在做什么、和谁、去哪儿，等等。总之，我和恰克在婚礼前压力都很大。我和父母说希望他们住到宾馆，果然他们大发雷霆，说如果不让他们在家里住，就再也不和我说话。我人生中第一次反抗了他们。现在看来这是个巨大的错误——他们果然没有来参加我的婚礼。之后他们告诉所有的亲戚，说我是个十恶不赦的逆子，现在大家也都对我不理不睬。

我结婚几年后，妈妈被诊断出患有癌症，而且无法手术治疗。她让家里的所有人都发誓，不能把她去世的消息告诉我。直到五个月前，一个偶然碰见的家里的朋友向我表示哀悼，我才知道妈妈已经去世了。我马上跑回家探望爸爸，以为自己可以做些什么来弥补，可是他对我说的第一句话竟然是："你现在高兴了，你气死了你妈妈！"我顿时崩溃了。三个月后，爸爸也在悲痛中离世了。每次想起他们，我都仿佛听到爸爸在指责我，我觉得自己是个杀人凶手。虽然他们已经长眠在地下，可他们的指责仿佛仍然紧紧地勒住我的脖子，让我无法呼吸。到底怎样才能忘记过去，重新生活？

和伊莱一样，芭芭拉也被已经过世的父母控制着。在这几年里，她始终觉得自己对父母的离世负有责任，这种负罪感摧毁了她的精神健康，也差点毁了她的婚姻。她迫切地想要摆脱自己的负罪感。

自从他们去世后，我也特别想结束自己的生命。我脑子里始终有个声音在说："你杀了你爸爸！你杀了你妈妈！"似乎只有结束生命才能制止那个声音。我差点就自杀了，但你知道我为什么没那么做吗？

我摇了摇头。在近一小时的交谈中，她第一次露出了微笑，回答道：

我怕我死了以后会再次遇到我的父母。他们在世时已经把我的生活毁得够彻底的了，我可不想再给他们机会去破坏我在另一个世界的生活。

和许多中毒的子女一样，芭芭拉十分了解父母给自己带来的痛苦，但是这种了解不足以帮她卸下身上的责任感和负罪感，更不足以让她认识到她父母应负有的责任。经过努力的沟通，我们最终取得了一定的成果，芭芭拉开始接受她的父母要为他们自身的残忍行为负全责。芭芭拉的父母已经过世了，但她却用了一年的时间来摆脱他们的纠缠。

没有独立的身份

自信的父母无须去控制他们已经成年的子女。而在这一章里我们所接触到的有毒父母的行为，都是基于他们对自己生活的强烈不满，以及对遭到遗弃的恐惧。子女的独立让他们觉得仿佛失去了身体的一部分。随着子女年龄的增长，他们对子女的控制也愈演愈烈，因为他们需要子女永远的依赖。只要可以让子女自觉还是个孩子，他们便可以维持对子女的掌控。

因此，操控型父母的子女成年后，对自我的身份认知会有些模糊。他们很难把自己视为脱离父母存在的独立个体，也不懂得区分自己的需求和父母的需求。他们有着深深的无力感。

在子女能够把握自己的生活时，所有父母都应该停止对他们的控制。在正常的家庭里，这种控制权的交接往往在子女的青少年时期便开始了。而在有毒的家庭里，这种健康有益的关系剥离会被人为地滞后多年，甚至永远都无法实现。只有当你做出改变，重新掌握对自己人生的控制权时，这种剥离才得以实现。

第四章

“这个家里没有酒鬼”

——酗酒型父母

“正常家庭”的伪装对孩子来说尤为有害，因为这会让孩子否定自己的情感和感知能力的正确性。如果一个孩子总是被迫对自己的想法和感觉说谎，那么对他来说，想要培养强大的自信心几乎是不可能的。

格伦是一家小型制造公司的老板。他来向我求助，是因为他的怯懦和优柔寡断已经影响到了他的私人和工作关系。他说他常常会感到紧张不安，也曾无意间听到在公司干活的人说他“爱发牢骚”“令人压抑”。他发觉人们在他面前会很不自在，所以即便是熟识的人，与他发展成朋友也不是件容易的事。

在交谈中，格伦提起造成他工作压力的另一个原因。

大约六年前，我安排父亲来我的公司上班，希望他能过上正常人的生活。从我记事起，他就一直是个酒鬼。我觉得这份工作的压力让他变得更加糟糕。

他酗酒，对顾客无礼，让我丢了不少生意，我不能让他再留在公司里了，但是我又害怕。你怎么能解雇自己的父亲呢？这会毁了他的。每次我想跟他谈这件事情，他都只回答一句话："好好跟我说话，否则免谈。"我简直要疯了。

格伦过度的责任感、救助父亲的需求、他自身安全感的缺失以及被压抑的愤怒，都是酗酒者成年子女的典型特征。

客厅里的恐龙

"不认账"对酗酒者家庭中的每一位成员来说，都是家常便饭。酗酒就像是客厅里的恐龙。对外人来说，恐龙是不容忽视的客观存在，但是对生活在这幢房子里的人来说，既然无法驱逐恐龙，那就只好对此视而不见。这是他们得以共存的唯一方式。谎言、借口和秘密就像空气一样充斥在这些家庭里，给家中的孩子造成了极大的感情困扰。

酗酒父母的家庭的情感和心理环境与吸毒父母的家庭大致相似。虽然本章中我选取的主要是酗酒父母的案例，但其实吸毒父母的孩子也有着类似的痛苦经历。

格伦的经历十分典型。

在我最早期的记忆里，父亲下班回到家都是直奔酒柜的。这是他每晚的惯例。几杯之后，他就会端着酒杯过来吃晚饭，他那该死的杯子从来就没有过空着的时候。晚饭过后，他才开始真正意义上的喝酒。所有人都必须保持安静，以免打扰到他。天哪，你可能会觉得他是在做什么重要的事情，可这个混蛋却总是喝得酩酊大醉。我记得很多个晚上，妈妈、姐姐和我都得一起把他拖上床，我负责脱掉他的鞋袜。最糟糕的是，家里人对我们所做的事情只字不提。我们每晚都做着同样的事，以至于好长时间我都天真地认为，拖爸爸上床是常规的家庭活动，家家都是如此。

格伦很早就意识到父亲喝酒这件事是个大秘密。即使母亲没有叮嘱他不要和别人提起“爸爸的问题”，他的羞耻感也足以让他守口如瓶。全家人对外界摆出一副“一切都很好”的样子，为了对抗“共同的敌人”而团结一致。这个秘密变成了保持家庭完整的黏合剂。

这个大秘密具备三个要素：

- 在大量的证据以及自己令家人感到恐惧和羞辱的行为面前，酗酒者仍矢口否认自己酗酒的事实。
- 酗酒者的配偶（常常也包括其他家庭成员）否认问题的存在。他们通常会找些理由来为酗酒者开脱，比如“母亲不过是喝点儿酒放松一下”“父亲在地毯上绊了一跤”，或是“父亲丢了工作是因为他的老板很刻薄”。
- “正常家庭”的伪装，是家庭成员在彼此和外界面前做出的假象。

“正常家庭”的伪装对孩子来说尤为有害，因为这会让孩子否定自己的情感和感知能力的正确性。如果一个孩子总是被迫对自己的想法和感觉说谎，那么对他来说，想要培养强大的自信心几乎是不可能的。负罪感会让他怀疑人们是否会相信他。长大以后，受人猜疑的感觉依然存在，所以他们会刻意回避表达自己的意见，不去流露任何情感。就像格伦一样，许多酗酒者的成年子女都变得痛苦而怯懦。

要将“正常家庭”的伪装硬撑下去是极其耗费精力的。孩子必须一直保持警觉，常常害怕自己会一个不小心暴露了家丑，背叛自己的家庭。为了避免这种状况发生，他往往就不去与人交朋友，所以形单影只，内心十分孤独。

这种孤独感使他在家庭的泥沼中越陷越深，使他对少数与自己共同保守秘密的人——他家中的“共谋者们”——产生了一种强烈而扭曲的忠诚感。对父母强烈的、是非不分的忠诚成了他的第二天性。成年之后，他这种盲目的忠诚仍在控制并破坏着他的生活。也正是这种盲目的忠诚，使格伦在公司生意受损的状况下仍然无法请父亲离开公司。

被遗忘的孩子

既然大部分精力都被耗费在拯救酗酒者和维持伪装的无谓努力上了，酗酒者家庭留给孩子的时间和关爱自然就微乎其微了，孩子的基本需求也就难以得到满足。就像所有不及格、不称职父母的子女一样，酗酒者的子女也常常觉得自己被父母无视。这也造成了一个无法摆脱的困境：家庭的问题越是严重，孩子就越需要情感上的支持。

在格伦与我探讨他现在的问题与童年时情感波动之间的关联时，他回忆道：

朋友们的父亲与他们一起做过的事情，我父亲从来都没和我做过。我们从未一起打过球，更没有一起看过比赛。他总是说：“我没时间，以后再说吧。”但是他总有时间坐在那儿喝个烂醉。妈妈总是说："别总拿你的事来烦我，你就不能跟朋友们出去玩吗？”可我哪有什么朋友！我不敢带任何人回家。家里人对我不闻不问，好像也不关心我有什么麻烦，只要别找他们来解决就行了。

我对格伦说："这么说，他们对你不理不睬你也可以接受是吗？被人忽略的感觉是怎样的？”格伦回忆着，脸上的表情变得痛苦起来：

这种感觉很不好。很多时候我觉得自己像个孤儿。为了让大家注意到我，我什么都愿意做。十一岁的时候，有一次我去朋友家玩。他父亲把钱包落在了走廊的桌子上，于是我就从里面拿走了五美元，希望能被逮到。父母要打要骂都无所谓，只要他们知道我的存在就行。

小小年纪，格伦就接收到这样的信息：他的存在于父母而言，是火上浇油而不是锦上添花。而他的存在不受欢迎这件事又通过这样一个事实得到了强化:只要他不露面，便可以逃过父亲频发的暴力言行。他继续回忆道:

只要我出声，父亲就会用令人难堪的话来羞辱我。如果我胆敢在他面前大声说话，他就会狠狠地揍我。很快，我便学会了不去招惹他。如果我顶撞了母亲，她会像小孩子一样放声大哭，然后父亲就会发起疯来，用皮带抽人。那样的话，我就会因为自己闯下的祸而感到双倍的自责。所以我学会尽量不在家里待着。十二岁的时候，我找到一份放学后的兼职，并且常常谎报下班时间，这样每天晚上便可以尽量晚点回家。然后早上我又提前一个小时去上学，这样就可以在父亲睡醒之前出门。直到现在我还能感觉到当时的那种孤独：每天早上孤零零地坐在操场上，等着有人出现。可笑的是，我觉得父母甚至没发现我从来都不在他们身边。

我问格伦，他是否认为小时候让他不敢积极表达自己观点的恐惧，现在仍在控制着已经成年的自己。他伤心地承认了：

我想是的。我从来不敢对任何人说任何有所冒犯的话，不论我多想这样做。我咽下太多话了，有时候真觉得自己需要把它们倾吐出来。可我就是无法勇敢地面对别人，哪怕是我最关心的人。如果我觉得自己想说的话会伤害到别人的感情，我就说不出口。就是这样。

和许多酗酒者的子女一样，格伦认为自己要对所有人的感受负责，就像小时候他要对父母的感受负责一样。他竭尽所能地避免与父母发生冲突，因为他不想给其他人（包括他自己）造成痛苦。他无法像正常的孩子那样表达自己的情感，于是只好把它们压抑在心底。成年之后，他仍在延续这一模式。当格伦帮忙把父亲安置在床上时，当他努力让父亲不再烦躁时，他的行为是家长式的，而不是孩子式的。当孩子被迫肩负起家长的角色时，便失去了供他学习的角色榜样，这对他正在形成中的自我认同感产生了威胁。这种极具危害性的角色倒置在酗酒家庭中尤为常见。

“我从来就不是孩子”

正如我们所见，并且以后还将继续见到的那样，有毒的家庭中大多存在着角色倒置的情况。在酗酒家庭中，酗酒的父母通过他们惹人怜悯、窘困潦倒而又不理性的行为主动抢占了孩子的角色。他们自己就是难以管教的孩子，如何容得下家里再有其他孩子？

从小到大，格伦一直相信，自己存在的意义就是要照顾别人，而他自己不能怀有任何奢望。

我记得父亲酒后失控时母亲是怎样跑来找我，她总会哭诉自己的不幸。她总是说："我该怎么办？你们这些孩子需要父亲，而我又不能出去工作。"提起这些我就会难过。我以前梦想着可以带她去一个父亲找不到的小岛生活。我现在也是这么做的。我一直给她钱，哪怕负担不起也要给。我也照顾父亲，哪怕留他在公司会丢生意。为什么就不能换一换，让我找到个什么人来照顾照顾我呢？

格伦仍然背着深深的负罪感，因为不管是小时候还是成年后，他都没能让父母过上正常人的生活。虽然他也梦想着能找个女人来照顾自己，可最终他选择的却是个窘困无助的女人。结婚的时候格伦就已经感觉到她并不适合自己，可是，对实现童年时的拯救幻想的渴望还是战胜了他更为理性的判断。

修复过去的神话

结婚没多久，格伦便发现自己娶了一个偷偷酗酒的女人。不过就算结婚前他就知道，应该也不会改变决定。他只会说服自己相信他可以改变她。

酗酒者的子女成年后的配偶常常也是酗酒者。许多人对此感到不解：为什么在酗酒家庭的混乱环境中长大的人会愿意再次经历这种痛苦呢？其实，每个人都有重复熟悉的情感模式的需求，不论这些情感是多么痛苦又或者对自己有多么大的伤害。这种熟悉感为我们的生活提供了舒适感和整体的架构。我们知道其中的规则，也知道会出现些什么状况。

更重要的是，我们重现过去的冲突是因为我们希望这一次可以让一切进展顺利——我们最终将赢得这场战斗。这种对过去痛苦经历的重现被称作“强迫性重复”。

“这一次我会做得很好”

这种强迫症对我们生活的控制，怎么强调都不为过。从这个角度来看，几乎所有的自我伤害行为，尤其是涉及亲密关系的建立和维系的自我伤害行为，都有了存在的道理。格伦可谓是绝佳的例子：

认识丹妮丝的时候，我根本不知道她酗酒。在我发现这件事之后，她便索性不再掩饰了。每个星期我都能看到她喝个三四次。我求她不要再喝了，带她去看医生，说服她去嗜酒者互诫协会，把家里所有的酒都锁了起来。但是你也知道酒鬼是什么样子了……她总有法子找得到。唯一能让她不再喝的办法是我威胁说要离开她。但是过不了多久她就故态复萌，于是我们又重新回到了起点。

在成长过程中，格伦早已对否认和掩饰见怪不怪了，所以他很容易便走进了一段存在相同问题的成人关系。不一样的是，虽然童年时没能拯救自己的父母，但这一次他却相信自己可以在同样的问题上拯救他的妻子。和几乎所有酗酒者的成年子女一样，格伦也曾对自己狠狠发誓：他永远不允许自己的生活中出现第二个酗酒者。但是，根深蒂固的强迫性重复的力量远比任何清醒时的誓言更为强大。

“为什么我总要重复过去”

另一个常常因为过去的巨大影响力而被打破的誓言是：永远不允许酗酒家庭中标志性的暴力和虐待再次出现。

乔迪是一位二十六岁的年轻女士。她是一家私立的成瘾物质滥用诊疗所的康复顾问，在诊疗所主管的建议下，她来找我做咨询。和该项目中的许多顾问一样，乔迪自己也是正在康复中的酗酒者以及吸毒者。我第一次见到她就是在医院为庆祝她戒酒（戒毒）两周年而组织的小型员工聚会上。

乔迪最近刚刚与一个有暴力及虐待倾向的男人分了手。她的主管担心她禁不住诱惑又和那个男人复合，于是建议她来找我咨询。

在我们第一次单独会面时，乔迪看起来态度强硬而敌对，她一点儿都不觉得自己需要帮助。我很想知道在这伪装背后隐藏着怎样的痛苦。她的开场白是这样的：

他们说我最好来这里治疗，否则就炒我鱿鱼。你就不能让我破个例吗？告诉他们我一切都好，不需要回来治疗。

“看得出来，到这儿来你真的挺激动的。”我回答道。我们都笑了，这使原本有些紧张的气氛有所缓和。我告诉她，我知道她来找我并非出于自愿，但既然来了，不妨试试看能否有所收获。于是，她同意到我的治疗小组试一试。

我告诉她，她的同事们非常担心她会回到有虐待倾向的男友身边。乔迪也承认大家的担心不无理由。

我真的很想念那个笨蛋。其实他基本上算是个好人，只不过有时候我比较啰嗦，会惹他厌烦。我知道他是爱我的，也一直希望我们能找到解决办法，好好地在一起。

在我看来，乔迪是混淆了爱和虐待之间的界限，她好像总是下意识地引发爱人的怒火，并以此作为他的热烈与激情的证明。我问她是否觉得这种感觉很熟悉，在她与其他人的关系中有没有出现过类似的情况。她想了想，回答道：

我觉得，这和我跟我爸的关系有点像。他是一个不折不扣的顶级酒鬼，过去常常打得我们屁滚尿流的。他每个礼拜差不多有五晚是喝得醉醺醺回家的，然后就找各种理由毒打我们，他会打到哥哥流血才肯罢休。妈妈完全无法阻止他，她太害怕了，什么都不敢做。我会苦苦地哀求他停手，但他就像疯了一样。我并不想让你觉得他像个怪物，因为没喝酒的时候，其实他还蛮酷的。他曾是我最好的朋友。过去一起玩儿的时候，我开心极了，就我们两个。直到现在我也还是很喜欢当时的那些日子。

许多酗酒者的子女磨炼出了极高的容忍度，能够接受常人无法接受的事情。乔迪完全不知道关爱儿女的父亲会如何行事，只能想当然地认定如果她想要与父亲共度美好时光，就必须要忍受那些糟糕的日子。她在爱与虐待之间建立起一种心理联系，并且渐渐相信没有虐待就不会得到爱。

酒友制

乔迪的父亲现身说法教会乔迪：如果她不想挨打，就要不惜一切代价让男人高兴。为了让父亲高兴，她在十岁的时候便成了他的酒友。

一开始，父亲喝酒的时候会叫我也抿上一口，大概每周一次吧。我讨厌那个味道，但是如果我能来点儿，常常会让他特别高兴。到我十一岁的时候，他就会去店里拎一瓶出来，我们就坐在车里一起把它喝光，然后去兜风。起初我觉得好刺激啊，但没多久我就感到非常害怕。虽然我只是个孩子，却也能感觉到他无法控制好车子了。我之所以一直这么做，是因为这是只有我才能和他一起做的事，别人不行。这是我们之间特有的活动。我真的渐渐喜欢上喝酒了，因为它让父亲更爱我。可是我越喝越多，酒瘾越来越重，最后喝得自己失去了理智。

酗酒父母的子女中至少有四分之一也会成为酗酒者，这些人中有不少是很小的时候便在酗酒父母的诱导下第一次接触酒精的。初次的饮酒尝试在父母和子女之间建立起一种特殊的，并且常常还很隐秘的关联。这种特殊的“共谋模式”对孩子来说，就像是战友之间的情谊。这通常会让孩子更容易获得父母的爱和赞许。

即使孩子尚未被父母主动招募到酗酒者的行列，他仍然很容易受其影响并最终变成一名酒徒。我们还不能确定为什么会发生这样的状况——或许在上瘾行为或生化方面的疾病上存在着某种遗传倾向。还有一种可能性很大的原因是：孩子的许多行为和信念是通过对父母的模仿和认同形成的。酗酒父母留给他们成年子女的是愤怒、沮丧、郁郁寡欢、敏感多疑、破裂的关系以及过度的责任感，同时他们也留下了应对的办法——酗酒。

你无法信任任何人

大部分酗酒者的成年子女对亲密关系心怀畏惧。这是因为他们最初且最重要的关系教会他们：他们爱的人也会伤害他们，而且非常难以捉摸。成年人之间成功的关系，不论是爱人还是朋友之间，很大程度上需要双方互不设防，彼此信任且开诚布公——而这些因素在酗酒家庭中早已遭到无情的摧残。所以，对许多酗酒者的成年子女来说，因内心极度矛盾而变得感情凉薄的人往往更具吸引力，因为这样一来，他们便可以想象自己身处一段亲密关系中，同时又不必面对内心对真正的亲密关系的恐惧。

乔迪的“杰柯尔与海德”[1]式的男友是她父亲的翻版——有时很可爱，

1　杰柯尔与海德（Jekyll and Hyde）：英国作家史蒂文森（Stevenson）作品中的人物，善良的医生杰柯尔拿自己做实验，导致人格分裂，每天夜晚都会转为邪恶人格的海德，最后杰柯尔选择自尽以终结海德的作恶。杰柯尔与海德意为有两种不同面目（或善恶双重人格）的人。

有时则很可怕。选择这样一个易怒又有虐待倾向的男友，乔迪不仅可以重温与童年时期相似的经历，也可以永远不必冒险涉足真正的亲密关系这一未知领域。她坚信父亲一直都是唯一真正理解她的人，她不愿打破这一神话。这一神话的力量无比强大，不仅损害了她与朋友、与我以及与治疗小组中其他成员之间的关系，甚至令她最终放弃了自己。

我仍然记得她宣布离组的那一晚我心里的伤感。我提醒她，她一直都知道治疗是痛苦的，痛苦是整个过程中无可回避的一部分。有那么一瞬，她看起来似乎就要改变决定了，然而随后：

听我说，我不想放弃我父亲。我不想生他的气，我也不想一直为他跟你们辩解。父亲和我真的很需要彼此。为什么我要相信你而不是他？我不觉得你或是这组里的其他什么人会真的改变我，也不认为在我受伤的时候，有谁真的帮得上我。

乔迪所在治疗小组的其他成员都是童年时期曾经遭受虐待的成年人，他们明白乔迪一直以来承受着怎样的压力，所以对她极为支持和关爱，但她却无法接受。对乔迪来说，这个世界就是个尔虞我诈的地方，到处是摧残别人情感的坏人。她坚信如果与别人走得太近，他们就会伤害她、让她失望。讽刺的是，这些想法放在她父亲身上倒是十分贴切。

乔迪对他人的信任缺失，是父亲酗酒对她造成的巨大伤害。如果连自己的父亲都无法信任，你还能信任谁呢？信任是我们的感情产物中最孱弱的一种，在严酷的条件下，它通常是第一个消亡的。

在中毒的成年子女所受到的伤害中，信任缺失是最普遍的一种。来听听格伦的说法：

> 只要我妻子想独自做些什么，我就总会感到害怕——哪怕她只是和女儿们出去吃个饭。我担心她会抛弃我。我就是不能完全信任她。我怕她会找到一个比我更好的人，然后抛弃我跟他远走高飞。我想让她一直待在我身边，一直在我的可控范围内，这样我就不用一直担心了。

嫉妒、占有欲和怀疑是许多酗酒者的成年子女的人际关系中反复出现的主题。他们很早便知道，关系总会遭到背叛，爱最终会招致痛苦。

“可是昨天你还说好”

卡拉在医生的建议下来找我治疗。她的医生说，她头疼反复发作，或许有心理学方面的因素。因为压制怒气常常会引发头痛，于是我最初询问她的问题之一就是：“你为什么生气？”我的问题令她惊愕，沉默了一会儿，她答道：

> 你说得对。我确实在生气，生我母亲的气。我都四十七岁了，可她仍在操控我的生活。就说上个月，我已经计划好了一场很棒的墨西哥之旅，并为此兴奋不已。可是，就在出发前三天，我接到了母亲的电话。来得正是时候，对此我丝毫不觉得惊讶。听得出来她喝了酒，因为她说起话来含糊不清的，而且好像在哭。她告诉我父亲出去钓鱼了，要两周才能回来，她感到很沮丧……然后问我可不可以陪她住几天。我说我计划好了出去度假，她便开始哭了起来。我想说服她去姨妈家待几天，她又开始说我不爱她，然后就从一件事跳到另一件说个不停。我也不知道是怎么搞的，就稀里糊涂地答应取

消墨西哥之行去陪她了。反正知道她又陷入低潮，即使出行也不能尽兴。

我对卡拉说，听起来这种状况似乎时有发生，她也承认：

是的，在我小时候就常常是这样。我总得照顾妈妈，可她却从来不领情。她总是对我唠叨个没完。日子一天天地过去，我却永远不知道接下来将会看到她众多脸孔中的哪一个，也永远不知道怎样才能让她高兴。我记得有一次我的历史考试得了个D，吓得不敢回家——这足以让她狠狠教训我四个小时了，说我有多没用、没良心、没出息，根本不会有人愿意娶我之类的话。可是当我最终回到家后，却发现她心情好得很，二话没说就在成绩单上签了名，还告诉我“你很聪明，不用为分数担心”。简直难以置信！但是在那之后，她和平常一样在晚饭前喝了四杯鸡尾酒。我把食物端上桌，但忘了拿盐和胡椒粉。她刚一坐到餐桌前便暴跳如雷，就好像我挑起了世界大战一样。我怎么都不明白，我不过是忘了拿盐和胡椒粉，为什么她转眼间就不爱我了。

卡拉母亲的行为变化区间很广，时而热烈得令人窒息，时而冷酷得令人痛苦，这取决于她的情绪，她的酒精摄取量，又或者如卡拉所说的，取决于“月盈月缺”。卡拉告诉我，对于她母亲来说，正常的、稳定的中间地带几乎从不存在。所以卡拉总是在努力猜测如何才能获得母亲的赞许。不幸的是，母亲总是喝得晕头转向的，今天能让她高高兴兴的举动，明天可能就会让她怒火中烧。

“都是你的错”

在某种程度上来说，所有父母都会有前后矛盾的状况，但是这种“今日对明日错”的症状会在酒精作用下得到显著的强化。父母发出的信号以及制定的规则变换得太频繁、太出人意料，常常令孩子应接不暇。父母把批评当作一种控制手段，不论孩子做什么，他们总能找到可以展开批评的细节。孩子成了父母受挫失意时的出气筒，是父母所有罪过的替罪羊。这是酗酒父母对自己的失职进行辩护和宣泄的狡猾手段。他们发出的信息是：“如果不是你什么都做不好，妈妈怎么会喝酒！”对此卡拉是这样说的：

我记得在我大约七岁的时候，有一次母亲一大早就喝了好多酒，于是我邀请一位朋友放学之后到我家来玩。通常我是不会带人回家的，因为我永远不知道母亲喝得有多醉，但是这一次，我猜她应该会越过早饭一直睡到下午。我和朋友正在玩变装游戏（穿母亲的鞋子，涂她的口红还有化妆品什么的）的时候，突然间门砰的一声打开了，母亲踉踉跄跄地走了进来。我当时吓得几乎要尿裤子，她呼出的酒气都能把我们熏倒。看到我们碰了她东西的时候，她简直都要疯掉了，大叫道：“我知道你为什么带小朋友过来……来监视我！你总是在监视我！就是因为这样我才一直喝酒的。任何人都会被你逼得染上酒瘾的！”

卡拉的母亲完全失控了。除了侮辱自己的女儿，她还把自己酗酒的毛病怪罪于她。当时卡拉的年纪还太小，看不到母亲逻辑上的漏洞，于是就承受起这罪责。

直到现在，卡拉仍不自觉地认为自己应该为母亲的酗酒承担责任，这也是她愿意尽一切努力去赎罪的原因。她取消了期待已久的假期，徒劳地试图获得母亲的赞许。

对于酗酒家庭中的孩子来说，替罪羊是熟悉得不能再熟悉的角色。有些孩子会通过自我伤害或是违法行为来塑造他们负面的自我形象，而另一些人则不自觉地用情感甚至身体上的各种症状来惩罚自己——就像卡拉时常会头痛一样。

黄金孩子

有些酗酒者的孩子被迫成了替罪羊，也有些则被迫承担起家庭英雄的角色——“黄金孩子”。这种孩子，因为被迫肩负起重大责任而被父母和外界的赞赏包围。表面看来，这种赞誉似乎赋予了这些英雄式的孩子一个积极正面的地位，比起家庭的替罪羊可好得多了。但事实上，不论是童年生活被剥夺，还是小小年纪便沦为家中的顶梁柱，孩子们的经历何其相似。不管是童年时期还是成年以后，黄金孩子一直在强迫自己去完成难以实现的完美目标，丝毫不敢松懈。

几年前，我在自己主持的一档电台节目中接到过一通听众来电，对方名叫史蒂夫，是一名化学研究员，他说：

我觉得自己停滞不前。我四十一岁，事业有成，但最近却忽然变得优柔寡断起来。我现在研究的是我一生中最重大的课题，可我竟无法集中精神。很多人都指望着我呢，我却好像石化了一样。从小到大我一直都是成功者……你知道吗……全优生，美国大学优等生协会[1]会员。我从来都是个积极进取的人。但是现在却瘫软了。

1　美国大学优等生协会（Phi Beta Kappa）：美国的一个荣誉团体，成员皆为学习成绩非常优异的大学生。该团体的格言是“哲学是人生的引导”。Phi Beta Kappa 是三个希腊字母 ρ，β，γ 的音读。

我问他，他的生活中是否发生了什么事情，促使了这些变化的发生。他说他的父亲因为严重的肝损伤刚刚被送进了重症监护室。他的回答给了我一些线索，于是我继续问他，他的父亲是不是酗酒。过了好一会儿他才答道，自己的父母都是酗酒者。史蒂夫在成长过程中一直埋头苦读，并最终使自己成为成功者中的佼佼者，他是在以这种方式来抵抗家里的喧闹躁动。

小的时候大家都觉得我是神童……我的祖父母、老师们，甚至我的父母……在他们没有喝醉酒的时候。我曾是完美的儿子、完美的学生，在此之后是完美的科学家、丈夫和父亲（说到这儿，他的声音有些哽咽）。我真的厌倦了一直以来自己的完美形象了！

还是个孩子的时候，史蒂夫便承担起自己力所不及的重任，并以超越自己年龄的成熟解决了所有问题，获得了大家的赞赏。他没有被当作一个天生具备价值的人来对待并由此建立起自尊核心。他的自尊来自外在的赞美、奖励和分数，而不是内在的自信。

他的动力或许也包含了补偿的因素。通过让自己出类拔萃，史蒂夫或许无意识地想要抵消自己父母的不足。

我告诉史蒂夫，父亲的病情让许多他没有做好的事情重新浮出水面，我了解他的痛苦，但也认为这对他来说正是解决真正关键问题的大好时机。我要他直面这样一个事实：成为家庭英雄其实是他应对糟糕童年的非常手段。不幸的是，他从未学会如何让自己松弛下来。现在，很多年过去了，他对自己生活各个方面的完美追求终于令他瘫倒，许多完美主义者都有这种情况。

在我的敦促下，史蒂夫同意接受专业咨询师的帮助，除了帮他渡过目前的困境，也可以平复他被剥夺童年的创伤。

“我必须时时掌控局面”

酗酒家庭的环境以及家长的性格既不可测、也不稳定，在这种环境下成长的孩子无不深受其害。为求自保，他们的成长往往伴随着一种强烈的需求，希望生活中的所有人、所有事都尽在掌控。面对儿时的无助，格伦用自己的方式做出了回应——成为控制者，虽然他很怯懦。

每次交到女朋友，我似乎总是在我们关系很亲密的时候甩了对方。我想我是害怕自己不甩对方，到头来就会被对方甩吧，所以这是个保持控制权的办法。直到现在，我也常常告诉妻子和孩子如何做好每件事。我就是忍不住，家里就得我做主才行。我开公司也是一样。我也不会朝谁叫喊，但员工总是知道什么时候我不高兴。他们说我让人扫兴，气得他们要发疯了。但公司是我的，不是吗？

格伦相信，只要能掌控生活中的方方面面，他就不会再次遭遇童年时混乱癫狂的经历。当然，自信的缺失迫使他寻求其他的控制之法，于是他选择借助一些操控别人的手段，比如故作愠怒或是挑剔斥责，并且已运用得颇得要领。

不幸的是，格伦操控他人的行为使他关心的人疏远他，甚至心生怨愤。和许多酗酒者的成年子女一样，控制他人的需求造成了格伦最害怕看到的结果——众人的排斥和背离。讽刺的是，童年时为了对抗孤独而采取的防御措施却正是成年后令他感到孤独的祸端。

“你竟敢说自己的母亲是酒鬼”

如果你是酗酒家庭的成年子女，那么你家很可能与史蒂夫家双亲酗酒的情况不同，在你家中上演的戏码里只有一位家长是嗜酒成性的酒徒，另一位则不是。近年来，我们对这种家庭关系中的非酗酒伴侣的角色开始有了更多的了解。正如我们在第二章中讨论过的，这种伴侣被称作“助人者”或是“共依存者”。

尽管酗酒者给家人造成了诸多痛苦，他们的伴侣却不自觉地对他们的滥饮予以支持。通过默许，共依存者传达了这样的信息：他们愿意为伴侣的破坏性行为所带来的伤害收拾残局。共依存者或许会唠叨、哭诉、辩解、抱怨、威胁、给出最后通牒，但极少有人愿意表明足够坚定的立场来促成任何意义重大的改变。

回到之前卡拉的个案。她的治疗取得了一些有价值的进展。我想亲自体验一下她与父母的交流方式，便让她邀请父母来参加一次咨询。他们来的时候，看得出来卡拉的母亲有些沮丧。卡拉请她前来似乎令她心生愧疚。当我谈到卡拉童年的痛苦经历时，她的母亲突然放声大哭起来：

我真的很羞愧。我知道对她来说我不是一个好妈妈。卡拉，我很抱歉，我真的不想伤害你的。我一定努力戒酒。如果你们需要，我甚至可以配合治疗。

我告诉卡拉的母亲，心理疗法对纠正酗酒及其他成瘾行为是完全没有效果的，除非能与嗜酒者互诫协会的“十二步戒酒计划”相结合。卡拉的母亲恳求道：

苏珊，求求你，不要让我去嗜酒者互诫协会。我愿意为卡拉做任何事情，只要不是让我去嗜酒者互诫协会。

就在这时，卡拉的父亲愤怒地打断了她：

妈的，我妻子才不是什么酗酒者呢！她是个很棒的女人，不过是偶尔喝两杯放松一下而已。像她这样偶尔喝点的人多了去了！

我请他正视卡拉母亲的行为以及他的不作为对女儿造成的巨大伤害。他大发雷霆：

我的事业非常成功，家庭也非常美满，为什么你非要把这种事情扣到我们夫妻头上来？专心管好我女儿的事情就够了，不要把我们扯进来！我女儿付钱给你是叫你照顾她的，可不是照顾我们。我们俩可不需要你来添乱。好吧，或许我妻子是比一般人多喝了那么点酒，但她自己可以解决。实际上，喝上几杯之后，她整个人都变得好相处多了呢！

卡拉的父亲拒绝再参加任何治疗活动，但她的母亲最终同意参加嗜酒者互诫协会，也同意接受专业心理咨询。接下来便是一连串有趣却也不算出人意料的事。在卡拉的母亲戒酒期间，她的父亲出现了严重的胃肠问题，而医生却无法对此做出解释。

很明显，我打破了这个家庭的平衡。卡拉的父亲只有在完全否认家庭问题存在的前提下才能生活并发挥自己的作用。酗酒家庭的运转基于一种危险的平衡，每个人都在扮演着自己被指派的角色。一旦卡拉和她的母亲开始积极地解决她们的问题，整个家庭便会受到强烈的冲击。卡拉的父亲作为忠于家庭、无私奉献的典范在邻里间备受赞誉。卡拉记得不止一名家庭成员说过，她的父亲慈悲又忍耐，简直如同圣人一般。而现实中，他是一个典型的共依存者，通过矢口否认自己的家庭存在问题，放任妻子变成一个可怜的酒鬼。与此相应，他自己也从中获得了力量。在她喝得醉醺醺、不省人事的时候，他却能够以自己的方式自由地支配整个家庭。

卡拉和母亲继续一起过来做家庭治疗。卡拉的母亲开始意识到，她丈夫的自尊来自于他在家中独揽大权的地位。妻子的酗酒和女儿的心理及情感问题使他成为家中唯一称职的成员。尽管卡拉的父亲对外界摆出一副强势模样，其实和许多共依存者一样，他的内心极度缺乏安全感。和大多数人一样，他所选中的伴侣反映了他内心对自己的真实感受。选择一位有所不足的伴侣会让他在比较中产生优越感。

卡拉的母亲目前正在逐步摆脱酗酒的不良习惯，与女儿和丈夫的关系也得到了显著的改善。而她丈夫的肠胃问题无疑还会继续下去。

虽然同为共依存者，格伦的母亲与卡拉的父亲却有所不同。格伦的母亲完全承认丈夫酗酒给家庭带来的恐惧以及随之而来的虐待子女问题，然而，她却没有能力也不愿采取有效措施来制止，正如格伦所说的：

我母亲已经快七十岁了，可我至今也没弄明白，为什么父亲那样残暴地对待我们，她却坐视不理，为什么她眼看着自己的孩子被打却无动于衷？肯定有什么人是帮得上忙的，而她却不去求助。现在她又唠叨个没完，不停地说："你们不知道对那个时候的女人来说这意味着什么。无论如何你都要站在丈夫那边。那会儿和现在不一样，没人会把这种事情拿出去说。我能去哪儿？我又能做些什么呢？"

格伦的母亲只是被家中的混乱状况压垮了。她的无助，连同她扭曲的忠诚感，让她对丈夫肆无忌惮的暴行予以默许。和许多共依存者一样，格伦的母亲其实是将自己变成了孩子，而家中真正的孩子则因此失去了庇护。直至今日，格伦仍然挣扎于自己对母亲的矛盾情感：他既想救助孩子般的母亲，又因她身为母亲却未尽其责而心存怨愤。

没有童话般的美好结局

酗酒家庭极少会有童话般的美好结局。在理想的世界中，你的父母会为自己的酗酒行为负起全部责任，参加治疗项目，最终戒酒成功，清醒地面对世界。他们会承认曾给你的童年造成恐慌，努力成为有责任心的、慈爱的家长。

遗憾的是，现实与理想往往相去甚远。酗酒、否认以及歪曲现实等诸多问题常常在父母一方甚至双方去世之后依然留存。许多酗酒者的成年子女热切地期望他们的家庭生活会神奇地演变成“奥兹和哈里特”[1]模式，但这样的期望最终只会让人大失所望。格伦对这一点的领悟颇为心酸：

大约在一年前，我父亲第一次对我说他爱我。我给了他一个拥抱并表示感谢，但不知怎么，这并不足以弥补这么多年来他说我差劲对我造成的伤害。而讽刺的是，我一辈子都在盼着这一天的到来。

格伦最终得到了自己长久以来翘首以盼的“我爱你”，但这还不够。这句话令他产生一种空虚感。父亲不过是说说而已，并没有采取实质的行动——他仍然酗酒。格伦的错误在于，他一直在等待父亲做出改变。

如果你是酗酒者的成年子女，那么请你记住，掌控自己生活的关键在于：如果不能改变父母，那么就自己做出改变。你的幸福没必要仰仗父母。即使他们一成不变，你一样可以战胜童年时期遭受的创伤，并摆脱他们对你成年后生活的控制。你只要坚持努力就好了。

在此，我想对我所有来自酗酒或吸毒家庭的咨询者们提个建议：加入酗酒者成年子女联合会或是类似的组织可以使我们的治疗事半功倍，加快进程。这些组织可以为你提供极大的帮助。通过分享各自的经历和感受，嗜酒者和吸毒者的子女将会认识到自己并非孤立无援。他们将正视“客厅里的恐龙”，向“驱逐恐龙”的终极目标迈出第一步。

1　奥兹和哈里特：出自美国情景剧《奥兹和哈里特的冒险》(The Adventures of Ozzie and Harriet)，该剧集以家庭生活为背景，最终以大团圆的完满结局告终。

第五章

"你永远也不知道什么时候会出事"

——身体虐待型父母

凯特长大后，身体所受的虐待终于结束了。可是因为自我厌恶的心理，情感上的虐待仍在继续。不同的是，现在施虐者变成了她自己。

凯特，四十岁，神情总是很严肃，在一家大型企业担任质检部经理。她在家庭医生的建议下到我这里接受心理辅导。她曾经在自己车里和单位电梯里出现过急性焦虑症[1]的症状。她的家庭医生给她开了镇静剂，但还是有些担心她，因为她除了上班以外很不愿意离开自己的公寓，于是这位医生就敦促她向专业的心理医生寻求帮助。

我对凯特最初的深刻印象，就是她那仿佛雕刻在脸上一般的严肃的、不愉快的表情——似乎她从来都不会笑。很快我就知晓了原因：

1　急性焦虑症（panic attack）：又称惊恐发作，患者突然出现强烈恐惧，伴有植物神经功能障碍，会出现呼吸困难、心悸、胸痛或不适、眩晕、呕吐、出汗、面色苍白、身体颤抖等。

我是在圣路易斯郊外的上流社区长大的，生活宽裕，衣食无忧。表面看来，我家是一个很完美的家庭，可是家庭内部却……我父亲总是疯了似的发脾气，尤其是在和母亲吵完架之后，而我们这些孩子中离他最近的那个就会遭殃，成为他的出气筒。他会解下皮带，朝我或妹妹猛抽过来……抽在我们的腿上、头上，没头没脑地抽。每次他开始打人，我都很害怕，觉得他永远都不会停手。

凯特的抑郁和恐惧源于她童年时期所遭受的虐待。

无法逃脱的家庭屠戮

凯特的爸爸是位受人尊敬的银行家、虔诚的基督徒和顾家好男人——大多数人听到“虐童家长”这个词的时候，都不会联想到他身上。可是凯特的生活就是一场真正的噩梦。

我和妹妹一到晚上就锁上房门，因为我们太害怕了。我永远都忘不了我十一岁的那天……那时候我妹妹才九岁，我们躲在床底下，而父亲在外面不停地砸门，那简直是我一生中最惊恐的时刻。突然间，他像电影里的恶魔那样破门而入，这太可怕了！卧室门被撞飞到一边，我们想要逃跑，可是他抓起我们俩，把我们丢向角落，然后开始用皮带抽打我们。他对着我们吼道：“如果你们再敢把我锁到门外，我就杀了你们！”

凯特所描述的这种恐怖氛围弥漫在所有遭受身体虐待的儿童的日常生活环境里，哪怕家里暂时平静，他们也如履薄冰，生怕父母的愤怒突然如火山般喷发。一旦喷发，孩子们所做的任何抵抗都只会加剧父母的愤怒。凯特锁上房门并躲在床下以寻求自我保护，可是她的这种做法只会让父亲更加丧失理性。对于受虐儿童而言，根本没有安全的藏身之所，也没有摆脱施虐者的万全办法，更没有可靠的人提供保护。

父母为什么会打孩子

多数父母都会不时地产生想要打孩子的冲动，尤其是在孩子不停地哭泣、烦扰我们甚至挑战我们权威的时候，这种冲动便会异常强烈。有时候，与其说这种感觉是孩子的行为所致，倒不如说是来自于我们自身的疲惫、压力、焦虑或不快。多数人能够成功地克制打孩子的冲动，不幸的是，也有不少人无法如此自制。

我们尚不能对其中的原因做出科学的解释，只能分析揣测，但在身体上虐待子女的父母们似乎都有某些共同的特点。首先，他们都极度缺乏对冲动的控制力，只要有负面情绪需要发泄，他们就会选择对孩子动粗。至于这种行为会给孩子造成什么样的伤害，他们几乎毫无意识。体罚孩子已然成为他们对抗压力的惯性做法，一有冲动，他们就会对孩子实施暴力。

对孩子实施身体伤害的父母往往自己就生长于充满暴力的家庭，他们成年后的大部分虐童行为正是他们童年体验和感悟的重演。他们的角色榜样就是曾虐待自己的父母，而暴力就是他们学会的解决问题和发泄情绪（尤其是愤怒）的唯一手段。

许多虐待孩子的家长是带着严重的情感缺陷和需求不满步入成年的，

在情感层面上他们还只是孩子。他们会将子女视为自己父母的替代品，并在他们身上寻求父母从未给予自己的情感满足。当子女无法满足这种情感需求时，他们就会被激怒，进而将怒火以暴力的形式发泄到子女身上。在那一刻，孩子更像是父母的替代品，因为施虐者真正的愤怒对象正是他们的父母。

许多虐待孩子的家长也有酗酒或吸毒方面的问题。药物滥用是无法克制冲动的常见原因之一，但绝不是唯一原因。

身体虐待者可以分为好几种类型，其中最为极端的就是那些生儿育女似乎就是用来虐待的父母。这些人的样貌、谈吐、举止都与常人无异，但内心却如恶魔，完全丧失人性和情感。他们不可理喻，行为也毫无逻辑可言。

你永远也不知道什么时候会出事

我在一次研讨会上认识了乔，他二十七岁。当时我去一所心理研究院演讲，而他正在那里攻读硕士学位。我在演讲中提到自己将会写一本关于有毒父母的书，乔在午休期间找到了我，表示愿意把自己的故事提供给我作案例分析。其实我已经积累了足够多的案例，但这个年轻人的声音里有种迫切的倾诉欲，于是我们第二天见了面，聊了几小时。给我留下深刻印象的不仅仅是他的坦率，更多的是他希望用自己的痛苦经历去帮助别人的那份真诚。

我小时候经常在自己的房间里挨打，我已经记不起是因为什么了。可能我正做着什么事情，父亲就突然闯进来，朝我破口大骂。我还没回过神，拳头就像雨点一样砸下来。他会一直把我逼退到墙角，他的拳头重重地砸到我身上，我常常被打到失去意识，而最可怕的就是没有人知道他为什么会突然开始打人。

乔的整个童年都在担惊受怕中度过，他不知道父亲何时会勃然大怒，但他知道这种暴虐无可逃避。童年的经历使他一生都活在强烈的恐惧中，害怕被伤害，也害怕遭到背叛。他的两次婚姻都以离异告终，因为他始终无法信任别人。

无论是从家里搬出来还是结婚，这种恐惧都不会消失。我总是害怕会有什么事情发生，我讨厌这样的自己。可是，如果你的父亲——那个本应爱你、照顾你的人——都这样对待你，那么面对现实世界，你还能抱有什么期望呢？我搞砸过好几段感情，因为我无法和别人保持亲密的关系，这让我很羞愧。每天活得像惊弓之鸟也让我觉得自己很没用，可是生活真的令我恐惧。我十分努力地接受治疗，想要克服这种恐惧感，因为我知道只有克服这种感觉，我才能面对自己和别人，但是，天啊，这真的太难了！

对于那些被父母虐待过的孩子而言，要重新获得信任感和安全感是很难的。我们与父母之间的关系，是成年后的我们同别人交往并建立关系的基础。如果我们和父母的关系比较健康——父母充分尊重我们的权利和自由，并给予我们情感上的慰藉，我们长大后就会希望别人也用这种方式对待我们，这种正面的预期使我们在成人的关系中更为坦诚且内心柔软。而像乔这种状况，他的童年充满了焦虑、紧张和痛苦，这些情绪慢慢会演化为负面的预期和偏执的戒备心理。

乔总是对所有人做最坏的设想，他觉得自己会像童年时一样被伤害、被虐待，所以他用情感的铠甲将自己武装起来，不让任何人靠近。然而不幸的是，事实证明这副铠甲对他而言并非保护，反而是深深的束缚。

“我的麻烦太多，打你也情有可原”

乔从来不知道是什么事情惹得父亲如此生气，但有些虐待子女的父母想要获得理解，他们会在施虐后请求孩子谅解，甚至乞求孩子的宽恕。凯特的父亲就是一个例子：

> 我记得一个特别可怕的夜晚。晚饭后母亲出去买东西，父亲又用皮带劈头盖脸地打我，我哭叫得太过惨烈，于是有邻居报了警。但是父亲却骗过了警察，他说哭叫声是从电视里发出来的，他们就信了。尽管我就站在那里，胳膊上鞭痕累累，脸上还挂着泪水，警察们还是相信了他的话。为什么不信呢？毕竟父亲在这个城市里很有权力。好在警察的到来使他冷静了下来。警察走后他告诉我，他最近压力很大，那时的我甚至不知道什么是压力，但他还是希望我可以理解他，他还说母亲对他的态度越来越差……她已经不愿意和他同床了，而作为妻子拒绝与丈夫同床是不对的。这就是他一直以来情绪不佳的主要原因。

凯特的父亲将一些不适合与子女分享的私密信息透露给年纪尚幼、还无法理解的凯特，甚至期望可以从女儿身上获得情感的慰藉。这种角色倒置[1]令凯特困惑和迷惘，但这种行为在虐待儿童的父母身上却是普遍现象。

1　角色倒置（role reversal）：这里指的是父母和孩子的角色发生颠倒，父母放弃了他们身为父母原本应承担的责任，并将这种责任转移到孩子身上。

他们希望子女在给予他们慰藉的同时，也可以宽恕他们。他们向子女施虐，却把过失推到别人身上。

凯特的父亲非但不去正面处理自己的婚姻问题，反而将愤怒和性挫折发泄到女儿身上，然后再通过责备妻子来将自己的暴行合理化，为自己开脱。工作上的压力、与其他家庭成员间的矛盾以及对生活的不满所引发的紧张情绪，会导致一些父母对子女暴力相向。孩子很容易成为他们的攻击对象：孩子无力还击，而且稍事恐吓威胁便可以让他保守秘密。然而将愤怒情绪转移给孩子，只能给施暴的家长带来一时的宽慰，无法从根本上解决问题。真正令他们愤怒的根源仍然存在，毫无改变，而且必定会再次积聚。同样可悲的是，作为暴力的承受者，子女也只能继续无助地生活在这种愤怒的威胁中，并将这种恐惧带到自己的成年生活里。

“我这么做都是为你好”

还有些虐待者，他们不会把自己的暴行归咎于他人，而是竭力将其美化为实现孩子利益最大化的举措。许多家长仍持有这样的观念：体罚是让孩子更加恪守道德或行为准则的有效手段。他们认定孩子是生而邪恶的，只有严苛的责打才能拯救孩子，使其不至堕落。他们会说“我自己就是在鞭子下长大的,不时挨点儿打对孩子没坏处”“他得知道这个家里谁说了算”，或者“他得明白这社会的规则，这样他才不会乱来”。

而另一些父母则辩解说，体罚是成长的必经之路，可以让孩子更坚强、更勇敢也更强大。乔的父母就是这样告诉他的：

我奶奶在父亲十四岁那年就去世了，他心里始终过不去这道坎儿，一直很伤心。他现在都快六十四岁了，可还是不能走出母亲去世的阴影。最近他告诉我，他打我是为了让我战胜软弱，对痛苦免疫。他声称如果我感觉不到痛苦，就不必经历生活的苦难。他的理论十分病态。他以为自己所做的是保护我，让我远离伤害，我相信他真是这样认为的。他不想让我经历他所经历的丧母之痛。

体罚没能使乔变得更坚强勇敢，反而在他幼小的心灵里留下了挥之不去的恐惧感和不安全感，使他更加不知道如何去面对这个世界。认为严厉的体罚将会对孩子产生积极作用，这一想法荒谬至极。

研究表明，就算是惩戒孩子某种具体的不良行为，体罚也算不上是行之有效的手段。它的威慑作用只是暂时的，但它所引起的孩子的愤怒情绪、复仇心理以及自我仇视却异常强烈。很明显，身体虐待所造成的心理、情感和身体伤害远远超出了其短暂的约束效果。

被动的虐待者

目前为止，我探讨的都是主动实施暴力的虐待者，但是，家庭里的另一些成员也要承担一些责任，我指的是那些出于恐惧、依赖或者努力维持家庭现状等原因而默默允许暴力发生的其他家长。这些家长被称作“被动的虐待者”。

我问乔，当他被父亲殴打时，母亲在做什么。

她什么都不做，有时她把自己锁在厕所里。我想知道为什么她不出来阻止那个混蛋，让他别再打我。但我猜她自己也很害怕，她不敢站出来。我父亲是个基督徒，母亲是犹太人，她来自一个非常穷困又十分传统的家庭。在她家里，女人没有说话的权力，更别想插手男人的事情。我猜我妈很感激我爸给了她一个家，让她过上了好日子。

乔的母亲没有动手打孩子，可是由于她无力保护孩子远离丈夫的暴力，从某种意义上来说，她成了施虐者的帮凶。她不但没有采取任何措施来保护孩子，反而在面对丈夫的暴行时表现得像个惊恐的孩子，无助而被动。事实上，她遗弃了自己的儿子。

除了孤立无援、缺少保护的感觉之外，乔还要承担起自己力所不及的责任。

我记得十岁那年，有天晚上我爸爸疯狂地暴打妈妈。第二天早上我很早就起床，在厨房等他下楼，他穿着浴袍走下来，问我起这么早干什么，虽然我吓得要死，可还是鼓起勇气说："如果你再打妈妈，我就拿棒球杆敲碎你的骨头！"我爸看着我，笑了笑，然后上楼冲凉，上班去了。

乔的行为是典型的受虐待儿童的角色置换，他主动承担起保护母亲的职责，就好像他是家长，而母亲反倒成了孩子。

不作为的家长放任自己沉浸在无助之中，以为这样就可以顺势抹杀自己在孩子被虐待时的帮凶作用，而被虐待的孩子则想要保护不作为的家长，或者将他们的不作为合理化，为之开脱罪责，这样便可以自欺欺人地否认父母双方都放弃了自己的事实。

凯特的故事恰好证明了这一点。

我父亲刚开始打我和我妹妹的时候，我们会哭喊着向妈妈求救，但是她从没出现过。她就坐在楼下，听我们哭喊着叫她。没过多久我们就意识到，她根本不会来。她从来不敢反抗父亲，我想她也帮不了我们。

"我想她也帮不了我们"，这句话我听过很多遍，但每次还是会难过。凯特的母亲本可以帮助她的孩子们。我告诉凯特，她必须客观地看待她母亲在整件事情中的作用，这对她来说非常重要。凯特的母亲本应站出来对抗丈夫并保护自己的孩子，如果她实在害怕丈夫，至少也应该报警。当子女遭受残暴的虐待时，父母没有任何借口坐视不理。

在乔和凯特的故事里，父亲都是实施虐待的一方，母亲则是沉默的帮凶。然而，这绝不是虐童家庭的唯一形态。在一些家庭里，母亲才是实施虐待的主力，而父亲是被动的帮凶。虽然双方的性别颠倒，但促成被动虐待的原理却是一样的。我以前也接触过父母双方都是施暴者的咨询者，但相比之下还是"施暴 + 不作为"的组合普遍得多。

很多成年子女回顾自己童年遭受的虐待时，都会为不作为的一方家长辩解，因为他们把这样的家长看作和自己一样的受害者。乔尤其这样认为，因为他经历过角色的置换，试图保护他不作为的母亲。

然而对四十三岁的销售代表特瑞而言，情况更加令人困惑：作为被动施虐方的父亲，同时也是对他满怀同情的安慰者，童年时期常常遭到母亲身体虐待的特瑞竟然将不作为的父亲视为崇拜对象。

我是个很敏感的孩子，比起运动，我更喜欢音乐和艺术。我母亲经常骂我娘娘腔。她总是对我发火，常常抄起手边的什么东西就打过来。我小时候的大部分时间都是躲在壁橱里度过的。我不知道她为什么总打我，我做什么都会惹她生气。我觉得她夺走了我的整个童年。

我问特瑞，当母亲对他实施暴行时，父亲在做什么。

很多时候，爸爸会抱着抽泣的我，说妈妈打我他也很难过。他说他也无能为力，还说如果我再努力一些，妈妈可能就不会打我了。爸爸真是个好人，他努力赚钱养家，在我小时候，只有他一个人一直给予我真正的爱。

我问特瑞，成年之后他是否和父亲谈起过他的童年。

我试过几次，但他总说“过去的就让它过去吧”。算了，我也不想让他难过。我的问题是和母亲之间的矛盾，跟他无关。

特瑞拒绝承认他父亲的帮凶角色，因为他想要守住自己唯一美好的童年回忆——那些受到父亲抚慰的时刻。当他是那个惶恐度日的孩子时，他依赖父亲的温柔安慰；如今他仍然留恋父亲的温存，因为即便作为成人，他仍然心怀畏惧。童年时他藏身于黑暗壁橱，现在又躲进了更为虚假的现实，他从未做出任何努力去面对事情的真相。

特瑞很清楚母亲对自己的人生产生了很消极的影响，可他却没有意识到自己心里压抑着对父亲的愤怒。很多年来，特瑞一直不愿意承认父亲放弃了他。更糟糕的是，父亲屡屡暗示他“再努力一些”就不会挨打，无形中将受虐待的大部分责任推到了特瑞头上。

学会憎恨自己：“都是我的错”

虽然有些难以置信，但遭到身体虐待的孩子和遭到言语虐待的孩子一样（下一章会介绍到），也会接受强加到自己头上的罪责。乔回忆道：

父亲常说我就是个废人，只要他想得出来，多难听的字眼他都骂得出口。每次等他打完骂够的时候，我都真心觉得自己是世界上最糟糕的人，挨打完全是活该。

父亲的侮辱在乔的心里深深地埋下了自责的种子，小孩子根本无力抗拒这种针对自己存在价值的诋毁和侮辱。和所有受到虐待的孩子一样，乔相信两个谎言：第一，他是个坏孩子；第二，因为他是坏孩子所以挨打。

乔深信，既然这些话出自他无所不能、无所不晓的父亲之口，那就一定是真的。对大部分儿时曾遭受虐待的成年人（包括乔）来说，这些谎言始终不容置疑。就像乔所说的：

我对自己很失望……我无法和别人建立良好的关系，我不太相信有人会发自内心地关心我。

当凯特说到不想让别人知道自己是个多么“恶劣”的人时，她所表达的是同样的主题。这种由自卑演变而来的自我厌恶的心理在受虐待的孩子身上非常普遍，并奠定了他们生活模式的主基调：破裂的关系、缺失的自信、强烈的无力感、难以抗拒的恐惧以及无名怒火。

凯特总结道：

这一生里，我总是觉得自己不配拥有快乐。我觉得这就是我一直没有结婚的原因……我从未与人有过良好的关系，也从未获得过什么真正的成功。

凯特长大后，身体所受的虐待终于结束了。可是因为自我厌恶的心理，情感上的虐待仍在继续。不同的是，现在施虐者变成了她自己。

虐待和爱——令人困惑的组合

受虐待的孩子始终生活在快乐和痛苦参半的怪异氛围里，乔将之形容为“间歇性恐惧与温情时刻并存”。

父亲时常会表现得很有趣，我发誓有些时候他甚至可以很温柔。有一次我报名参加滑雪比赛，他表现得很积极，开了十小时的车一路送我去怀俄明州的杰克逊市，就是为了让我可以在更好的雪场练习。开车回家的路上，爸爸对我说，我是个与众不同的孩子。他说的时候我在想，如果我真的与众不同，为什么会这么讨厌自己呢？但是他既然这么说了，就不会错。直到现在我还想重温那天与他共度的美好时光。

这种自相矛盾的混乱信息让乔愈发感到迷惘，也让他更加难以客观地评价自己的父亲。我向乔解释道，父母在虐待子女的同时，也做出了爱的承诺，那么两者之间就会形成一种畸形却又异常牢固的关系。孩子的世界很小，不论家长如何暴力以对，对他们而言，家长仍然是获得爱和安慰的唯一来源。被虐待的孩子在整个童年时期都在寻找父爱或母爱，这种寻找将一直持续到他们成年以后。

凯特也回忆道：

在我很小的时候，父亲常常把我抱在怀里，轻轻地晃来晃去。我再大一点的时候，他周末送我去上舞蹈课，或者带我去看电影。那时候他真的很爱我，我最大的心愿就是他能像过去那样爱我。

家庭秘密的守护者

父亲偶尔流露的温情令凯特更加渴求父亲的爱，并期望父亲能够有所转变。这种期望使她在成年之后很长一段时间里仍然依附于父亲。作为这种情感联系的一部分，她认为自己应该为父亲的暴行保守秘密，因为一个“好女儿”永远都不会背弃自己的家庭。

这种“家庭秘密”对于受虐待的孩子而言是额外的负担。对受到的虐待守口如瓶，就意味着他们拒绝了所有可能的情感支援。对此，凯特是这样说的：

我觉得自己好像一生都生活在谎言里。有些东西严重地影响了我的生活，可我却不能自由地说出来，这种感觉很可怕！如果连说都不可以，你又怎么能战胜这种痛苦呢？当然，现在我可以在接受心理辅导时畅所欲言，但是面对多年来掌控我生活的那两个人，我还是不能说。小时候，我唯一可以倾诉的只有家里的女佣，我觉得她是我在这个世界上最信任的人。有一次，在父亲打了我之后，她曾对我说："亲爱的，你爸爸病得不轻！"我真不明白，既然病了，为什么他不去看大夫呢？

我问凯特，如果她和父母谈起小时候的家暴，她觉得父母会作何反应？她看了我好一会儿才回答道：

我父亲肯定会崩溃吧……然后我们可就麻烦了。我母亲可能会歇斯底里地发作起来。我妹妹也会因为我的旧事重提而暴怒，就算是在我面前，她也从来不会提起这些事情。

凯特对于"家庭秘密"的缄口不言像黏合剂一样维系了家庭的完整，一旦她打破沉默，她的家庭很可能就此土崩瓦解。

过去的事情在我心里翻涌。家里一切都没变。父亲还是对我发脾气，我很想发作，想告诉他们我很生气，可我只是坐在那里，一言不发。比如说今天，他冲我发火，而母亲就装作什么也没听见。几年前我去参加高中同学聚会，我觉得自己很虚伪，我的同学们都以为我有一个特别美满的家庭，我心里想的却是："如果你们知道实情，就不会这么认为了。"我希望自己可以告诉父母他们毁了我的高中生活，我想冲他们大喊："你们深深地伤害了我，都是因为你们，我到现在都无法去爱别人，也无法和男人建立恋爱关系！"父母把我变得感情麻木，他们现在仍然这样对我，但是我非常害怕，什么都不敢和他们说。

作为成年人，凯特迫切地想要和父母开诚布公地说出一切，但是她心里还住着一个被虐待、被吓坏的孩子，她很害怕面对这样做的后果。她很确定，一旦说出实情，家里的每个人都会恨她，她的整个家庭也会瓦解。于是，她和父母的关系变成了拙劣的伪装，每个人都装作什么也没发生过的样子。

让"家庭神话"不被戳破

凯特告诉我她的高中同学以为她拥有一个完美的家庭时，我一点儿都不惊讶，许多充满暴力的家庭都会将非常"正常"的一面展现给外界，这种外显的体面和家里的实际状况往往形成了鲜明的对比，这种对比构成了"家庭神话"[1]的基础。乔的家庭神话很典型：

每次我回到家，看到的都是同样的闹剧。真见鬼，什么都没有改变。我父亲还在喝酒，我敢肯定他还会打母亲。但是看到我们的言谈举止，你肯

1　家庭神话（family myth）：由 A. J. Ferreira 在 1963 年提出，指的是一种歪曲事实的，而又为人们共同同意的观念。这种观念为家庭所利用，作为逃避焦虑的一种自卫防御。

定以为我们是《反斗小宝贝》[1]里那样的完美家庭。难道只有我记得以前的事情吗？只有我知道发生过什么？不过都不重要了，反正我也从来没有说过一个字。其实我和家里的其他人一样虚伪。但我总觉得也许某天事情会不一样，我不能放弃这个希望。也许我们演得再投入一点儿，就真的成了正常的家庭。

乔也有同样的矛盾心理——既想与父母一起正视问题，又害怕令家庭分崩离析。他读高中时，曾经写信表达过自己的心情：

我真的把所有的想法都写在了信里，包括那些挨父亲打、被母亲忽略的事。然后我把那些信随意放在家里桌子上，希望父母会读到。但我也不知道究竟有没有人读过。没有人和我说过这事儿。我在十七八岁时也曾经写过一段时间日记，也放在外面希望他们能看到。可是直到今天，我还是不知道他们有没有读过。说实话，我到现在也不敢问他们到底有没有看过我的日记。

乔没有问父母是否看过自己的日记和信，不是因为害怕再次遭到毒打。到高中时，他已经长大了，应该不怕那些了。真正的原因是，乔还幻想着他的父母会在某一天奇迹般地转变，给予他更多的爱，可是如果证实了当年他们读了他的请求却没有任何的改进或者回应，乔的幻想就会破灭，他会瞬间跌回到冰冷的现实中。过了这么多年，乔还是不敢去求证父母是否在知晓他的想法后再次放弃了他。

---

1 《反斗小宝贝》(Leave It to Beaver)：1997 年上映的美国电影，家庭喜剧，影片中的克里佛一家是个典型的欢乐家庭，已经成为美国中产阶级、白种家庭的模范偶像。

站在情感的十字路口

受虐儿童的内心蓄积着强烈的愤怒。当他们被暴力虐待、侮辱、恐吓和诋毁时，又或者因为感到痛苦而遭到责骂时，他们怎么可能不愤怒？但幼小如他们，心中的怒火往往无从发泄。于是成年之后，他们会想方设法地寻找宣泄的途径。

霍利，四十一岁，一位神情严肃的家庭主妇。她因为暴力虐待十岁的儿子被学校的辅导员举报到社会福利署，又被社会福利署送到我这里来接受治疗。她的儿子被送到奶奶家暂住。虽然霍利的治疗是由法庭强制执行的，但她本人在治疗中却积极配合。

我为自己的行为感到羞愧。以前我也打过儿子耳光，但这次我就像疯了一样，他太让我生气了……你知道吗，我曾经对自己发过誓，如果我有孩子，我一定不会动他一根手指头，天啊，我知道被打是什么样的感觉，太可怕了！但当我意识到的时候，我已经变成了和我母亲一样的疯妈妈。虽然我的父母都打我，但母亲比父亲更恐怖，我记得有一次她拿着菜刀满厨房地追我！

霍利很早就有了“表现”[1]的迹象，即将强烈的情绪转化为有侵略性的行为。青少年时，霍利总是不断惹麻烦，还被学校停课了好几次。成年后，霍利形容自己是一只“会走路的火药桶”。

1　表现（acting out）：（将受挫的心理、受压抑的情绪等）无意识地用行动表现出来。

有时我必须离开家，因为我害怕，不知道自己会对孩子做出什么。我控制不了自己。

霍利把怒火发泄在年幼的儿子身上。在其他的极端案例中，压抑的愤怒也可以表现为暴力犯罪行为，比如家暴、强奸甚至谋杀。很多囚犯儿时都曾经遭受过身体虐待，他们不知道如何适度地表达自己的愤怒。

至于凯特，她把愤怒藏在心里，又通过身体上的症状体现出来。

不管别人怎么对待我，我都不会为自己辩解或争取。我就是觉得自己没这个能力。我总是头痛、感觉不舒服，人人都踩在我头上，我不知道如何让他们停下来。我很确定自己得了胃溃疡，胃总是疼个不停。

凯特在幼年时就适应了受害者的角色，并一直生活在这个角色里。她不知道如何保护自己免受他人的利用和伤害，于是，她童年时所经历的痛苦也一直延续下来。和其他人一样，她心中累积的愤怒也需要一个宣泄口，可是她不敢直接表达，所以愤怒就通过一些身体和情绪反应得以显现，比如头痛、胃痛以及抑郁症。

有其父，必有其子？

在一些案例中，被虐待的孩子会不自觉地步他们父母的后尘。毕竟虐待者看起来强大而且无懈可击，被虐待的孩子幻想着拥有这些素质之后，就可以保护自己。因此，他们会在不知不觉中沾染上他们最讨厌的、有毒父母的某些性格特质。虽然他们在心里立下重誓，绝不会成为父母那样的人，可是在强压之下，他们最终还是可能会变成和父母一样的虐待者。不过，这种传承并不像大多数人以为的那样普遍。

许多年来，大家都认为受虐的孩子最终会变成施虐的父母。毕竟，父母是他们唯一的角色榜样。但是当前的研究却对此提出了质疑。研究显示，许多童年受虐的孩子长大后并没有成为施虐的父母。然而他们中的很多人也难以接受温和的、非暴力性的教育手段。出于对自己童年时遭遇的痛苦的抗拒，他们往往刻意不给孩子制定规矩，或是不会强制执行定下的规矩。当然，这样做同样对孩子的成长和发展具有负面影响，因为孩子需要规矩来约束自己的行为。但是，和暴力虐待所造成的伤害相比，过度纵容孩子的弊端倒是无足轻重了。

从积极的方面来看，身体虐待型父母的成年子女的一些常见问题，比如自我厌恶感、对父母的依附、无处宣泄的愤怒、难以战胜的恐惧、对他人的信任缺失以及自身安全感的不足都是可以克服的，这真是个好消息。

第六章

“你要是没生出来多好”

——言语虐待型父母

在孩子幼小的心灵里，父母就是整个世界的中心。所以，如果你无所不知的父母认定你是个坏孩子，那你就一定是。如果母亲常说“你真蠢”，那你就是蠢的。如果父亲常说“你真没用”，那你就一定没用。

有句话是这样说的：“棍棒石头可能会打断我的骨头，但话语决不会伤我分毫。”实际上，这种说法并不正确。侮辱性的称呼，贬损的评价以及轻蔑的指责都会向孩子们传递非常糟糕的自我评价信息，并对他们将来的幸福产生巨大的负面影响。在我主持的电台节目中，曾有一位听众打来电话说：

如果让我在挨打和挨骂之间做出选择，我一定会选择挨打。因为挨打之后，伤痕都是看得见的，至少人们还会同情你。可是责骂会把人逼疯，你却看不到任何伤痕。没有人会在意。和侮辱比起来，身体创伤的愈合可快多了。

作为社会惯例，我们历来都把对孩子的管教看作是各家自行解决的私事，通常由父母来进行。现在，许多民权机构已经认识到，为了解决普遍存在的针对儿童的身体虐待及性虐待问题，制定新的法律程序势在必行。但即使是最为关注此事的民权机构，在面对遭受父母言语虐待的孩子时也爱莫能助。这些孩子是孤立无援的。

恶言恶语的力量

大多数家长都会偶尔对孩子说些贬损的话，这未必就是言语虐待。但如果家长经常对孩子的外表、智力、能力或作为人的价值进行语言层面的攻击，那就属于虐待了。

与操控型父母一样，言语虐待型父母也有两种不同的行事风格。有的父母会直接地、公开地用恶毒的语言贬损孩子。他们可能会骂孩子愚蠢、没用或是丑陋，要是当初没有把孩子生下来该多好。他们无视孩子的情感，也无视自己频繁的言语攻击对孩子尚处于形成中的自我意识所产生的长期影响。

而另一种言语虐待型父母的行为则没有这样直接，他们会通过长期的取笑、挖苦、取侮辱性的绰号或是拐弯抹角的羞辱来对孩子发起攻击。他们常常会给自己的虐待行为披上一层幽默的外衣，他们会开些小玩笑，比如“上一次我见到这么大的鼻子还是在拉什莫尔山[1]上呢”，或者“这真是

1　拉什莫尔山（Mount Rushmore）：俗称美国总统山，这里的美利坚合众国总统纪念公园内有美国历史上著名的四位前总统的头像，分别是华盛顿、杰斐逊、老罗斯福和林肯，人们普遍认为这四位总统代表了美国建国150年来的历史。整座雕像高达18米，仅鼻子部分就有6米长，此处家长意在讽刺孩子的鼻子较大。

件漂亮的夹克衫——特别适合小丑”，或者“他们分配大脑的时候你一定没在家”。

如果孩子或是其他家庭成员对此表示不满，那么虐待者一定会责怪他缺乏幽默感。他会说“他明知道我不过是在开玩笑”，就好像他言语暴力的受害者其实是在配合他营造玩笑的效果一样。

四十八岁的菲尔是个牙医，他个子很高，在衣着打扮方面颇有品味，看起来非常自信，但他开口说话时，声音却小到我几乎听不见，有好几次我都要请他再说一遍。他解释道，他正是为了自己令人难堪的羞怯来寻求帮助的。

我真的不能再这样继续下去了。我就快要五十岁了，却还是对别人对我讲的所有事都过度敏感。我无法按照字面的意思去理解别人说的话，总觉得对方在嘲笑我。我觉得我的妻子在嘲笑我，我的病人在嘲笑我。我常常半夜睡不着觉，躺在床上琢磨白天大家对我说过的话……任何事情我都能想出一些不好的可能性。有时候我真觉得自己要发疯了。

谈到自己现在的生活时，菲尔很坦诚，但当我问到他早年的状况时他却沉默了。在我一番温和的试探下他才告诉我，他对童年最深刻的记忆就是父亲没完没了的取笑。他总是拿菲尔来寻开心，常常令他感到屈辱。当其他家人被逗得哄堂大笑时，菲尔愈发感到自己被孤立了。

被取笑的滋味真是糟糕透了，有时候还会吓到我，比方说：“这孩子绝对不是我们的儿子，你看看他那张脸，我敢打赌他们在医院抱错了。为什么不把他送回去，把我们的孩子换回来呢？”那个时候我只有六岁，我真的以为自己要被丢回医院了。终于有一天，我忍不住对他说："爸爸，为什么你总是看我不顺眼？"他回答道："我不是看你不顺眼，我只是开个玩笑而已，逗大家开心的。难道你看不出来吗？"

不只是菲尔，任何小孩都不懂得分辨玩笑和事实、取笑和威胁。积极的幽默是强化家庭联系最有价值的方法之一，而贬损性的幽默在家庭环境中却极具破坏性——孩子对挖苦或夸张式幽默的理解还停留在字面含义的层面上。他们还没有足够的处世经验，无法理解父母口中的"我们打算把你送回医院去"之类的说法其实只是玩笑。所以，听到父母这样说，他们非但不会觉得好笑，反而可能噩梦连连，梦见自己被抛弃在某个可怕的医院里。

我们都曾经拿某人寻开心过。多数情况下，这样的玩笑都是无害的。但是如果这些玩笑极为残酷、频繁发生并且出自父母之口的话，便与其他毒害孩子的管教方式一样，具备了虐待属性。孩子会相信并全盘接受父母对自己的评价。所以父母反复对脆弱的孩子开玩笑寻开心的行为既残忍，又极具破坏性。

菲尔过去经常遭到羞辱和捉弄，而当他试图对父亲的这些行为做出反抗时，却被指责为不识趣，因为他"连玩笑话都听不出来"。菲尔的感受根本没人理解。

看得出来，菲尔在描述自己感受的时候仍然非常尴尬，他似乎觉得自己的抱怨听起来很愚蠢。我安慰他说："我明白你父亲的玩笑对你来说是种羞辱。这些话深深地伤害了你，可是没人在意你的痛苦。我们现在要做的是找出你痛苦的根源，而不是对它视而不见。在这里你是安全的，菲尔，没有人会贬损你愚弄你。”

过了好一会儿他才渐渐明白了我的意思，他几乎要哭出来了。他强忍着泪水对我说：

我恨他。他真是个懦夫。当时我不过是个小孩子，他没必要那样戏弄我。直到现在他还在开玩笑贬损我，只要有这样的机会，他从来都不会放过。稍有松懈我便会被他戏弄，随后他又会马上收手，像个好人一样。天啊，我讨厌他这种做法！

当菲尔第一次来治疗时，他完全没有意识到自己的过度敏感和父亲的嘲弄有什么关联。小时候的菲尔没有受到任何保护，是因为他父亲的行为从未被人看作虐待。菲尔身处典型的“双输”处境：“父亲的玩笑让我很受伤，那是因为我太笨，分不清那是玩笑话。”

作为父亲的嘲弄对象，小菲尔竭尽所能地去掩饰自己无能的感觉。成年后的菲尔也是一样，他所在的世界变得更加广阔，于是他又将自己的恐惧感和负面预期转嫁给了别人。在菲尔的一生中，他的神经末梢一直是暴露在外的，总觉得有人要伤害他、羞辱他。他的过度敏感、羞怯以及对别人的缺乏信任是他努力保护自己不再受到伤害的必然手段，但同时也是毫无效用的办法。

“我说这些只是为你好”

许多家长以引导为名，实则向孩子施以言语虐待。他们会将自己针对孩子的、残酷的贬损合理化，比如“我是在帮你成为更优秀的人”，或者“这个世界很残酷，我们是在教你如何去适应它”。这些虐待行为都隐藏在家长教育孩子的面具之后，所以成年子女很难意识到其危害性。

维基来接受心理辅导的时候是三十四岁。她是一个很有魅力的女人，在一家颇具规模的营销公司做客户经理。但是她非常缺乏自信，这甚至影响到了她的事业发展。

我在这家公司工作有六年了，成绩也很不错。从秘书做到办公室经理，又从办公室经理做到客户经理，我一直在慢慢地……按部就班地晋升。可就在上个星期，发生了一件令人难以置信的事情。我的老板建议我去读 MBA，学费由公司来承担！我简直不敢相信！你可能觉得这种情况下我会欣喜若狂，可实际上我只感到惊慌。我已经有十年没念过书了，我不知道自己还能不能学习，我也不知道自己有没有读下 MBA 的本事，甚至连我最亲近的人都说这事太难了，我肯定不行。

我告诉她，这样评价她的人也算不上是朋友，因为真正的朋友会支持她的。我的话令她有些尴尬。我问她为什么看起来有些不安，她回答道，她所谓的“最亲近的人”，其实是指她的母亲。

当我给母亲打电话征求意见时，她给出了一些非常好的理由，比如，如果我拿不到 MBA，对工作会有什么影响；如果我顺利拿到了，会不会吓跑一些比较理想的结婚对象，这是非常现实的问题。此外，我对自己目前的工作状况还比较满意。

“但是，你对自己的工作感到满意的原因之一在于，你是一步一步凭着自己的能力升上来的，并为此感到自豪，”我说，“难道你不想继续得到提拔吗？”她承认她是想的。我明确地表示，她在工作中取得的成绩和老板给她提供的进修机会都可以证明她的价值。这些证据似乎与母亲对她的质疑相悖。我问她她母亲是否一直对她的能力持否定态度。

母亲一直以来都想让我成为完美的小淑女。她希望我美丽优雅，谈吐得体……要是我胆敢把这一切搞砸了，她就会极力羞辱我，命令我重新做好。她的本意是好的，真的。她会在我念错字的时候学我的样子，她会取笑我的长相……最难堪的要数芭蕾舞演出了。母亲曾经梦想着成为一名舞蹈家，但最终因为结婚放弃了，所以我想她应该是希望我能代替她实现她的梦想。但是我始终没有她跳得好，至少她是这么对我说的。我永远也忘不了十二岁时的那场表演。我觉得自己跳得还挺好的，可是母亲却跑到后台来，当着全班同学的面对我说“你跳得就像一只河马”，我当时简直想找个地缝钻进去。回家的路上我一直在生闷气。她对我说，我应该学着接受批评，因为只有这样，我才能学到真本事，说着，她轻轻拍了拍我的胳膊。我以为她终于要说些安慰鼓励我的话了，但是你知道她说了什么吗？“面对现实吧，亲爱的，毕竟你什么事都做不好，不是吗？”

“成为成功者——但我知道你会失败”

维基的母亲似乎一直费尽心力地想要通过一系列矛盾信息让她年轻的女儿感受到自己的无能：一方面她督促女儿在竞争中脱颖而出；而另一方面，她又告诉孩子她很差劲。维基总是感到失衡，不论做什么，她永远无法确定自己做得究竟对不对。当她觉得自己做得还不错的时候，母亲就会打击她；而当她觉得自己表现很糟糕的时候，母亲又告诉她，她的能力也仅限于此了，不可能做到更好。有些时候维基明明可以建立起一些自信的，却被母亲无情地击垮了，而母亲做这一切全都号称“为了让维基成为更好的人”。

这种虐待型的父母究竟在做什么呢？维基的母亲其实一直都在与自己的无能抗争。她自己的舞蹈事业遇到了阻碍，或许是婚姻所致，又或者她不过是拿婚姻当借口，因为她根本没有信心去追求自己的事业。维基的母亲通过在女儿面前建立优越感的方式来逃避自己无能的感觉。不论什么场合，她都能随时展开攻击，即使是在女儿的同龄人面前羞辱她也在所不惜。让一个正在成长中的少女感到如此难堪，必然会给孩子造成难以平复的精神创伤，然而对于有毒的父母来说，自己的需求才是最重要的。

争强好胜的父母

使别人自觉无能并显得自己有能力，很快就会演变成一场彻头彻尾的竞争。显然，维基的母亲渐渐把年轻的女儿视为威胁。随着维基不断长大，她变得越来越美丽、成熟，能力也越来越强，母亲想要维持自己的优越感也就越来越难。她只好持续向女儿施加压力，不断地贬低她，以此来抵抗这种威胁。

开明的父母会满心欢喜地看待孩子能力的增长，争强好胜的父母则常常会感到失落、焦虑，甚至是恐惧。他们大多不明白为什么自己会这样，但是他们认定这一切都是孩子惹的祸。

经过青春期，小女孩开始成长为女人，小男生也开始变成男子汉。孩子的青春期对缺乏安全感的家长来说，是一个极具威胁性的阶段。母亲会因为自己年纪渐长、美貌不再而心生惶恐，她们会将女儿视为竞争对手，总觉得有必要贬低她们，尤其是在自己的丈夫面前；而父亲则会觉得他们的大丈夫气概和权威受到了威胁——家里只能有一个男子汉，于是他们会通过嘲弄羞辱的方式，让儿子认识到自己的渺小和无能。许多青少年公然与家长竞争，以此作为进入成年期的试水，也使得双方的关系更加紧张。

同子女竞争的家长在童年时期往往经历过匮乏之苦——衣食的匮乏或是关爱的缺失。所以不论现在拥有多少，他们依然会活在对匮乏的恐惧之中。这类父母中有许多人会与孩子重演自己当年与父母或兄弟姐妹之间的竞争。这种不公平的竞争给孩子造成了巨大的压力。

维基干脆自暴自弃，不求有所作为。

这么多年来，很多事情我都没有做过，甚至连我真心喜欢的事情也没有做过，因为我害怕受到羞辱。长大之后，我也总能听到她羞辱我的声音，也不是骂我，她从来不会用恶毒的话骂我。可她总是拿自己和我作比较，让我觉得我很失败。这真的很伤人。

不论好胜的家长嘴上说要为孩子如何，他们隐藏着的真实意图都是要让自己不被孩子超越。他们无意中流露出的信息是强有力的，“你不能比我成功”“你不能比我更有魅力”，或者“你不能比我幸福”。换句话说，“我们都有自己的能力极限，而我就是你的极限”。

这些信息在孩子的心里根深蒂固，即便他们成年后真的在某些领域有所建树，也常常会产生巨大的负罪感。他们越是成功，就越是感到痛苦，于是常常会亲手破坏自己的成功。对中毒的成年子女来说，低于自己实际能力的成就是换取内心平静的代价。他们下意识地对自己设立了诸般限制，好让自己不会超越父母，以此来减轻自己的负罪感。从某种程度上说，他们是将父母对他们的负面预言变成了现实。

侮辱的烙印

有些言语虐待型父母不会大费周章地粉饰自己的不当行为，恰恰相反，他们会用残酷的侮辱、训斥、谴责和贬损的绰号公然向子女展开狂轰滥炸。这些父母对自己给孩子造成的痛苦和长期伤害浑然不觉。这些露骨的言语虐待会像给牲口烙上烙印一般，给孩子留下深深的心理伤痕。

五十二岁的卡罗尔非常美貌，她曾经是一名模特，后来转行做了室内设计师。第一次见面时，她跟我讲了最近离婚的事情——这已经是她第三次离婚了，最后的这一次大概发生在她来治疗的前一年。这段痛苦的经历让卡罗尔害怕面对自己的未来。同时，正处于更年期的她也因为自己容颜渐老而惊慌失措，她觉得自己毫无吸引力。前不久的感恩节她回家探望父母，让她内心的恐惧感更加强烈了。

每次回家的结果都是一样的。每一次探望父母，我都会经历新一轮的伤害和失望。最让人难以接受的是，我总是在想，如果这次回去我告诉他们我过得不快乐，比如生活中遇到了些麻烦，说不定结果会不同，就这一次，他们或许会说“哎，亲爱的，我们真替你感到难过”，而不是“这都是你自己的错”。在我的记忆里，他们的反应从来都是“这都是你自己的错”。

我对卡罗尔说，看起来她的父母对她仍有绝对的控制权。我问她是否愿意和我一起找出这种控制权的根源，这样我们便可以着手改变这种受人支配的局面。卡罗尔点了点头，并对我讲起了她的童年。她出生在美国中西部的一个富裕家庭，父亲是著名的外科医生，母亲曾是奥运游泳健将，后来退出了竞争激烈的体坛，专心在家照顾五个孩子。卡罗尔是年纪最大的那个。

我记得自己小时候常常会感到伤心和孤独。父亲总是取笑我，到我十一岁的时候，他开始说些特别难听的话。

“比如呢？”我问道。她说也没什么，然后开始紧张地咬指甲。我明白她在极力保护自己的情感。于是我对她说：“卡罗尔，我知道这对你来说很痛苦。但是我们必须把事情拿出来说明白，才有可能解决它。”她这才吞吞吐吐地讲起来：

不知道为什么，我父亲就是觉得……天啊，怎么说呢……他就是一口咬定……我身上有种臭味。他一直这么说。别人都在夸我漂亮，但他对我说的从来都是……

卡罗尔再一次停了下来，她把目光移开，看向了别处。“接着说，卡罗尔，”我说，“我支持你。”

他常常说：“你的胸脯闻起来臭极了……你的后背也是臭的。要是大家知道你身上这么脏这么臭，他们肯定会特别讨厌你。”我可以发誓，我每天都要冲三次澡，衣服也一直换，还用了无数的除臭剂和香水，但没有任何效果，父亲的反应还是一样。他最喜欢说的就是：“如果有人把你从里面翻出来看看，就会发现你浑身上下每一个毛孔都在散发着臭气。”别忘了，这话可是出自一位备受推崇的医生之口，而我的母亲始终不发一言。她从未告诉过我这不是真的。我总是在想怎么才能让自己好起来……要怎样才能让父亲不再说我恶臭难闻。每次走进浴室，我都想尽快洗掉身上的味道，或许他就不再讨厌我了。

我对卡罗尔说，听起来是她的父亲对她日益显现的女性特征做出了非理性的反应，因为他不知道如何摆脱自己对此事的关注。父亲对女儿的性征发育往往会感到不快甚至怀有敌意，这种现象十分常见。即使是小女孩眼中慈爱体贴的父亲，也可能会在她青春期的时候故意制造冲突，好远离令自己无法容忍的、来自女儿的性吸引。

对于像卡罗尔父亲这样的有毒父亲来说，女儿的性发育会引发他强烈的焦虑，而这种焦虑情绪让他觉得他对女儿的迫害是正当的。他将他的愧疚和不快全部归罪于女儿，拒绝承认自己对那些不道德的想法负有责任。他就好像是在声明：“你是个邪恶的坏家伙，因为你让我想到了邪恶的事。”

我问卡罗尔，这些猜测是否符合她的情况。

现在回想起来，确实是和性有关。我总觉得他在盯着我看，而且他总爱打听我和男朋友在一起时的细节，让我很心烦。其实我们什么也没做，但他就是不信，他认定我同每一个约会过的男孩都上了床。他总是说“你就说实话吧，我不会责罚你的”之类的话。他真的很想听我讲有关性的内容。

在青春期的情感漩涡中，卡罗尔迫切地需要一位关爱她、支持她的慈父来给她自信。可是恰恰相反，父亲给她的只有无情的诋毁。父亲的言语虐待加上母亲的毫不抵抗，严重伤害了卡罗尔的自信，她无法相信自己是个有价值的、可爱的人。当人们称赞她的美貌时，她满心想的都是大家会不会闻到自己身上的难闻气味。不论多少来自外界的肯定和赞美都敌不过父亲诋毁她的言论。

十七岁的时候我开始做模特。当然，我越成功，父亲就越生气。我只好从家里搬出来。于是，十九岁的时候我就结婚了，嫁给了第一个向我求婚的人。但我不过是他的玩偶：我怀孕的时候他就打我，孩子一出生他就抛弃我了。当然，我会把一切问题都怪罪在自己头上，觉得一定是自己做错了什么。或许是因为我身上有难闻的气味吧，我也不确定。大概一年之后，我又结婚了。这个人不打我，但也极少跟我说话。我们在一起生活了十年，我也忍了十年，因为要是第二次婚姻也失败，我就真的没脸面对我的父母了。但我最终还是离开了他。谢天谢地，我还有模特的工作，可以养活自己和儿子。有那么几年我甚至发誓再不与男人交往。再后来我遇到了格伦。我当时觉得，就是这个人了，不管怎样，我总算找到了完美的伴侣。我们结婚的前五年可以说是我一生中最快乐的时光。可是后来我发现，从结婚那天起，他在外面就一直有别的女人。接下来的十年里，我一而再再而三地原谅他，因为我不想再离一次婚。直到去年，他丢下我，和一个年纪只有我一半大的女人私奔了。为什么我总是什么都做不好呢？

我提醒卡罗尔，有很多事情她都做得很好，比如，她一直都是个慈爱称职的母亲，她培养的儿子很有出息，她自己先后从事的两份工作也都很成功。可惜我的安慰不足以让她对自己改观。她心里早已默认了父亲强加于她的自我形象，认定自己是个毫无价值、令人讨厌的人。所以，成年后她一直在追寻自己在少女时代所渴求的父爱，尽管这种渴求注定徒劳无功。她选择的都是些残酷、暴虐或冷漠的男人——正如她的父亲，并想方设法地让他们以父亲从未做到的方式来爱自己。

我向卡罗尔解释道，把正面的自我感觉建立在别人（包括她的父亲和她选中的作为父亲替代品的男人们）的看法上，就等于是把自尊心交到他们手里任其摆布。普通人都看得出来，这些掌握着她自尊的手具有多么强大的破坏力。她必须正视童年时期父亲灌输给她并导致她挫败的信念，夺回对自尊的掌控权。在此后的几个月里，卡罗尔渐渐意识到她的自尊心并没有遗失，只不过自己一直以来都找错了地方。

追求完美的父母

不切实际地期望子女十全十美是引发父母激烈言辞攻击的另一个常见原因。许多有言语虐待倾向的父母本身就是成功人士，可是他们往往会把自己的家变成宣泄事业压力的垃圾场（酗酒型父母同样会对孩子提出一些不切实际的过高要求，然后又以孩子的失败为由继续酗酒）。

追求完美的父母似乎生活在这样的幻想之中：如果他们能敦促孩子做到十全十美，他们便是完美的一家人。他们将维系家庭稳定的重任完全推给了子女，以此来逃避他们无法提供这种生活的事实。而孩子一旦失败，便会成为他们的替罪羊，背负起所有家庭问题的责任，当然，还要再一次承受他们的责难。

孩子应该拥有犯错误和改正错误的权利——犯个错而已，又不是世界末日。这是他们尝试新事物并建立自信心的途径。有毒的父母强加给孩子的是无法企及的目标、不切实际的期望以及朝令夕改的规矩。他们期望孩子能成熟地面对这一切，可是这种成熟唯有通过生活阅历的积累来实现，孩子是做不到的。孩子不是小大人，但有毒的父母却期望他们能有和大人一样的表现。

保罗，三十三岁，是一名实验室的技术人员，因为工作上的问题来找我。他看起来敏感害羞，缺乏自信，却屡次和顶头上司发生激烈的争吵，再加上越来越严重的专注障碍，他的工作受到了严重影响。

在与保罗谈论他的工作时，我发现他不知道该如何与领导相处。在询问他父母的状况后我发现，同卡罗尔一样，保罗小时候也遭受过侮辱。

我九岁的时候妈妈再婚了。和妈妈结婚的那个家伙肯定是希特勒的信徒，他搬过来之后的第一件事就是立规矩：只要进了这个家门，就别指望什么民主了。如果他让我们从悬崖上跳下去，我们就得跳，没有为什么。我比姐姐倒霉多了，他总是针对我，大多数时候是针对我的房间。他每天都要过来巡视，就好像军营里检查内务一样。九岁十岁的时候，谁的东西不是乱糟糟的啊？可他才不管这些，屋子里的一切必须完美无误，每样东西都不许放错位置。如果我不小心把书忘在了桌子上，他会马上叫嚷着骂我是脏猪、该死的小混蛋、狗娘养的或是下贱的小杂种。用这些污言秽语来打击我似乎是他最喜欢做的事情。他从没打过我，但这些难听的字眼同样伤人。

我预感到一定是保罗身上的某些特质激起了他继父的强烈情感，很快我就找到了答案。小时候的保罗是个羞怯、敏感又内向的孩子，而且和同龄人相比个子比较矮。

我继父小时候是学校里个头最小的孩子，大家都欺负他。但是在我母亲认识他的时候，他已经变得很强壮了，因为他一直在健身，但是你一眼就能看出他的身形都是硬练出来的。不知怎么的，他的那些肌肉看起来总是怪怪的，感觉不应该长在他身上的样子。

在保罗继父的心底，那个瘦小、怯懦又无能的孩子依然存在，而保罗身上那些似曾相识的特质使继父将他视为自己痛苦童年的象征，于是不由得对保罗大发雷霆。他无法面对自己曾经的无能，只好把保罗当成替罪羊。他用无法企及的完美要求来欺压保罗，并在他无法达到标准时出言讥讽侮辱，这样做使他对自己的强壮有力、大权在握深信不疑。他甚至根本没有想过自己的行为对保罗所造成的伤害，他觉得自己是在帮助孩子趋于完美。

“我无法做到完美，所以不如放弃”

保罗十八岁的时候，他的母亲同第二任丈夫离婚了，但是那个时候保罗的精神已经遭到重创。他知道对继父来说，自己永远也不够“完美”，所以他干脆自暴自弃：

十四岁的时候，我开始吸毒，毒瘾还不小。这差不多是我唯一觉得心情舒畅的时候。我在运动方面不出色，也成不了聚会中的灵魂人物，所以还有什么呢？就在高中毕业前不久，我买了些真正的猛货，差点儿吸过量。哎呀，那次真是差点儿搭上小命……从那以后我就再也不碰那东西了。

在两年制大学[1]里读了一年之后，保罗辍学了，虽然他非常渴望从事科学研究，也确实有这方面的潜质，可他就是无法集中精神。他的智商极高，但面对挑战却总是畏首畏尾。他已经习惯放弃了。

进入职场后，保罗陷入了与上司对立的怪圈，童年时的经历再次上演。他不停地换工作，直到最后找到一份自己非常喜欢的。为了保住这份工作，他找到了我。我告诉他，我想我能帮上忙。

完美主义的“3P”阶段

尽管保罗的继父已经从他的生活中消失了，但他说过的那些侮辱性的话语仍在保罗的脑袋里挥之不去，可以说他仍在牢牢地控制着保罗。于是，保罗深陷被我称为“3P”的困扰中无法解脱：完美主义（Perfectionism），拖延（Procrastination）以及心理瘫痪（Paralysis）。

1　junior college，美国的两年制大学，学生可选择通识教育的学分课程，两年后凭成绩申请转入四年制大学，或选择职业培训课程，两年后直接就业。

我真的很喜欢现在工作的新实验室，但我总是害怕自己的工作完成得不够完美。所以，我总是把许多该做的事一直拖到截止日期之后，或者在最后一刻草草了事，弄得一团糟。我搞砸的事情越多，就越觉得自己要被炒鱿鱼了。只要上司说些什么，我就觉得是针对我的，难免有些过激反应。我总觉得世界末日要来了，而且是我的失误造成的。最近我有太多事情拖着没做，最后只好打电话请了病假。我就是无法面对这一切。

保罗的继父向他灌输了追求完美的意识——这就是所谓的完美主义。保罗害怕自己无法完美地完成工作，于是便一拖再拖——这便是拖延。但是保罗积累下来的待办事项越多，就越是不知所措，他内心的恐惧就像滚雪球一样愈演愈烈，最终使他一事无成——这就是心理瘫痪。

我帮保罗制订了一个计划。我要他开诚布公地和老板谈一谈，说他有些个人问题正在对工作造成干扰，并请上一段时间的假。老板赞许他的诚实和对工作质量的负责，批给他两个月的假期。这段时间虽然不够完全解决保罗的问题，但是要把他从自己挖的坑里拉出来，倒也绰绰有余。等他假期结束重新回到工作岗位的时候，已经朝着直面继父给他的伤害迈出了第一步。这也让他能够更清楚地区分什么是和上司的真实冲突，什么是来自他内心创伤的冲突。虽然他还要继续接受八个月的治疗，但所有的同事都称赞他简直像变了个人似的。

对成功心怀恐惧

追求完美的父母的成年子女通常有两条路可走：要么为了赢得父母的爱和赞许而不断地苛求自己；要么极力反抗，甚至到了对成功心怀恐惧的程度。

有些子女做起事来，就好像一直有人在旁边计分一样。不论怎么打扫，房子永远不够干净。不论取得多好的成绩，他们永远体会不到成功的喜悦，因为他们深信自己还可以做到更好。如果出了哪怕一丁点儿的差错，他们便会惊恐万分。

还有一些人，比如保罗，一直过着失败的生活，因为他们不知道如何面对成功。对保罗来说，成功就意味着停止反抗，意味着他将屈服于继父的要求。如果我们没能将他继父的声音从他头脑中抹去，那么保罗很可能会在职场上继续失败，不断地更换工作。

最残酷的话："真希望你从未出生！"

关于言语虐待给孩子造成的巨大精神摧残，最极端的例子之一就是贾森。贾森四十二岁，是个英俊的警官，几年前曾在我的治疗小组做过咨询。那时候，洛杉矶警察局坚持要他入院治疗，因为警局的心理医生认为他有自杀倾向。我在医院的员工会议上了解到，贾森总是毫无必要地将自己置于危及性命的险境。比如，他最近孤身一人对毒贩进行了突击搜捕，没有请求任何必要的增援，结果险些丧命。表面上看这似乎是英勇的壮举，但实际上却是极其鲁莽且不负责任的行为。于是警局里便有了传言：贾森企图在执行任务时寻死。

好几次小组讨论之后，我才成功地帮助贾森重获自信。而在此之后，我们很快建立起了良好的合作关系。我至今仍清楚地记得他讲述与母亲间的畸形关系时的情景：

在我两岁的时候，父亲因为无法与母亲共同生活偷偷地逃走了。他离开以后，母亲的状况也变得更加糟糕。她的脾气非常暴躁，从来不肯饶过我，更何况我跟我那老子的长相几乎一模一样。她几乎每天都在说希望我“从来没有出生过”之类的话。心情好的时候，她会说“你跟你那该死的爹长得可真像，也和他一样坏”，心情不好的时候，她就会说“我希望你爸死掉，你也死掉，你们都应该在坟墓里烂掉”。

我告诉贾森，听起来他的母亲像是发疯了。

我也是这么想的，但谁会相信一个孩子的话呢？我们家的一位邻居察觉到异常，她极力想把我送去寄养家庭，因为她认为母亲会杀了我。但是也没人肯相信她的话。

他停了片刻，摇了摇头。

天啊，我原以为这事不会再困扰我了，可是，一想到她那么恨我，我的心里就一片冰冷。

贾森的母亲向他传递了明确的信息：她并不需要他。在父亲离家之后，母亲也无意介入儿子的生活。而父亲的行为也强化了这一点：贾森的存在毫无价值。

贾森不自觉地想要通过在警局的表现成为一个尽职而顺从的儿子。从本质上来说，贾森极力想抹杀自己的存在，意图以间接自杀的方式来取悦母亲。他清楚取悦母亲的方法是什么，因为她明确地表示过："我希望你死掉。"

这种形式的言语虐待除了给孩子造成巨大的伤害，令他们感到困惑迷惘之外，也会成为自我实现的预言。在言语虐待型父母的子女中，像贾森这样有自杀倾向的十分常见。对于他们来说，正视并处理儿时与父母的畸形关系对成年生活的危害确实是生死攸关的大事。

当"你是"变为"我是"

毫无疑问，孩子会因为朋友、老师、兄弟姐妹以及其他家庭成员的贬损受到伤害，而最容易带来伤害的还是父母，毕竟在孩子幼小的心灵里，父母就是整个世界的中心。所以，如果你无所不知的父母认定你是个坏孩子，那你就一定是。如果母亲常说"你真蠢"，那你就是蠢的；如果父亲常说"你真没用"，那你就一定没用。孩子们不会从其他角度审视这些评价并提出质疑。

当你从别人嘴里听到关于自己的负面评价，并让这些评价进入你的潜意识时，你就是在"内化"它们。负面评价的内化——变"你是"为"我是"——就形成了自卑心理的基础。言语虐待不仅严重损害了你作为一个可爱的、有价值的、有能力的人的正当的自我认知，还会对你的生存方式及成就价值产生必然的负面预期。在本书的第二部分，我将向大家说明如何将内在的东西外化，并最终击溃这些招致失败的负面预期。

第七章

“父亲对我做的事情永远都不可以告诉任何人”

——性虐待型父母

乱伦受害者所蒙受的屈辱是独特的。即使非常年幼的受害者也明白这种事情必须要保密。不论他们的沉默是出于本意还是受人教唆，他们都感觉到侵害者的这种行为是禁忌和耻辱。

乱伦或许是最残酷、最令人难以启齿的经历了，这背叛了孩子与父母之间最基本的信任，也摧残了孩子的感情。这些弱小的受害者完全依赖于他们的侵害者，他们无处可逃，也无人可以求助。保护者变成了迫害者，现实变成了囚禁着不可告人的秘密的牢笼。乱伦摧毁了童年最宝贵的本质——纯真。

在之前的几章里，我们已经了解了一些有毒家庭的阴暗现实，也看到了一些对子女极度缺乏情感共鸣和同情怜悯的家长。他们用各种手段向孩子发动攻击，从贬损的责骂到用皮带抽打，却还要将自己的暴虐行径合理化为训诫或教育。而现在，我们即将展开讨论的行为领域极度有悖常理，我们根本无法为其做出合理的解释。在这里，我必须暂时抛开严格的心理学理论郑重表态：我坚信对儿童的性侵犯是名副其实的恶行！

什么是乱伦

乱伦的概念是很难界定的，因为它在法律和心理学领域的定义天差地别。法律上的定义范围非常狭窄，通常将乱伦界定为有血缘关系的人之间发生的性行为。于是，成千上万的人并没有意识到其实自己也是乱伦的受害者，因为他们并没有遭到性侵犯。而从心理学的角度来说，乱伦所涵盖的行为及关系的范围则广泛得多，包括以唤起侵害者性兴奋为目的而进行的与儿童的口部、胸部、生殖器、肛门或其他身体部位的身体接触。侵害者不一定是有血缘关系的人，他可以是被儿童视为家庭成员的任何人，比如继父母或姻亲等。

还有一些乱伦行为，虽然不涉及与儿童的身体接触，却同样具有伤害性。比如，如果侵害者在孩子面前裸露身体或手淫，或者说服孩子拍下具有性暗示意味的照片，就同样是犯下了乱伦罪行。

我们还必须在乱伦的定义里面加上一条：乱伦一定是需要保密的行为。父亲给予孩子的满怀关爱的拥抱和亲吻并不需要保密。事实上，这种身体接触对孩子情感的健康发展是十分重要的。但是，如果父母抚弄孩子的生殖器或是让孩子自己抚弄，那就必须要保密了，也就是说，此种行为即为乱伦。

还有些行为与上述各类相比要微妙得多，我称之为心理乱伦。心理乱伦的受害者或许并未遭受实质性的含有性意味的触碰或性侵犯，但他们一样感受到自己的隐私和安全受到侵犯。我所说的是偷窥孩子更衣、洗澡，反复向孩子说些具有挑逗性或露骨色情内容的话之类的行为。这些行为并不符合乱伦的字面定义，但受害者还是常常感觉受到了侵犯，表现出许多与实质性乱伦的受害者一样的症状。

关于乱伦的谬论

在最初试图唤起公众对日益肆虐的乱伦现象的关注时，我遭遇到重重困阻。乱伦行为极其丑陋并令人厌恶的特性使得人们甚至根本不想承认它的存在。在过去的十年里，在大量确凿的证据面前，人们再也无法否认这一问题的普遍性，终于，乱伦作为一个公众话题被接受并讨论——虽说仍然令人不舒服。但是我们还有另一个障碍：有关乱伦的谬论。这些谬论长久以来都是大众意识中的信条，是不容置疑的，但它们从来都不是正确的。

- **谬论**：乱伦是极少发生的现象。
- **现实**：所有可靠的研究与数据，包括美国人类服务部提供的研究与数据都表明，每10个孩子中至少有一个在18岁之前曾遭到过自己信任的家庭成员的骚扰。直到20世纪80年代初期我们才意识到乱伦现象的普遍性。在那之前，大部分人都相信乱伦是十万个家庭中才有一例的小概率事件。

- **谬论**：乱伦只发生在贫困或低教育水平的家庭，或者是偏远落后的地区。
- **现实**：残酷的是，乱伦是广域的，不受背景、经济水平的限制。乱伦发生在你家里和发生在阿帕拉契亚的后山上一样有可能。

• **谬论**：乱伦事件中的侵害者都是社交障碍或性心理不正常的人。

• **现实**：典型的乱伦侵害者可以是任何人，既没有共同的特性，也没有既定的形象。他们常常是工作勤奋、受人尊敬、笃信宗教、样貌无奇的普通男女。我所见过的乱伦侵害者来自各行各业，有警察、教师、行业首脑、建筑工人、医生、酒鬼和牧师。他们的共性特质是心理层面的，而不是社会、文化、种族或经济层面的。

• **谬论**：乱伦是欲求不满的反应。

• **现实**：大多乱伦侵害者都有比较频繁的婚内性生活，常常还有来自婚外恋情的性生活。他们选择孩子作为目标的原因有二：一是为了满足自己的支配欲和控制欲；二是为了得到只有孩子才能给予的、无条件的又不具任何威胁性的爱。虽然这些需求和欲望被性欲化，但欲求不满极少会成为此类行为的诱因。

• **谬论**：孩子——尤其是少女——是具有挑逗性的，她们至少要为自己受到的骚扰承担部分责任。

• **现实**：孩子大多会以天真的心性、试探性的方式同与自己有密切关联的人尝试他们的性感受和性冲动。少女会和父亲调情，少年也会和母亲调情，有些甚至会公然挑逗。但是，在这种情况下适当地自控、不放任自己依冲动行事永远都是成年人该负的责任。

•谬论：大部分乱伦故事都不是真的，而是来自孩子自身性渴望的幻想。

•现实：这一谬论是由西格蒙德·弗洛伊德提出的，并且从20世纪初开始一直在精神病学的各种教学与临床活动中传播。弗洛伊德在他的精神分析实践中接触到了大量有关维也纳名门望族的闺秀们乱伦的报告，当时他毫无根据地断言报告内容不可能是真的。为了对报告中所列举的乱伦行为的频繁性做出解释，他最终得出的结论是：这些行为主要来自于咨询者的想象。由于弗洛伊德的错误，成千上万的甚至是数以百万计的乱伦受害者一直没能得到（并且在某些情况下以后也依然得不到）他们需要的认同和支持，即使他们能够鼓起勇气去寻求专业人士的帮助。

•谬论：孩子们遭受到的性骚扰更多地来自陌生人而不是他们熟悉的人。

•现实：大部分以孩子为对象的性犯罪都是由深受信任的家庭成员犯下的。

如此美满的家庭

同身体虐待型父母的家庭一样，大多数乱伦家庭在外界看来都与正常的家庭并无二致。家中的父母甚至可能是社区或教会的领导者，因品格高尚而备受推崇，可是他们关起家门后的样子却令人震惊。

特蕾西就来自于这样的“正常家庭”。她三十八岁，在洛杉矶郊区经营一家小书店。

表面看来，我们和其他的家庭没什么不同。我的父亲是个保险推销员，母亲是行政秘书。每个星期天我们都一起去教堂做礼拜，每年夏天还会一起去度假，一片罗克韦尔[1]画作中的景象……只是，在我十岁那年，父亲开始侵犯我。大约一年后，我发现他偷看我换衣服——他不知道什么时候在我卧室的墙上钻了一个洞。我开始发育以后，他常常从后面抱过来抓我的胸部。再后来，他会给我钱，让我脱掉衣服躺在地上……给他看。我觉得这很恶心，可是又不敢拒绝，我不想让他难堪。后来有一天他抓住我的手放在了他的生殖器上。我吓坏了……他开始抚摸我的阴部的时候，我不知道该如何是好，只能顺从。

在外界看来，特蕾西的父亲是典型的中产阶级，而这一形象让特蕾西更加困惑。大多数乱伦家庭看似正常的假象可以维持很多年，甚至是永远。

丽兹是一位录像带编辑，她提供了一个外表与现实背道而驰的颇具戏剧性的例子：

一切都那么不真实。我的继父是很有名的牧师，在教会有众多的追随者。星期天去做礼拜的人们都非常喜欢他。我还记得有一次我坐在教堂里，听他向众人传经布道，讲述不可饶恕的罪行。我真想对大家大声说出真相，这个人其实是个伪君子。我真想站出来在教众面前揭穿他的真面目：这个所谓的上帝的信徒正在玷污他十三岁的继女！

和特蕾西一样，丽兹也来自一个看似模范的家庭。她的邻居如果知道他们敬爱的牧师的行径一定会深感震惊，其实这一点都不冲突，他作

1　罗克韦尔（Rockwell）：20世纪70、80年代美国著名的画家，曾为《星期六晚邮报》创作317幅封面插图，生动地描绘了幸福家庭的欢乐时光。

为道德领袖和权威深受信赖，但声望卓著的事业或高学历并不能遏制乱伦的冲动。

为什么会发生这种事

什么是理想的家庭氛围？家庭成员各自扮演的角色又应当如何？在这些问题上，人们历来莫衷一是。但是，以我的经验来看，有一点是永远成立的：在坦诚、温馨、沟通良好的家庭里从来不会出现乱伦的状况。

反之，存在比较严重的情感孤立、隐瞒、贫穷、压力大以及缺乏尊重等问题的家庭则是乱伦现象滋生的温床。从很多方面来说，虽然犯下罪行的仅仅是侵害者自身，但乱伦却有可能成为导致整个家庭最终分崩离析的原因之一。特蕾西这样描述她家中的情形：

> 我们从来不会分享各自的感受。如果我有什么烦扰，就把它抛到一边不予理会。我清楚地记得小时候母亲给我慈爱的拥抱，但我却从未见过父亲和母亲之间有什么亲昵的举动。作为一家人，我们一起做了很多事情，可是彼此却没有真正亲近的感觉。我觉得这正是父亲渴望得到的。有时候他会问我，他可不可以亲亲我，我回答说我不愿意。然后他就会百般哀求，并保证一定不会伤害我，他只想跟我更加亲近些。

可是特蕾西却从未想过，父亲的孤独感和挫败感并不一定要以骚扰女儿的方式排解，他其实还有许多其他的选择。和许多侵害者一样，特蕾西的父亲竭力想要补偿自己遭遇到的各种缺憾，于是将目光投向了家庭，并锁定了自己的女儿。如果成年人无法控制自己的冲动，为了满足自己的情感需求而以不正当的方式利用孩子的话，这种扭曲的利用很容易被性欲化。

强迫行为的诸多面孔

心理强迫在亲子关系中的比例原本就不容小觑。特蕾西的父亲无须强迫便可以让女儿就范。

为了让父亲高兴起来，我愿意做任何事。在他对我做那种事情的时候我真的非常害怕，但至少他从来不会对我使用暴力。

和特蕾西一样，有些受害者往往低估了自己受到的伤害，因为他们没有遭受身体上的强迫。他们没有意识到情感暴力与身体暴力一样具有破坏性。孩子天性中的爱和信任很容易被不负责任的成年人所利用。对于一些乱伦侵害者来说，只需把握住孩子脆弱的情感就够了。

还有一些侵害者会以身体伤害、公开羞辱或遗弃作为威胁，来强化他们心理上的优势。比如我的一位咨询者，在她七岁那年，父亲对她说，如果自己的性需求得不到满足，便会把她送给别人收养。对于小女孩来说，永远不能与家人朋友相见的威胁足以吓得她说服自己接受任何事情。

乱伦侵害者也会通过威胁的手段来让他们的侵害对象愿意保持沉默。最为常见的威胁包括：

- 如果你说出去，我就杀了你。

- 如果你说出去，我就打你。
- 如果你说出去，你妈妈就会生病。
- 如果你说出去，大家会觉得你疯了。
- 就算你说出去，也不会有人相信你。
- 如果你说出去，妈妈会恨死我们俩的。
- 如果你说出去，我会恨你一辈子。
- 如果你说出去，我就会被抓去坐牢，就没有人来养家了。

这些威胁构成了情感勒索[1]，利用不谙世事的受害者的恐惧和脆弱对他们进行摧残。

除了心理强迫，许多侵害者还会采取身体暴力的手段来逼迫子女就范。即使排除遭受性虐待的因素，乱伦受害者也几乎都是不受宠爱、不被善待的孩子。少数孩子遇到的胁迫可能包括得到金钱、礼物或特殊优待，但绝大多数孩子都会遭受情感上的虐待，身体上的虐待也时有发生。

丽兹还记得自己试图反抗她的牧师继父时的情景：

初中快毕业的时候，我胆子大了些，告诉他我决定不允许他晚上进我的房间。他大发雷霆，冲上来掐住了我的脖子，大声叫嚷说上帝不允许我自己做决定，上帝要他替我决定，就好像他和我发生关系或是其他的龌龊事情都是上帝要他做的一样。等他松开我脖子的时候，我几乎喘不过气来。我真的吓坏了。他对我施暴我也没有抵抗。

1　情感勒索（emotional blackmail）：又称情感敲诈，指在发生争执的时候以彼此的感情作为要挟，让对方妥协。

孩子为什么不说

在所有乱伦的受害者中，有九成永远都不会跟任何人提起他们曾经遭受，或者正在遭受的痛苦。他们之所以保持沉默，除了害怕自己再次受到伤害之外，在很大程度上也是因为他们害怕使父母陷入麻烦并最终导致家庭解体。乱伦或许很可怕，但亲手毁掉自己家庭更加可怕。在大多数孩子的生活中，对家庭的忠诚是他们身上异常强大的一股力量，不论他们的家庭有多不堪。

三十六岁的康妮充满活力，在一家大银行做信贷员，她就是典型的忠于家庭的孩子。她对伤害父亲、失去父爱的恐惧远胜于为自己寻求帮助的渴望。

现在回想起来，我才意识到他的确是对我为所欲为。他告诉我，如果我向任何人提起我们之间的事，这个家就完了——妈妈会把他赶走，从此以后我就再也没有爸爸了，他们会把我送到收容所去，家里的每个人都会恨我。

极少数保密失败的乱伦家庭往往难逃破碎的命运。乱伦事件的曝光对家庭的撼动是毁灭性的，不论是以何种形式——离婚、其他法律程序、把孩子从家里送走或是来自公众羞辱的巨大压力——这些家庭大多会走向分崩离析。即使家庭的解体是最有利于孩子的结局，他们仍会认定自己是家庭破裂的罪魁祸首。原本已经令他们无力承受的负担也由此变得更加沉重。

信用差距

遭到性虐待的孩子很早就认识到，与他们的侵害者相比，他们自己的信用微不足道，不管他们的父母是酒鬼、无业游民还是有暴力倾向，因为在我们的社会里，成人总是比孩子更可信。如果家长在社会中还有一定的成就，那么这种信用差距将更为悬殊。

四十五岁的丹是一位航天工程师，从五岁开始一直到离家上大学为止，他一直遭到父亲的性虐待。

即使我当时还很小，也知道父亲对我做的事情永远都不可以告诉任何人。我的母亲完全受他支配，我知道就算再过一百万年，她也不会相信我的话。他的生意做得很大，认识很多有头有脸的人物。这么一位大老板，却几乎每天晚上都要六岁的儿子在浴室里为他做那种事，你觉得我会对别人说吗，又有谁会相信我呢？他们会认为我是想陷害父亲或是怎样。我根本不可能成功。

丹陷入了一个可怕的陷阱。他不仅受到性骚扰，而且还来自同性家长。这令他倍感羞辱，也愈发确信没人会相信自己的遭遇。

父子乱伦的普遍性远远超出多数人的想象。这类父亲通常表面看来是异性恋者，但内心却很可能受到对同性的强烈性冲动的驱使。他们非但不承认自己的真实情感，反而以结婚生子的方式来极力压抑自己的同性性欲。他们真实的性偏好没有宣泄的途径，使得被压抑的冲动不断滋长，直至最终冲破心理防线。

丹的父亲的性侵犯行为发生在四十年前，当时人们对乱伦（以及同性恋）的认识还被社会上的错误观念所蒙蔽。和多数乱伦受害者一样，丹对寻求帮助这件事渐渐绝望，因为以父亲的社会地位来说，犯下这种罪行简直是荒谬至极。不管会对孩子产生多大的毒害，家长始终手握绝对的权力和信任，这是他们的专利。

“我觉得恶心”

乱伦受害者所蒙受的屈辱是独特的。即使非常年幼的受害者也明白这种事情必须要保密。不论他们的沉默是出于本意还是受人教唆，他们都感觉到侵害者的这种行为是禁忌和耻辱。即使他们尚且年幼，不懂性为何物，却也明白自己受到了侵犯。他们对此感到恶心。

和遭受言语虐待及身体虐待的孩子一样，乱伦受害者也会自责。然而，在乱伦的状况下，这种自责还伴随着耻辱。乱伦受害者坚信“这一切都是我的错”，这种想法比任何人都强烈，并促使他们产生了强烈的自我厌恶感和羞耻感。除了必须设法应对实质性的乱伦，他们还必须保护“肮脏、下流”的自己，以防被人发现并公之于众。

丽兹非常害怕自己的劣行被人发现。

那时我只有十岁，却觉得自己是世界上最坏的荡妇。我真想把继父的事情张扬出去，可又害怕大家会因此怨恨我，包括我的母亲。我知道他们都会觉得我是个坏人。我受不了在大家面前变成一个坏人，甚至连想都不敢想，连我自己都觉自己坏透了。所以，我只好把这件事情藏在心里。

外人很难理解，一个被迫与继父发生关系的十岁女孩为什么会产生负罪感。其实答案很简单：孩子不愿意看到自己信任的人竟然是坏人。总要有人为这些可耻、屈辱又可怕的行为负责，既然父母不可能是坏人，那坏人就一定是自己了。

乱伦受害者因为自己的下流、邪恶和深重罪孽而产生了强烈的心理隔离感。不论是在家里还是外面，他们都备感孤独。他们觉得没人会相信他们可怕的秘密，这秘密给他们的一生蒙上阴影，也阻碍了他们结交朋友。这种隔离感反而将他们推向侵害者的怀抱，因为那是他们获得关注的唯一来源，尽管这关注如此邪恶。

如果受害者从乱伦中感到某种愉悦的话，他将更加羞耻。少数受害者在成年后仍能回忆起儿时遭受侵犯时所产生的快感，尽管当时他们既困惑又尴尬。对这些受害者来说，此后再想彻底摆脱自己的负罪感更是难上加难。特蕾西也曾经历过性高潮，她解释道：

我知道这样不对，可是那种感觉真的很好，那个家伙对我做出这种事情，他真是个混蛋，而我跟他一样罪不可恕，因为我竟然喜欢那感觉。

此前我也听过类似的故事，但再次听到还是很心痛。我把此前曾劝解别人的话又讲给特蕾西听：

喜欢这种身体刺激并没有错。你的身体喜欢那些感觉，这是生物的本能反应。但是你的身体产生快感并不表示他的所作所为就是对的，也不表示你就是错的。你仍然是受害者。作为成年人，他有责任控制自己，这与你的感受无关。

对许多乱伦受害者来说，自己还有一项特殊的罪行——把父亲从母亲身边夺走。父女乱伦的受害者常常提及的一点就是，感觉自己像是“另外一个女人”。她们原本可以期望从母亲那里寻求帮助的，可是这样一来，她们会因为对母亲的背叛而愈发觉得自己罪孽深重，求助一事也就更加难以启齿了。

疯狂的嫉妒："你是属于我的"

乱伦以一种疯狂而激烈的方式将受害者与侵害者紧紧地捆绑在一起。尤其是父女乱伦，父亲常常痴迷于自己的女儿并疯狂地嫉妒她的历任男友。他可能会通过打骂的方式向女儿传达一个信息：她只能属于一个男人——她的父亲。

这种痴迷极度地扭曲了孩子童年及青春期的正常发展。乱伦受害者不但没有逐步脱离父母的控制变得独立起来，反而越来越依附于他们的侵害者。

以特蕾西为例，她知道父亲的嫉妒极为疯狂，却没有意识到这种嫉妒是多么残酷可耻，因为她误以为这种强烈的情感就是爱。乱伦受害者把痴迷错认为爱，这种现象十分普遍。这不仅阻碍她们认清自己是受害者，还会严重破坏她们对爱情的憧憬。

大多数家长在孩子与家庭以外的人约会并开始建立亲密关系的时候都会产生一些焦虑情绪，而有乱伦行为的父亲会将女儿的这一成长阶段视为对自己的背叛、排斥、不忠甚至遗弃。特蕾西父亲的反应颇具代表性——愤怒、责难以及惩戒。

我出去约会的时候，他就一直不睡觉等我回来。我到家后他会不停地盘问我和什么人出去、都做了些什么、有哪些身体接触、有没有同意对方把舌头伸进我的嘴里……如果逮到我和男生吻别，他就会从家里冲出来，大声叫骂“妓女”，把人家吓跑。

当特蕾西的父亲用下流并带有侮辱性的字眼骂她的时候，他的行为与许多乱伦的父亲如出一辙：把自己的不堪、邪恶和罪责统统推卸给女儿。还有一类侵害者，他们用柔情将受害者束缚在身边，使孩子深陷罪与爱的矛盾情感中愈发手足无措。

“你是我的全部生命”

道格，四十六岁，身材瘦小、精神紧张。他来找我是因为他有多种性功能障碍，包括反复发作的阳痿。从七岁开始一直到十八九岁，他一直受到母亲的性骚扰。

她总是抚弄我的生殖器直到我产生高潮，不过我一直觉得这也不是什么大事，因为我们并没有发生实质性的关系。她也让我对她做同样的事情。她对我说，我是她的全部生命，而这是她向我表达爱意的特殊方式。可是现在，每次我想与女人亲近的时候，就会觉得这是对母亲的背叛。

道格与母亲共同守护的这个天大的秘密将两人紧紧地捆绑在了一起。她的病态行为令他感到困惑，但所传达的信息却十分明确：她是他生命中唯一的女人。从很多方面来看，这种信息和乱伦一样具有危害性。所以，在他试图脱离这种关系并与其他女人建立起成年人的关系时，就会备受不忠感和罪恶感的折磨，精神健康和性能力也严重受损。

封住火山口

对许多受害者来说，熬过儿时乱伦重创的唯一办法就是躲到心理面具的后面，将所有的痛苦记忆都掩埋在清醒的意识之下，就算不能永远摆脱，也可以换取数年的安稳。

但是，在生活中的一些特殊事件的刺激下，有关乱伦的记忆常常会突然涌现。从一些咨询者的经历来看，结婚、孩子的出生、家庭成员的离世、有关乱伦的媒体报道或者再现乱伦情景的噩梦等，都会触动这些记忆。

另一种常见的情况是，受害者因其他心理或身体上的问题接受治疗，间接导致这些记忆再次浮出水面。很多人会极力抗拒这些回忆，若不是治疗师加以引导，他们绝不愿想起这些事。

即使这些记忆浮出水面，许多受害者仍然不愿意面对。他们惊恐万分，矢口否认，并企图将它们再次掩盖起来。

作为心理治疗师，我所接触过的最具戏剧性的案例中，有位名叫朱莉的女士。她四十六岁，是一名生物化学博士，在洛杉矶一家大型研究中心上班，她听了我一期有关乱伦的电台节目，于是过来找我。她告诉我，她在八至十五岁期间曾受到哥哥的性骚扰。

我一直生活在可怕的幻觉里，幻想自己死掉、疯掉或是在福利院里了却残生。最近的大部分时间我都是用被子蒙住头躺在床上度过的。除了上班以外我从不出门，就算上班我也几乎什么都不做。大家都很担心我。我知道这一切都和哥哥有关，但我就是说不出口。我觉得自己就要撑不下去了。

朱莉非常脆弱，显然正处于精神崩溃的边缘。前一分钟她还在歇斯底里地大笑，下一分钟就抽泣到痉挛。她几乎无法控制自己的感情，完全被它牵制着。

我哥哥汤米第一次侵犯我时我才八岁。那时候他十四岁，而且比同龄人更强壮。那次之后，他每周至少会强迫我三四次。那种痛苦真的让人无法忍受，我每天就像行尸走肉。现在我才意识到他那时一定是疯了，因为他会把我捆起来，用任何他能找到的东西折磨我——刀子、剪子、刮胡刀、螺丝刀……唯一能让我说服自己活下来的办法就是假装这些事情其实是发生在别人身上。

我问朱莉，发生这些可怕的事情时，她的父母在哪儿。

我根本就不敢告诉父母汤米对我做的那些事情，因为他威胁说，如果我告密，他就会杀了我，我相信他做得出来。我爸爸是个律师，他每天工作十六小时，就连周末也不例外。我妈妈是个瘾君子。他们俩没有给过我任何保护。爸爸希望他在家的几个小时里我们能让他清净，并且希望我能照顾好妈妈。所以我的整个童年除了痛苦之外一片空白。

朱莉遭受到了巨大的伤害，对心理治疗也心怀畏惧，但她还是鼓足勇气加入了我的一个乱伦受害者小组。此后的几个月里，她努力想从哥哥的性虐待给她造成的折磨中解脱出来。她的心理状况有了明显的好转，不会再觉得自己像在歇斯底里和抑郁消沉的极端情绪间走钢丝。然而，直觉却告诉我这其中另有隐情，她的心里一定还隐藏着什么阴暗晦涩的东西，并且正在持续恶化。

一天晚上，她来到小组，看起来有些心神不定。她说，她忽然想起了一段可怕的记忆：

几天前的晚上，我忽然清晰地记起妈妈强迫我为她口交的情景。我肯定是疯了，记忆里的人应该还是哥哥吧。妈妈怎么可能做这种事情！我承认，她确实一直吸毒，但她绝不会那样对我的。我真是疯了，苏珊！你得送我去精神病院了。

我说："亲爱的，你的治疗效果这么好，精神状态有这么大的改观，如果这些幻觉中的人是你哥哥，这一切又怎么解释呢？"她听了以后觉得有些道理。我继续跟她解释："要知道，通常这种事情不会是人们凭空想象出来的。如果你现在想起这件事与你母亲有关，那是因为你比过去的自己坚强——现在的你更有能力去解决它。"

我告诉朱莉，她的潜意识一直在为她提供良好的保护。如果她是在我最初见到她时的脆弱状态下记起这段回忆的话，那么她的精神很可能会彻底崩溃。但现在的情况是，经过在治疗小组中的种种努力，她的情感世界已经变得更加稳定，潜意识才准许这段被压抑的记忆浮出水面，因为她已经具备了解决它的能力。

母女乱伦并不是一个常见的话题，但我接触过的此类受害者至少也有十余位。这种行为背后的动机似乎是对柔情、身体接触和关爱的一种怪异而扭曲的渴求。以此种方式破坏正常母女关系的家长大多心理极度失常，而且往往还是精神病患者。

使朱莉濒临精神崩溃的正是她拼命压抑自己记忆的诸般挣扎。但是，将这些令人痛苦不安的记忆排解殆尽却正是朱莉逐步康复的关键。

双重生活

乱伦受害者常常会成为非常高明的儿童演员。他们的内心世界有太多的恐惧、迷惘、悲伤、孤独和隔阂，于是很多人会塑造出一个假自我[1]，装出一副“一切很好很正常”的样子来面对外界。特蕾西对这一点认识深刻，并谈起了她所扮演的自己：

我觉得自己的身体里住着两个人。在朋友们面前，我开朗友善。可是一回到公寓，我就成了彻底的遁世者。我会失控地大哭。我讨厌与家人交流，因为那样我还要装作若无其事。你根本想象不到同时扮演两个角色有多辛苦。有时候我真觉得筋疲力尽。

丹也不差，他简直可以拿奥斯卡奖了。他是这样说的：

父亲晚上对我做的事情让我产生巨大的罪恶感。我觉得自己只是他的发泄对象。我恨我自己，但还要装作很开心的样子，家人根本就不明白我的真实感受。再后来，我突然间不再抱有希望了，甚至不哭了。我把自己伪装

1　假自我（false self）：英国心理学家温尼科特提出的相对于“真自我”的概念。一个人的自我若以自己的感受为中心而构建即为真自我，若以别人的感受为中心而构建即为假自我。真自我与假自我最初都是在母婴关系中形成的。

成一个快乐的小孩。在班里我是大家的开心果，也是很好的钢琴手，我喜欢带给大家欢乐……为了让人们喜欢我，我愿意做任何事。但是，我的内心是痛苦的。我十三岁的时候就开始偷偷酗酒了。

通过愉悦他人，丹可以获得某种成就感以及大家对他的认同感。但是，他内心深处的真自我极度痛苦，以至于他极少能感受到真正的快乐。这就是生活在谎言中的代价。

默不作声的同谋

侵害者和受害者为了守住他们在家中的秘密都做了出色的表演。那么，另一位家长又如何呢?

在儿时曾遭受性虐待的成年咨询者的治疗初期，我发现很多父女乱伦的受害者对她们母亲的愤恨似乎超过父亲。很多受害者都会用一个常常得不到回答的问题折磨自己——母亲对家里的乱伦事件究竟知道多少。很多人都认定母亲一定知道些什么，因为有些情况下，性虐待的迹象已经相当明显了。也有些人深信母亲什么都不知道，但作为母亲她们本应该知道——她们应该注意到女儿的行为有异，应该察觉到某些异常，应该对家中发生的事情给予更多的关注。

特蕾西在讲述父亲是如何从偷窥她裸体发展到抚摸她阴部的时候，语言很有条理，情绪似乎也比较平和。可是，在谈到母亲的时候，她却不止一次哭出来。

我好像总是在生母亲的气。我对她又爱又恨。这个女人常常看到我抑郁消沉，在自己的房间里歇斯底里地大哭，却从来都不问一句。你能相信一个心智正常的母亲看到自己的女儿终日以泪洗面却丝毫不觉得反常吗？我不能告诉她发生了什么，但是如果她当时能问我一句……我也不知道，或许我还是不会对她说吧。天啊，她如果能早点发现他对我的所作所为该多好。

曾经有成千上万的乱伦受害者跟我表达过和特蕾西一样的愿望——他们希望有个人（尤其是他们的母亲）能发现这段乱伦关系，让自己免受难以启齿的痛苦。

我同意特蕾西的观点，她母亲对她所承受的痛苦的感知的确迟钝得令人难以置信，但这并不意味着特蕾西的母亲对这件事一定有所了解。

存在父女乱伦现象的家庭中的母亲有三种：毫不知情的、可能知情的和知情的。

一位母亲究竟有没有可能对生活在同一屋檐下的丈夫和女儿间的乱伦关系毫不知情？有一些理论认为绝无可能，每一位母亲对发生在自己家里的乱伦事件多少应该有些察觉。我不赞同这种观点。我相信有些母亲是真的毫不知情。

第二种类型的母亲是典型的默不作声的同谋。她会装作毫不知情。乱伦的蛛丝马迹就摆在面前，她却为了保护自己和家庭的完整做出了错误的选择——对这一切视而不见。

最后一种母亲最应该受到谴责的，她们在孩子明确告知自己受到骚扰的情况下仍坐视不理，这样一来，受害者将遭受双重的背叛。

十三岁的时候，丽兹曾不顾一切地将继父变本加厉性侵犯她的事情告诉了母亲：

我真的是走投无路了。我以为告诉了母亲，至少她会找他谈谈。我真是太天真了。她几乎要崩溃了，泪流满面地对我说——我永远都忘不了她对我说的话：“你为什么要告诉我这些？你想要对我做什么？我和你继父一起生活了九年，我知道他不会做出这种事来。他是一名牧师，大家都非常尊重我们。你一定是在做梦。你为什么非要毁掉我的生活？”我简直不敢相信自己的耳朵。我费了多大劲儿才鼓足勇气告诉她这一切，而她却把矛头指向我。最后我还要反过来安慰她。

丽兹哭了起来。我抱住她，让她平复一下心里的痛苦和悲伤。她的母亲在真相面前的反应太典型了，她可谓标准的“默不作声的同谋”——消极、依赖、幼稚。她一心想要保护自己并维持家庭的完整，所以，对于任何可能危及家庭稳定的因素，她都一概否认。

很多默不作声的同谋自己也曾是受虐儿童。他们极度自卑，并有可能让自己再次陷入与童年时相仿的痛苦挣扎。任何威胁到家庭现状的矛盾都会让他们不知所措，因为他们不敢面对自己的恐惧和依赖。所以，丽兹最后还要反过来照顾妈妈的情绪，尽管她自己才是最需要支持的人。类似的现象是很常见的。

有极少数母亲会将自己的女儿推向乱伦的深渊。黛布拉，丽兹所在的乱伦受害者治疗小组的成员之一，讲述了一个极其令人震惊的故事：

人们都说我长得很漂亮，我也知道男人们总会盯着我看，但是一直以来我都觉得自己就像是电影《异形》里面的怪物。我总觉得自己很不堪，令人作呕。父亲对我做的事情已经够可怕了，但真正让我伤心的却是母亲：她是中间人。她会安排时间和地点，有时她甚至会在父亲侵犯我时帮忙用膝盖夹住我的头。我一直哀求她不要再让我做这种事情了，但她却说："求你了，亲爱的，你就帮帮我吧。我满足不了他，如果你不去满足他的要求，他就会出去找别的女人。那样我们就得流落街头了。"

我试着去理解这位母亲这么做的原因，但是，我自己也是两个孩子的母亲，这样的行为放在任何母亲身上都是不可思议的。

许多心理学家认为，不作声的同谋是把她们妻子兼母亲的角色转嫁给了女儿。这种说法在黛布拉的母亲身上是成立的，但是像她这般公然的角色转嫁实属罕见。

根据我的经验，大多数不作声的同谋不会过度地转嫁角色，放弃自己的个人权力。她们往往不会逼迫女儿取代自己，但却任由侵害者摆布自己和女儿。事实证明，她们的恐惧和依赖丈夫的渴求远比她们母亲的天性强烈，致使她们的女儿陷入孤立无援的境地。

乱伦的遗毒

每一个童年时遭受过性虐待的成年人都无法摆脱自己无能、无用、罪孽深重的感觉。不论表面看来他们的生活是多么不同，饱受负面感受的折磨却是他们的共同点，我称之为乱伦的3D遗毒：肮脏（dirty）、伤害（damaged）、异类（different）。康妮的生活因这3D而严重扭曲。她是这样说的：

小时候我总觉得自己是头上贴着"乱伦受害者"的标签去上学的。直到现在我也常常觉得大家都能看穿我，他们清楚我有多令人厌恶。与其他人比起来，我就是个异类。我是不正常的。

这些年来，我听过的乱伦受害者对自己的描述包括“象人”[1]“外星生物”“从疯人院逃出来的疯子”以及“比世上最卑劣的人渣更卑劣”……

乱伦是一种心理癌症。虽然还没有发展到晚期，但采取治疗手段是非常必要的，而且治疗过程也常常是痛苦的。康妮对自己的病情不闻不问二十多年，导致自己的生活——尤其是在恋爱关系方面——严重受损。

“我不知道恋爱是什么感觉”

康妮的自我厌恶感使她在数段恋爱关系中屡屡受挫。因为她与男人（她的父亲）建立起的第一段关系中充满了背叛和利用，所以，在她心里，爱和虐待是紧密交织在一起的。成年以后，她会被可以让她重温那些熟悉情景的男人所吸引，包含着关爱和尊重的、健康的恋爱关系反而会令她感到不自在，因为这与她对自己的认知不符。

乱伦受害者大多不懂得如何应对成年后的恋爱关系。就算偶然间步入了这种关系，过去的可怕记忆也常常会予以破坏，尤其是在性生活方面。

性欲被剥夺

乱伦给特蕾西所造成的心理创伤严重影响了她与一个善良体贴的男人之间的婚姻。她告诉我：

1　象人：指美国导演大卫·林奇的电影《象人》（The Elephant Man）的主人公约翰·梅力，因脑袋硕大无比、身体畸形酷似大象而被称为“象人”，并受尽不人道的待遇。此片取材于真实的医疗档案。

我和大卫很快就要分手了。他是个特别好的人，可是，他又能忍耐多久呢？我们的性生活糟糕透了，一直以来都是如此，我甚至再也不想做爱了。我讨厌他碰我。要是这世上根本就没有做爱这种事该多好！

乱伦受害者对性怀有强烈的厌恶情绪，这种现象非常普遍。这是乱伦引起的正常反应。性唤起了她对过去的痛苦和背叛不可磨灭的记忆。她脑中的声音不停地对她说："性是肮脏的，性是邪恶的……我在小时候做过罪恶的事情……如果现在还要继续做这些事情，我就又变成了坏人。"

许多受害者都提到，只要他们做爱，从前那些痛苦的遭遇就会萦绕在脑海中，挥之不去。他们也想努力与喜欢的人亲近，但乱伦造成的伤痛总会清晰地在他们的心里再度涌现。在性爱过程中，受害者常常会看到或听到他们当年的侵害者就在房间里，就在自己的身边。这些过往的再现会激起他们所有的负面自我评价，而他们心中的欲火也像被淋了水一样，彻底熄灭了。

还有一些乱伦受害者，比如康妮，会在两性关系中贬低自己。因为他们的成长经历让他们相信，性是自己存在的唯一价值。就算为了换得些许感情，他们可能同千百个男人上过床，但很多人对性仍持厌恶排斥的态度。

"为什么好的感觉反而让我不开心"

成年以后，能够产生性兴奋并达到性高潮（许多人确实如此）的受害者可能仍会因为自己的这些性感受产生罪恶感，这使他们很难（甚至根本不可能）享受性的快乐。罪恶感让好的感觉变得不那么美好。

和特蕾西不同，丽兹很容易产生性兴奋，可是，过去的可怕记忆对她造成的侵扰却丝毫没有减少：

我常常会高潮，也喜欢变换各种方式做爱。对我来说，真正糟糕的部分是完事以后。我会变得很消沉，不愿意对方再抱我或碰我……我只想让他离我远远的。他完全搞不懂是怎么回事。有那么几次，做的时候我感觉特别享受，可是事后却出现了自杀的幻觉。

虽然丽兹体验到了性快感，但她对自己的厌恶感依然强烈。于是，她就用自我惩罚的方式来为这种快乐赎罪，甚至产生了自杀的幻觉。这些自卑感和幻觉似乎可以让她对自己“罪恶”又“可耻”的性兴奋做出些许补偿。

“怎么惩罚自己都不够”

在前文中我们了解到，身体虐待的受害者会将他们的痛苦和愤怒发泄在自己身上，在某些情况下也会发泄在别人身上。乱伦受害者的做法与他们如出一辙，他们以许多不同的方式来释放自己压抑的愤怒和难以释怀的悲痛。

抑制因乱伦而生的内心矛盾有一种极为常见的表现形式——抑郁。它既可以是一般性的忧伤情绪，也可以是近乎彻底的自我放任、无所作为。

成年后放任自己体重超标的乱伦受害者数不胜数，尤其是女性。肥胖对她们来说有两个重要的作用：首先，她们认为这样可以让男人远离自己；其次，体重可以赋予她们自己很强大有力的错觉。许多受害者在刚刚开始减肥的时候都会感到恐惧，因为这让她们再次感到自己的无助和脆弱。

复发性头痛也是乱伦受害者的常见问题。这些头痛不仅是被压抑的愤怒和焦虑的生理表现，也是一种自我惩罚的方式。

许多乱伦受害者沉迷于酒精和毒品。当然，他们的失落感和空虚感可以得到暂时的缓解。但是，迟迟不肯面对真正的问题只会让他们遭受更多痛苦。

很多乱伦受害者会满世界地寻求惩罚。他们蓄意破坏自己的感情，寻求爱人的惩罚；他们故意把工作做得一塌糊涂，寻求同事和老板的惩罚；少数人还会通过暴力犯罪的方式寻求社会的惩罚；还有些人沦为娼妓，寻求皮条客甚至是上帝的惩罚。

“这一次情况会好些”

有一个现象很令人费解：不论生活得多么痛苦，很多乱伦受害者仍会紧紧依附于自己有毒的父母。他们的痛苦来自父母，却还要指望父母来缓解这痛苦。对成年的乱伦受害者来说，要放弃完美家庭的神话是极其困难的。

乱伦留给受害者最大的遗毒就是，他们会永不停歇地寻求“魔法钥匙”，渴望开启封存父母爱和赞许的宝箱。这种追寻就像是情感的流沙，让他们在无法实现的美梦里越陷越深，并对正常的生活形成阻碍。

丽兹做出了这样的总结：

我总幻想着有一天他们会主动与我沟通，并对我说：“我们觉得你很棒，我们爱你的一切。”即使我知道继父是一个虐待儿童者，即使我知道母亲曾选择相信他而不是保护我……倒像是我需要求得他们的原谅一样。

最健康的家庭成员

我接触过的乱伦受害者通常是他们的家庭中最健康的成员。许多人觉得我的这一说法令人难以置信。毕竟这些受害者通常都会表现出明显的症状——自责、抑郁、破坏性行为、性障碍、自杀倾向以及药物滥用，而他们家中的其他成员往往外表看起来更健康。

但是，最终看清事情真相的往往是受害者。他们被迫牺牲自己来掩饰家庭体系中的疯狂和压力。他们背负着巨大的精神创伤，终其一生保守家里的秘密，只为守护完美家庭的神话。也正是因为这些伤痛和矛盾，他们往往会成为最先寻求帮助的那个人。而另一方面，他们的父母却总是坚决否认家庭问题的存在，从不肯卸下防备。他们拒绝面对现实。

经过治疗，大部分受害者都能够重新找回自己的尊严和力量。承认问题并寻求帮助不仅是健康的表现，也是勇气的证明。

第八章

为什么家会伤人

——有毒的家庭体系

有毒的家庭体系就像高速公路上的连环追尾，其恶劣影响会代代相传。这个体系并非你的父母所发明，而是从先辈那里继承的一整套逐渐累积而成的感受、规则、交流、观念。

我们所有人都是被家庭这个大熔炉锻造出来的。近年来我们逐渐意识到，家庭不仅仅是有血缘关系的人的集合，它更是一个体系，容纳着彼此紧密相连的人。家庭中的每个成员都深刻地，而且往往是以隐蔽的方式影响着其他人。这个体系是一张交织着爱、嫉妒、自尊、焦虑、欢乐和内疚的复杂网络——饱含着各种各样的人类情感，这些情感在其中此消彼长，在由家人的态度、理解和相互关系构成的混沌海洋中不断翻腾。家庭就如同深沉的海，你无法从表面看透其内部的运作模式。你潜入海里越深，发现就会越多。

当你小的时候，家庭就是你的全部。家庭教会了年幼的你如何去看待这个世界，你才能够决定自己是谁、该如何与人相处。如果你的父母有毒的话，很可能你会做出如下自我评价：

- 我没法相信任何人。
- 我不值得被人关心。
- 我永远都不会成功。

这些评价会将你引向失败，所以你必须改变它。改变一些早期的自我认知，你的人生轨迹也会随之改变。但是你首先必须明白，家庭体系对你的感受、生活方式和信仰的形成究竟有多大的影响。

记住，你的父母也有父母。**有毒的家庭体系就像高速公路上的连环追尾，其恶劣影响会代代相传。**这个体系并非你的父母所发明，而是从先辈那里继承的一整套逐渐累积而成的感受、规则、交流、观念。

观念：说出口的和未说出口的

如果你想弄清楚有毒的家庭体系内部的困惑和混乱，首先你要审视这个体系的观念，尤其是那些决定亲子关系和子女行为方式的观念。有些家庭强调孩子感受的重要性，有些则认为孩子是二等公民。不同的观念决定了家庭成员不同的态度、判断和理解。观念具有很强大的力量，能够区分是非好坏，也能够决定一个人的人际关系、道德价值、教育程度、性别观念、职业选择、行为准则和经济状况。它们形成了一个家庭的行为模式。

明智、成熟、有爱心的父母所持有的观念会考虑到家庭中每位成员的感受和需求。他们会为一个孩子的个人发展和随之而来的成熟独立构建坚定的基础。这种观念很可能是：

- 孩子的叛逆心很正常。
- 故意伤害孩子是不对的。
- 应该多鼓励孩子犯错误。

但是，有毒的父母对孩子持有的往往是自我中心和利己的观念。他们会认为：

- 无论怎样，孩子都要尊敬父母。
- 凡事必须按我说的做，否则就是错的。
- 孩子就应该安安静静地待在那儿。

这种观念正是这些父母的有毒行为产生的土壤。

当现实与有毒父母的观念相悖时，他们选择抗拒不接受。他们不但不愿做出改变，还不惜颠倒黑白来维护自己的观点。不幸的是，他们的孩子涉世未深，还不能分辨真正的现实和父母展示给他们的扭曲现实。长大后，他们便带着父母这种无可撼动的扭曲世界观步入了自己的成年生活。

观念一般分为两种：说出口的和未说出口的。说出口的观念会被人们直接表达出来，我们也经常听到口口相传的观念，它们以建议的形式出现，大多包含“应该”“应当”和“理应”这样的字眼。

这些口头观念有个好处，虽然它们会成为我们的一部分，但它们既然是被说出来的，审视、检查起来就更容易一些。当我们选择更有利于自己生活的观念时，抛弃那些旧的口头观念也更容易一些。

例如，如果父母认为离婚是错误的，那么继承了这种观念的女儿很可能会把自己束缚在一段没有爱的婚姻里。但是我们可以质疑既有的观念，女儿可以问自己“离婚有什么错”，在寻找答案的过程中她可能会逐渐推翻父母的观念。

然而，想要推翻超出我们认知范畴的观念就难上加难了。未说出口的观念决定了我们对生活的许多理解，而我们又常常意识不到它们的存在。在一个家庭里，丈夫对待妻子的方式、父母对待孩子的方式都可以反映出某种隐含的观念，在我们从父母身上习得的行为中，隐含观念是很重要的部分。

应该不会有家庭会在晚饭时公开讨论“女人是二等公民”“孩子应该无条件为父母奉献一切”“孩子本身就具有劣根性”，或者“不能满足孩子的所有需求，这样他们才能一直需要父母”这样的话题吧。哪怕这些观念为一些家庭所固有，他们也不会公开承认的。然而这些消极的、隐性的观念在有毒父母的家庭中起到了统治作用，给身处其中的孩子带来了毁灭性的影响。

前面说过迈克的故事，当他想从家里搬出去住的时候，他的母亲曾经威胁说自己心脏病发作。他的一席话很好地证明了隐性观念的存在：

很多年来，就因为我离开父母搬到加州，并且在那里结婚安家，我一直觉得自己是个不称职的儿子。我真心认为，如果我不能把父母置于我生活的首位，我就是个不称职的儿子。我父母从来没和我这样说过，但这的确是他们教给我的。所以无论他们对我的妻子多么不好，我都没有顶撞过他们。

我真的认为，做儿女的，应该接受，或者说承受父母给予的一切，无论他们怎样对我，我都应该顺从他们，我就是他们的奴隶。

迈克父母的行为传递了他们的理念，即父母享有至高无上的权力。虽未说出口，他们却将这类观念灌输到了迈克的头脑中，比如父母的感受最重要，又比如迈克存在的唯一意义就是取悦父母。这些观念束缚着迈克，甚至差点毁了他的婚姻。

如果迈克没有来接受心理辅导，他很可能又将这些观念传递给他的子女。现在，他在辅导过程中意识到了父母灌输给他的那些隐性观念，开始质疑并否定它们。和很多有毒的父母一样，面对孩子的觉醒，迈克的父母采取了一些策略，企图重新控制迈克。他们责怪迈克，并收回他们的爱。幸好迈克已经对自己与父母的关系有了新的认识，这一次他并没有重蹈覆辙。

“女人只有依靠男人才能生存”

金，前面提到过，她被喜怒无常的父亲随心所欲地用金钱控制着，也被父母灌输了很多隐性的理念，她描述道：

我父母的婚姻很糟糕，我母亲十分惧怕我父亲，我敢肯定他揍过她，虽然我没有亲眼看到。很多次，当她趴在床上啜泣时，我会去安慰她，那时她会对我说，和父亲在一起是她命苦。我问过她为什么不离开他，她总是说：“你想要我怎么做呢？我什么本事都没有，我根本没法放弃现在的生活，难道你们想要我带着你们去要饭吗？”

父亲的行为让金意识到：女人不依附男人不行，而不知不觉中，母亲又在她心里强化了这一观念。这一观念让金一直依附于她强大的父亲，结果她失去了自尊，也没能和父母建立健康的关系。

有多少对父母，就有多少种不同的教育观念，这些观念就是我们去理解、认知这个世界的框架，它奠定、影响、塑造了我们的感情和行为。当有毒的父母将扭曲的理念灌输给我们时，我们的认知框架、连同我们的感情和行为都发生了歪曲。

规矩：说出口的和未说出口的

父母的规矩来自于父母的观念，和观念一样，规矩也是经过日积月累形成的，既是观念的具体表现，也是实际制约孩子的条框。简单地说，就是“要做”与“不要做”。

例如，一个家庭笃信有信仰的人必须和同样信仰的人结婚，这种观念会产生以下规矩：

- 不要和不同信仰的人约会。
- 只能和教会里的男孩子约会。
- 如果你的朋友和不同信仰的人谈恋爱，你一定要反对。

与观念一样，规矩也分说出口的和未说出口的两种。经常说的规矩可能很随意，但会更清楚一些，例如“每个圣诞节都要在家过”“不许和家长顶嘴”。因为说出口的规矩具体明确，成人后的我们会审视、质疑，甚至推翻它们。

但是未说出口的规矩就如同牵动木偶的看不到的线，父母通过它们在幕后操控着孩子。我们经常都意识不到这些规矩的存在，比如：

- 不许比你爸爸更成功。
- 不许比你妈妈更快乐。
- 不许过你自己的生活。
- 必须永远需要我。
- 不许抛弃我。

李——就是那个网球教练，她母亲为她做这做那，没完没了——就生活在十分消极的隐性规矩之中。当李的母亲打着帮忙的旗号出现在李的身边时，就是在一遍遍地强化这个规矩。当她开车送李去旧金山、打扫李的公寓、为李准备晚饭时，她自己心里的观念是："只要我女儿不能照顾自己，她就得需要我。"这个观念转化成规矩就是——不要自力更生。当然，李的母亲从没有把这条规矩说出口，如果问她，她也会矢口否认自己内心希望女儿永远不能自立。但是她用行为明确地告诉了李怎样才能让母亲高兴——永远依赖母亲。

金的爸爸也是这样，他定下的规矩虽未说出口，却牢牢控制了他女儿的人生。只要金继续选择不能自立的伴侣，只要她不断地寻求父亲的帮助，只要她对父亲的唯命是从继续主导她的生活，她就在默默遵守着父亲制定的隐性规矩——不要长大，永远做爸爸羽翼下的小女孩儿。

未说出口的规矩牢固地控制着我们的生活，想要去改变，我们首先要理解它们。

盲目地顺从

如果说观念和规矩是家庭系统的骨骼和血肉，那么“盲目地顺从”就是驱动家庭系统运行的肌肉。

我们对家里的规矩盲目地顺从，因为不这样做，我们就背叛了家庭。与对家庭的忠诚相比，对国家、政治理想和宗教的忠诚在强度方面就相形见绌了。我们对家庭都十分忠诚，这种忠诚把我们和家庭系统，和我们的父母，和他们的观念紧密相连。正因为这种忠诚，我们去遵守家庭的规矩。如果这些规矩是合情合理的，就可以为一个孩子的健康发展提供伦理道德的框架。

但是，在有毒的家庭中，这些规矩的基础是扭曲的家庭角色以及对于现实的歪曲看法，盲目地遵从这些规矩，只能导致孩子毁坏性的、自暴自弃的行为。

曾被父亲殴打的凯特向我们展示了想要逃离盲目顺从的束缚有多艰难。

我想变好，不想再抑郁下去，我不想再搞砸我的感情，不想继续过现在的生活。我不想再愤怒、再恐惧。但是每当我采取一些积极的措施，我就会搞砸，好像我很害怕告别这种痛苦似的，这种痛苦已经成了惯性，仿佛我就应该承受这种痛苦。

凯特只是在遵守着她父亲的规矩，“接受事实吧，你是个坏孩子”“不要快乐”或者“承受痛苦”。每次她要推翻这些规矩时，她对家庭系统的忠诚就会增强，压倒她的自主意识。她必须遵守这些规矩，遵守规矩所带来的熟悉感令她十分安慰，虽然规矩本身让她十分痛苦，但遵守它们却是一种轻松的选择。

格伦对家庭也很忠诚，他让酗酒的父亲到自己的公司工作，又把自己也需要的钱给了母亲。他觉得如果自己不去照顾父母，他们就没法存活。格伦家的规矩是这样的——尽可能照顾家人，就算牺牲自己也在所不惜。格伦把这条规矩也带入了自己的婚姻，他严格地遵守着这条规矩，把自己的人生奉献给父亲、母亲和他同样酗酒的妻子。

格伦痛恨自己的盲目遵从，可是他无法把自己解脱出来。

当我还是个孩子时，他们从来没有关心过我，我却要照顾他们，这让我十分难过。无论我为他们做什么，都改变不了任何事。我讨厌这样，可是我也不知道还能做什么。

顺从的陷阱

在这里，我们所说的顺从并不是一种自由选择，它绝非思考后选择的结果。朱蒂——她在十岁那年就成了父亲的酒友——突然中断了心理治疗，因为她不断增强的自主意识在强迫她审视和否定她的家庭观念，比如那些说她是个坏孩子的观念。她发现自己正在打破一些伴随她多年的规矩：

- 不要说实话。

- 不要长大，不要离开爸爸。
- 不要拥有健康的感情关系。

写出来我们会发现，这些规矩十分荒诞，有谁会遵守“不要拥有健康的感情关系”这样的规矩呢？不幸的是，真的有人这样做，就是那些有毒父母教育下的孩子们。要知道，这些规矩都存在于我们的潜意识里。没有人会刻意追求不健康的感情关系，可还是有很多人前赴后继地选择和维持着这样的感情。

我让朱蒂检视她的家庭观念，以及她对家庭规矩的遵守对于人生的影响，她变得焦虑，突然中断了治疗。她的行为似乎在说：“我需要恢复健康，但是我更需要服从我爸爸！”

就算父母已经过世，有些儿女仍然以家庭体系为荣。伊莱——拥有很多财富，却生活得如同乞丐一样，在经过几个月的治疗之后，意识到他已经过世的父亲仍在控制着他的思想。

我每次努力让自己活得舒服一点时，都会感到恐惧和内疚，原来我有这些感觉都是因为我不想背叛我父亲。意识到这一点令我很害怕。我过得很好，一点都不用担心自己会突然破产，但我却时常怀疑这一点因为我父亲的声音会回荡在我的脑海里，他在说我的成功不会持久，他在说我约会的女人都在耍我，他在说我的生意伙伴都会欺骗我。我相信了他的话，这一点也令我惊讶。好像让自己活得很惨是我怀念父亲的一种方式。

伊莱所选择的贫穷、匮乏的生活方式为他自己带来了安慰，让他可以一直对自己的家庭忠诚，伊莱践行了父亲的观念（“生活是承受痛苦，而不是享乐”），伊莱也遵守了家庭的规矩（“尽量不要花钱”和“不要相信任何人”）。

盲目的顺从形成了我们人生早期的行为模式，也使我们的行为无法脱离这些模式。在父母对我们的期待和要求与我们对自己的期待和要求之间存在着一个巨大的差距时，不幸的是，在我们的思想里，服从的压力常常要大过我们自己的需要和追求。只有认清我们潜意识里那些具有毁坏性的规矩，让它们现出原形，我们才能彻底抛开它们。我们首先要清晰地认识到这些规律，才能做出自主的选择。

我不知道我们的界限

健康的和有毒的家庭体系最大的区别就在于：家庭成员作为个体，拥有多少表达自己想法的自由度。健康的家庭推崇个性、个人责任和独立，鼓励孩子发展自己的满足感和自尊心。

不健康的家庭不鼓励个人表达，每个家庭成员都必须和有毒父母的思想、行为保持一致。这样的家庭制造了混淆不清的个人界限、不分彼此的家庭成员关系。在潜意识里，家庭成员对于自己和别人的界限、概念混淆不清，为了表示亲密，经常要压制每个成员的个性。

在这样一个关系过度纠缠[1]的家庭里，你需要付出自我，才能换得偶尔

1　过度纠缠（enmeshment）：结构派家庭治疗大师萨尔瓦多·米纽庆（Salvador Minuchin）引入家庭关系中的一个概念，指的是家庭中的个人界限十分模糊，家人彼此之间的关心超过正常限度，导致家庭成员的独立自主性被削弱，甚至丧失。

的肯定和安全感。比方说，你可能不会问自己“今晚我很累，还要不要去见父母呢”，相反你会问：“如果我不去，爸爸是不是会生气然后打妈妈？妈妈是否会喝很多酒然后醉倒在地？他们会不会接下来一整个月都不和我说话？”你会问自己这些问题，是因为你已经知道，如果发生这些状况，你会十分自责。你做出的每个决定都会和你的家人纠缠在一起。你的感受、行为、决定不再是你自己的，你不是一个自主的人，你只是你的家庭体系的附属品。

不同即是不好

当弗莱德决定去滑雪，而不陪家人过圣诞节时，他在试图成为一个个体，把自己从家庭体系中解放出来。可是，他的选择却在家里掀起轩然大波，母亲和兄弟姊妹认为他像圣诞怪杰[1]那样，偷走了他们的圣诞节，不停地责怪他，让他陷入了深深的内疚之中。由于内疚，弗莱德的圣诞节也不好过，本应在阿斯彭的舒缓斜坡上与女友一起滑雪的他，在家人的声讨责怪下，只能独自待在酒店房间里，紧张地抱着电话，向家人解释，请求他们的原谅。

弗莱德只是想做一些对自己有益的事——同时也是家人不允许的事，于是他的家人就结成了联合阵线，共同对抗他。他成了全家的公敌，他的做法威胁到了家庭体系的安全，于是家人带着愤怒指责他、批评他。由于弗莱德和他的家庭体系紧密相连，自责就足以将他拉回，并重新禁锢到家

1 《圣诞怪杰》，2000年上映的美国喜剧电影，讲述了一个叫格林奇的绿毛怪策划偷走整个圣诞节，后来被真情感化的故事。

庭体系中。

在和弗莱德家同类型的家庭中，孩子的自我认知和安全感取决于与家人紧密的依存感，孩子逐渐在与家人纠缠不清的体系里形成了一种需求，想成为别人的一部分，也想要别人成为自己的一部分，不能接受被排除在外的感觉，这种想与家人不分彼此的需求会被他们带入自己的成年生活中。

金就有这种需求，在她结束自己的婚姻时，曾经在内心同这种需求抗争过。

虽然我的婚姻不是很完美，但至少我觉得自己是他的一部分。婚姻结束时，他离开了，我突然觉得很害怕，好像一下子一无所有了。我觉得自己不存在了，只有当我和一个男人在一起，他告诉我我很好时，我才会觉得自己没事。

当金还是个孩子时，她和自己强势的父亲之间形成了一种不分彼此的紧密关系，这种关系为金带来的是一种不稳定的安全感。当金企图独立，不再依赖父亲时，父亲会想方设法压制她的独立。而作为一个成人，金只有同一个男人建立了不分彼此的紧密关系时，才能获得安全感。

不分彼此的亲密关系导致了孩子完全的依赖，依赖来自于外界而非自身的认可和准许，这些认可和准许会首先来自父母，而后恋人、老板、朋友甚至陌生人，都可能取代父母的位置。像金这样的成年人，由于其生长的家庭不允许任何自主和独立，会逐渐变得丝毫没有主见，永远都在寻找可以依赖的人。

保持家庭的平衡

我们在迈克的案例中可以看到，只要没有人试图脱离家庭，所有人都遵守家庭规矩，一个不分彼此的家庭就可以维持对于爱和稳定的幻觉。当迈克决定搬出去住、结婚、组建自己的家庭、脱离父母生活的时候，他在不知不觉间打破了家庭的平衡。

为了达到某种稳定，每个家庭都形成了自己的平衡。只要每个家庭成员在交流沟通时都依照特定和一贯的方式，家庭的平衡，或者说各种力量的均衡，就不会被打破。

平衡这个词意味着平静和秩序，但在有毒的家庭体系中，维持平衡却成了一种类似走钢丝的高危运动。在这样的家庭中，混乱就是生活的常态，大家都依靠混乱来生存。我们前面所说的有毒行为，甚至包括殴打和乱伦，都是为了维持家里岌岌可危的平衡。事实上，为了不失去平衡，有毒的父母甚至会制造更多的混乱局面。

迈克的案例就是一个典型的例子。如果他的母亲在家闹得天翻地覆，迈克就会因为自责而听话地回家，他会为了恢复家里的平衡而做任何事，甚至乖乖交出自己的自主权。家庭体系的毒性越深，越不费吹灰之力就可以打破平衡，而不平衡的状态也越可能威胁到家庭的存亡。这就是为什么有毒的父母会对一点小分歧都草木皆兵，因为这一点分歧随时可能会令他们的生活瓦解。

格伦曾经说了实话，打破了家里的平衡，他回忆道：

二十岁那年，有一天，我决定和我爸开诚布公地谈谈他酗酒的事。我虽然害怕，但是我知道避而不谈是不对的。我决定告诉我爸，我不喜欢他喝酒之后的行为，不希望他继续这样。之后的事情有些出乎我的意料，当我说出自己的想法之后，我妈突然开始替我爸辩护，让我有些后悔提出这件事，而我爸则对一切都矢口否认。我看向姐姐们，希望她们可以支持我，却发现她们只想息事宁人。我感觉很糟，好像自己做了错事，事实上，我揭露了真相：我爸爸是个酒鬼。我想要解决问题，但最终却很懊悔自己的做法。

我问格伦，他这种试图揭露真相的行为是否对家人间的交流产生了影响。

影响出乎意料！我好像突然间成了传染病人，家里没人愿意和我说话，就好像他们都不认识我了，当我不存在。我无法忍受被家人忽视的感觉，所以只能闭口不谈酗酒的事。这一闭口，就又过了二十年，到了现在。

在格伦家，每个人都在家庭体系中扮演着不同的角色：父亲扮演的是酗酒者，母亲扮演的是共依存者，而孩子们，由于角色置换的原因，扮演的却是父母。这种角色分配在格伦家既惯常，又熟悉，因此令每个家人都感到很安全。而当格伦想要去推翻这些角色时，他的行为威胁到了家里的平衡，于是他遭受了在情感上被隔离和孤立的惩罚。

一点小事就会引发有毒的家庭体系的危机：父亲失去工作、某位亲属离世、家里多了新成员、女儿花很多时间去陪新交的男朋友、儿子搬出家住、母亲生病等。当格伦揭露父亲酗酒的真相时，格伦的家庭选择了消极对待。许多有毒的父母都会在危机面前选择同样的做法：拒绝面对、讳莫如深，或者更糟糕的，胡乱责怪，而责怪的对象往往是孩子。

有毒的父母如何应对危机

在相对正常的家庭里，面对生活的压力，父母会试图解决问题。他们会坦率地交流，探索更多的解决途径，如果需要，他们并不排斥寻求外界的帮助。可是，有毒父母的做法却截然相反，当家里的平衡被打破时，他们会宣泄心中的恐惧和懊恼，从不考虑这样做会对孩子造成什么影响。他们的应对很死板，但却是他们熟知的方式，比如以下这些：

1. 矢口否认。如你在本书中所看到的，否认事实，拒不面对一直是有毒父母为重新获得家里平衡而采取的首选手段。这种手段分为两个方面："一切都没问题"和"出了一些问题，但以后不会再发生"。通过否认问题，有毒父母将自己的毁坏行为或淡化、忽略，或一笑了之，或强词夺理，或重贴标签。重贴标签是否认的一种方式，将问题掩盖在委婉的说法中，例如将一个酗酒的人称为"社交饮酒者"，而一个实施家暴的人则被称为"厉行纪律的人"。

2. 推诿指责。这种应对手段也有两个方面：父母可能会因自己所承受的不快，以及因这种不快所引发的有毒行为而责怪孩子。例如，一个没能保住工作的父亲会责怪儿子懒惰懈怠；而一个酗酒的母亲则会说都是因为女儿，自己才会生气喝酒。有毒的父母经常采用这两种方式来逃避自己的责任，他们需要找到替罪羊，而这个替罪羊往往是家里最无力保护自己的孩子。

3. 强行阻挠。当父母中的一方不能履行职责时——比如父亲或母亲疯狂酗酒、生病、使用暴力，其他的家庭成员就会主动承担起拯救者和照顾者的角色。这样一来，家里就形成了虚弱/强势、不好/好、生病/健康的平衡。如果不能履职的一方家长开始痊愈或者接受治疗，就会威胁到家庭的平衡，其他家庭成员（尤其是另一方家长）会不自觉地阻挠其痊愈或治疗，设法使家里每个人都回归到原来的角色。当一个问题重重的孩子开始进步的时候，同样的阻挠也会发生。我就曾目睹过，当孩子在心理治疗中日渐好转时，有毒的父母强行中断了治疗。

4. 三角关系。在有毒的家庭体系中，一方父母会将孩子作为自己的知己或盟友来共同对抗另一方父母。孩子被迫要在父母之间选择自己的立场，深陷不健康的三角关系，内心充满压力和痛苦。当母亲说“我和你爸爸在一起很痛苦”，或者父亲说“你妈妈不愿意和我住在一起”时，父母不愿意去面对问题和解决问题，只宣泄了他们心中的不快，却把孩子当成了情感的垃圾桶。

5. 保守秘密。秘密帮助有毒的父母将家庭变成一个私密的俱乐部，拒绝一切外来的访问。这样一来，家人间形成了紧密的联盟关系，尤其当家里的平衡受到威胁时，这种联盟会愈加紧密。当一个孩子和老师撒谎说自己身上的伤是摔下楼梯所致时，他正是在保护家里的联盟不受外界的干预。

当我们从家庭体系这一角度来审视有毒的父母——他们的观念、规矩，以及我们对于这些规矩的顺从时，我们更多关注的是我们的自我破坏行为。我们更进一步地理解了父母那些有毒行为的成因，也会最终理解我们自身行为的原因。

理解是改变的开始，会带来新的人生选择。但只是换个角度看问题是远远不够的，真正的自由要靠我们改变自身的行为。

第二部分

拥抱你的内在小孩

Part Two

关于本书后半部分的内容

现在，我们的重点已经从父母对我们做了什么，转移到了我们还能为自己做些什么以减少父母对我们的影响。为了帮助大家改变自暴自弃的生活模式，成为理想中的自己，我会在这一部分提供给大家一些具体的做法和行为策略。

这些策略并非意在取代心理治疗的作用，而是提升心理治疗、互助小组或者十二步治疗法的效果。你或许会选择独自完成这项任务，但如果你是身体虐待或性虐待的受害者，我相信这些专业的治疗对你来说是非常必要的。

如果你依靠吸毒或酗酒来麻痹自己，在尝试本书中的策略之前，你必须先解决自己的毒品、酒精上瘾问题。如果你被毒瘾和酒精控制，就绝无可能重新掌控自己的生活。因此，我坚决主张有毒品或酒精依赖的咨询者在接受心理治疗的同时，也参加其他治疗项目，比如嗜酒者互诫协会或者互助戒毒会。只有在戒酒或戒毒至少六个月之后才可以采用本书中的策略，因为在恢复初期，你还需要适应一些陌生的情绪和感受，而且，在这一时期，不断揭开伤疤并对痛苦的童年经历做深入的探究也存在一定的风险：你很可能会再度陷入吸毒或酗酒的泥沼。

我不会说遵循本书的方法，你的所有问题将会在一夜之间迎刃而解，这既不现实也不负责任。但我可以向你保证，采用本书的策略，你将发现令人振奋的、与父母以及其他人相处的新模式。你将重新界定自己，找到适合自己的生活方式。你将重建全新的自信和自我价值。

第九章

“我认为上帝想让我好起来，而不是想让我原谅”

——原谅的陷阱

只有释放了内心的悲痛和愤怒，只有将责任归于那些应该负责的人——你的父母之后，真正的解放才能降临。

在我职业生涯早期，我也相信原谅那些曾经伤害过我们的人，尤其是父母，是治疗过程中的一个重要部分。我那时常常鼓励咨询者——其中很多人都遭受过严重的伤害——去原谅残忍虐待过他们的父母，而且，有许多咨询者声称已经原谅了自己有毒的父母。但是我发现，他们的状况往往并没有因为原谅而有丝毫改善，他们还在为自己难过，仍然存在心理问题。原谅这一举动并没有给他们的生活带来本质的、持久的改变，其中有些人甚至觉得心里更加不舒服，他们会说“可能我还不够宽容”“我心里并没有真的原谅”“难道我连原谅这件事都做不好吗”……

原谅的陷阱

我曾经有位咨询者，她的治疗过程令我印象深刻，她的案例为我们展示了不成熟的原谅可能引发的典型问题。这位咨询者叫作斯蒂芬妮，二十七岁，是一位虔诚的基督徒。十一岁时，斯蒂芬妮被她的继父强奸了，之后他还持续折磨了她一年，直到斯蒂芬妮的母亲（由于其他原因）将他赶出门去。接下来的四年里，她母亲的几任男朋友都曾猥亵过年幼的她。在十六岁时，她离家出走，成了一名性工作者。几年后，她差点被自己的一名顾客殴打致死。在医院养伤期间，她认识了一位护工，那位护工劝她一起去参加教会活动。几年后，他们结婚并有了一个儿子。斯蒂芬妮很努力地重建自己的生活，但是，虽然有了新的家庭和新的信仰，她的内心仍然充满了苦涩。在来到我的诊所之前，她已经花了两年时间来治疗自己的心理问题，可是她严重的抑郁却没有得到任何缓解。

我让斯蒂芬妮参加了一个由几位乱伦受害者组成的小组。在我们第一次小组活动时，她告诉我们她已经获得了内心的平静，也原谅了她的继父和她冷漠失职的母亲。我对她说，如果她想根治自己的抑郁，则需要先忘记自己的原谅，重拾内心的愤怒。她坚持说她十分相信宽容的力量，她不需要通过发泄愤怒来治愈自己。于是，在接下来的疗程中，我和她之间始终存在着一种角力，既因为我要她去做一些会令她内心痛苦的事情，也因为她的宗教信仰与心理需求互相抵触。

斯蒂芬妮认真地参与治疗，但是她仍旧拒绝唤起自己的愤怒。然而逐渐地，她开始因为其他人的遭遇而表现出愤怒的情绪。例如一天晚上，她拥抱了一位组员，说道："你父亲简直禽兽不如，我恨他！"

几周之后，斯蒂芬妮压抑的怒火终于还是爆发了，她尖叫着诅咒，责骂父母毁了她的童年，又令她成年后还充满苦恼。她发泄之后，默默啜泣。我过去拥抱她，感觉到她全身都十分放松。等她平静下来，我开玩笑地说："一个笃信基督的好女孩应该不会像刚才那样吧？"她说了一句让我很难忘的话：

我认为上帝想让我好起来，而不是想让我原谅。

那一晚，是她整个疗程的转折点。

我们可以原谅伤害过自己的父母，但应该在理清自己的情绪之后再来做这件事，而不是在之前。面对自己的遭遇，我们首先需要发泄愤怒，需要哀悼我们从未得到过渴望许久的父爱和母爱这一事实，不应该去弱化和抹杀曾遭受的伤害。很多时候，原谅和忘记，意味着假装一切都没有发生过。

我还认为，只有当父母努力去求得我们的原谅时，这种原谅才有意义。有毒的父母，特别是那些极其暴虐的，必须承认所发生的事实，承担起责任，并显示出补偿的意愿。如果父母继续虐待我们、否认事实、践踏我们的感受、推诿责任，我们却还单方面地做出所谓的原谅，那么我们的情绪必然会受到很消极的影响，努力地改变也毫无作用。哪怕父母一方或双方都去世，我们也仍可以原谅自己，通过发泄愤怒来去除父母加诸在我们心理上的负担，继续修复受到的伤害。

说到这里，你可能会问，如果不原谅父母，是不是你的后半生都会花在痛苦和愤怒里？有这样的疑问可以理解。事实上，答案是否定的。通过我这些年的诊疗经历可以看出，只有从有毒父母的控制下解放自己，才能获得情绪和内心的真正平静，并不一定非要原谅他们。只有释放了内心的悲痛和愤怒，只有将责任归于那些应该负责的人——你的父母之后，真正的解放才能降临。

第十章

“我已经是个成年人了，可为什么自己感觉不到”
——观念、感受、行为调查表

当你把父母的感受当作你大部分人生决定的基础时，你正在放弃自己的自由选择权。如果在你心中，父母的感受永远占首位，那么你的人生也将由他们驾驭。

中毒的孩子十分需要父母的认可，这种需要使他们不能按照自己的意志生活。诚然，大部分成年人都会与他们的父母在情感上有联系，如果问他们“你可以完全不受父母期待的影响，产生只属于自己的想法、行为和感受么”，很少有人会做肯定回答。请记住，我们和父母之间的角力是很正常的。很少有人可以绝对自主地决定自己的生活，完全不需要父母的认可。我们成年后虽然人离开了家，但心其实并没有离开。

在一个健康的家庭里，孩子与父母建立一定程度的情感联系是有益的，会令孩子具有归属感，也利于家人间的交流沟通。但哪怕是在健康的家庭里，这种亲子关系也有可能会过头，更何况是在有毒的家庭里，其影响将难以预估。

紧密纠缠的亲子关系可以分为两种类型：一种是孩子为了安抚父母而不断地屈服，无论孩子自身有何种需求和期待，他们永远把父母的需求和期待放在第一位；另一种的表现截然相反。当孩子大吼大叫、威胁父母，或者与父母完全形同陌路时，其实他们和父母的关系仍然是密不可分的。这种类型虽然看起来不同，但实质上父母仍然紧紧地控制着孩子的感受和行为。只要你对父母的情感很强烈（无论顺从或抵触），你就仍然赋予了他们在情感上折磨你的权力，使得他们可以继续控制你。

为了帮助大家认清自己和父母之间的关系有多紧密纠缠，我设计了三份调查问卷，第一份关于观念，第二份关于感受，第三份关于行为。通过这三份问卷，我们可以更清晰地了解自己潜藏的观念、感受和行为。

请注意，在问卷中看到“父母”这个词时，你可以依照自己的情况将它替换成“父亲”或“母亲”。

在我和父母的关系中，我是这样认为的

我们曾在第八章读到，观念深藏于我们对于人、关系、道德的态度、认识和定义之中。在你找到自我、改变生活之前，你必须知道错误的观念、消极的感受和自我破坏的行为之间的联系。

第一份问卷将会帮助你认清一些掩盖在你的感受和行为之下的观念。如果认为以下的说法正确，就请在句子前面画“√”。

在我和父母的关系中，我有如下观念：

1. 让父母高兴是我的责任。

2. 让父母自豪是我的责任。

3. 我是父母的全部。

4. 父母没有我活不了。

5. 我没有父母活不了。

6. 如果我对父母据实相告（我离婚、流产、喜欢同性等），就等于要了他们的命。

7. 如果我和父母抗争，我就会永远失去他们。

8. 如果我告诉父母他们伤我多深，他们将永远不再理我。

9. 我不应该说任何伤害父母的话，也不应该做任何伤害父母的事。

10. 父母的感受比我的更重要。

11. 和父母沟通没有任何意义，因为那样做不会有好结果。

12. 如果父母可以稍稍改变，我的自我感觉会更好。

13. 我这人太顽劣了，所以我必须补偿父母。

14. 如果我可以让父母了解他们对我的伤害，他们会有所改变。

15. 不管父母做什么，他们都是我的父母，我必须尊敬他们。

16. 父母完全无法控制我的生活，因为我一直都在和他们斗争。

如果这些观念有四条以上适用于你，说明你仍然处于和父母的纠缠关系之中。你也许很难接受这个事实——以上所有的观念都具有自我破坏性。它们会阻碍你成为一个独立的个体。它们加大了你对父母的依赖，剥夺了你作为成人的权力。

“我永远都不可能战胜父母，我的父母拥有至高无上的权力”，这样的错误观念会让你无助、害怕、烦恼和不知所措。你努力想要克服这些消极的感受，于是就会自觉地在和父母的分歧中退让、屈服，顺从他们的要求；也可能为了逃避这些感觉，你会在毒品和酒精里寻求安慰。所有这一切都始于错误的观念。

在这些错误观念中，有一些将父母的感受都看作你的责任。有毒的父母有了烦恼，就只会责怪别人，而这个别人往往是他们的孩子。如果你一直以来受到的教育是，你要对父母的感受负责，那么你也许就相信你具有让父母——或者其他任何人——高兴或悲伤的能力。

许多人类行为学家都认为一个人无法“使”别人产生什么感受——每个人都要为自己选择的感受负责任，我却不这样认为。我觉得我们的确在情感上影响着那些与我们紧密相连的人，但对别人的感受产生影响和全权负责是不能等同的。比如说，当你受到伤害时，你需要找到安慰自己的方式，这是你的责任，所以，当你的父母受到伤害时，他们也有责任找到自我安慰的方式。

如果你对母亲没有任何残忍、虐待的行为，只是与她不认可的人结婚，或者去外地工作，可是她却因此而伤心难过，那么她有义务去自己平复情绪，重拾快乐。你可以说一些类似“我很遗憾你不开心”的话，这很恰当，但是你没有义务单单为照顾母亲的心情而改变自己的人生计划。当你为了母亲的心情而忽视自己的需求时，你并没有为你自己，甚至你的母亲带来任何好处。你稍后不可避免地会愤怒，会埋怨她，这些情绪最终会影响你和母亲的关系。当你积极努力地解决问题，却仍不能使你的母亲满足高兴时，你会更加自责和不知所措。

当你把父母的感受当作你大部分人生决定的基础时，你正在放弃自己的自由选择权。如果在你心中，父母的感受永远占首位，那么你的人生也将由他们驾驭。

想想还有哪些观念阻碍你像理智的成年人一样处理与父母的关系，把它们都添加到问卷里。稍后我会让你做一个简单的练习，而这份问卷是练习的一部分。

错误的观念，痛苦的感受

自我毁灭性的观念常常会带来痛苦的感受。通过审视你的内心感受，你会开始理解带来这些感受的观念和由这些感受所导致的行为。

许多人认为，我们的感受是我们对外界事物的反应，但事实上，所有的感受，甚至那些最强烈的恐惧、快乐或痛苦，都来自于我们的内心观念。

例如，你很勇敢地告诉你酗酒的父亲，如果他继续酗酒，你就不会再和他一起生活。他听后开始大吼大叫，咒骂你忘恩负义、目无尊长。于是你觉得很内疚。你可能认为你的内疚、自责是由父亲的行为导致的——你只说对了一半。在感受产生之前，你脑海里的一些观念——对于这些观念你可能都毫无知觉——就开始发挥作用。这个例子涉及的观念可能是“孩子不应该和父母顶嘴”或者“父亲是个病人，我应该照顾他”。正因为这些深藏的观念是错误的，你才会觉得内疚、自责。

当你面对一些状况，需要做出情感反应时，家庭观念会不知不觉地快速划过你的脑海。这些观念总会先于你的感受出现。想要明白这一事实，需要的可不只是一次心理问卷练习。

理解你的观念和感受之间的关系，是停止自我毁灭性行为的重要一步。

在我和父母的关系中，我是这样感觉的

我们对父母都有强烈的感情。有些人经常会感受到，但有些人为了避免被这种强烈的感情灼伤，反而将它深埋在心里。

在你童年时，可能有人和你反复说过感觉麻木是最安全的；可能你因为表达自己的感受而被惩罚过；又或者你的感受太痛苦了，为了继续生活下去，你只能将它们深藏在心里；可能你要说服自己你根本没有在意；也可能你要向父母证明他们不能伤害到你。

作为一个成人，现在让你重新打开情感的阀门可能很难，你也很难看清强烈的感情与你过去和现在的亲子关系之间的联系。我们整本书讨论的感受和情感对你而言可能很陌生。可能你的自我描述就是麻木和冷漠，或者你相信自己没有任何感觉，不会付出爱和关怀。如果这样，说明你童年曾遭遇十分强烈的感情，而你需要大量的自我麻痹才能过渡到成年期。

如果你的感情已经被深藏，你可以通过以下这份问卷来重新将它们拾回。你也可以试着想象这些感受都属于另一个人，那个人同父母之间的关系和你的一样。很多人发现，如果不接受治疗，他们将无法找回自己的感受。但其实你并没有丢失这些感受，只是把它们放错了位置。然而，无论如何，你必须重新拥有感受，才能获得心理痊愈。

很重要的一点是，当你开始让一些尘封许久的感受涌上心头时，你要放慢节奏，开始的一段时间有些烦恼是正常的。许多参加治疗的咨询者都想马上恢复，然后他们会发现，要想痊愈，需要先经历一些痛苦和不快，于是他们很沮丧。其实，心理治疗就如同一场情感的手术，和外科手术一样，我们必须先清理伤口，然后才能等待它愈合；而想让疼痛最终消失，我们

需要很多时间。但是，当痛苦开始时，我们知道痊愈的过程也开始了。

为了让我们更清楚自己的感受，我将它们分为四类：内疚、害怕、难过、愤怒。我们在这里只关注这四类惯常的消极感受——它们常常给我们带来麻烦。

如果以下说法十分恰当地描述了你的感受，就请在句子前面画“√”。

在我和父母的关系中，我有如下感受：

1. 当我没有顺从父母的期待时，我感到内疚。
2. 当我的行为令父母失望时，我感到内疚。
3. 当我不听从父母的意见时，我感到内疚。
4. 当我和父母争论时，我感到内疚。
5. 当我对父母感到气愤时，我感到内疚。
6. 当我令父母失望，或者我伤害到他们的感情时，我感到内疚。
7. 当我为父母做得不够多时，我感到内疚。
8. 当我不能每件事都按照父母的要求去做时，我感到内疚。
9. 当我拒绝父母时，我感到内疚。

10. 当父母对我发怒时，我感到害怕。
11. 当我对父母发怒时，我感到害怕。
12. 当我要告诉父母一些可能他们并不想知道的事情时，我感到害怕。
13. 当父母威胁要收回他们对我的爱时，我感到害怕。
14. 当我不同意父母的意见时，我感到害怕。

15. 当我和父母抗争时，我感到害怕。

16. 当父母不开心时，我感到难过。

17. 当我知道自己令父母失望时，我感到难过。

18. 当我不能为父母创造更好的生活时，我感到难过。

19. 当父母说我毁掉了他们的生活时，我感到难过。

20. 当我做自己想做的事，却伤害到父母的感情时，我感到难过。

21. 当父母不喜欢我的（丈夫、妻子、恋人、朋友）时，我感到难过。

22. 当父母批评我时，我感到愤怒。

23. 当父母企图控制我时，我感到愤怒。

24. 当父母对我的生活指手画脚时，我感到愤怒。

25. 当父母对我的想法、感受、行为指手画脚时，我感到愤怒。

26. 当父母告诉我该做什么、不该做什么时，我感到愤怒。

27. 当父母命令我时，我感到愤怒。

28. 当父母企图通过我实现他们自己的理想时，我感到愤怒。

29. 当父母期待我照顾他们时，我感到愤怒。

30. 当父母拒绝我时，我感到愤怒。

如果你有哪些感受没有包含在问卷里，请把它们添加进去。也许你会添上一些生理反应，这些反应由父母引发，是我们表达痛苦的途径。在我们不敢同那些伤害我们的人表达感受的时候，这种途径尤其必要。当我们不能用语言表达时，我们的身体就成了反映情绪的唯一方式。特定的生理症状受到很多因素的影响，例如家族病史、个人体质、身体某处的疾病不足、性格以及情绪 。有毒父母的孩子常常饱受这些症状的折磨——头痛、胃痛、肌肉紧张、疲劳、厌食、贪食、失眠、恶心等。如果出现这些症状，一定要重视，因为这些症状一旦加重，会发展成由压力引发的疾病，如心血管或胃肠疾病，严重时可能致命。因此。虽然我们确定这些症状是由情绪不调引起的，但如果症状持续出现，我们就应该尽快寻求治疗。

如果以上的感受有三分之一以上适用于你，说明你仍然处于和父母的纠缠关系之中，你的情绪仍然由父母紧紧控制。

找到两者间的联系

请你试着在适用于自己的每一条感受后面加上“因为”二字,在“因为”的后面附上第一份问卷里面的相应内容。这种连接可以帮助你弄清楚自己某些感受产生的原因。例如：

当我令父母失望时，我感到内疚，因为我不应该说任何伤害父母的话，也不应该做任何伤害父母的事。

或者：

当我知道自己令父母失望时,我感到难过,因为让父母高兴是我的责任。

当我对父母发怒时，我感到害怕，因为如果我和父母抗争，我就会永远失去他们。

一旦你做出这些重要的连接，可能就会惊讶于你很多的感受竟然都根植于你的观念。这种连接对你十分重要，因为只要你找到了感受的根源，就可以开始控制它们了。

在我和父母的关系中，我是这样做的

观念衍生出规矩，内心的感受令你必须遵守这些规矩，于是你的行为就产生了。想要改变自己的行为，你就要根据这个公式倒推回去，改变自己的观念和感受，从而改变规矩。

当你意识到行为产生于观念和感受时，你就会明白自己某些行为的原因。

以下问卷中的行为可能产生于前面我曾列出过的一些观念和感受，这些行为大体可分为两类：顺从型和对抗型。如果以下哪种说法符合你的行为，就请在句子前面画“√”。同样地，如果你发现自己的一些自损行为未被包含在问卷里，请把它们添加在后面。

在我和父母的关系中，我有以下行为：

顺从型行为

1. 无论我的感受如何，我经常向父母屈服。

2. 我经常对他们隐藏我的真实想法。

3. 我经常对他们隐藏我的真实感受。

4. 我经常表现出自己与父母之间一切都很好，尽管事实并非如此。

5. 和父母在一起时，我经常装模作样。

6. 凡事只要涉及父母，我总是出于内疚或恐惧去完成，而不是出于内心的自由选择。

7. 我非常努力地改变着父母。

8. 我非常努力地想让父母了解我的想法。

9. 在我与父母的矛盾中，我经常充当和事佬。

10. 我经常要在自己的生活中做出痛苦的牺牲以取悦父母。

11. 我一直在保守着家庭的秘密。

对抗型行为

1. 为了向父母证明我是对的，我总是和他们争执。

2. 我总是做一些父母不喜欢的事情，向他们证明我是自主的人。

3. 我经常对着父母吼叫、诅咒，以显示他们控制不了我。

4. 我经常要控制自己，否则就会对父母拳脚相向。

5. 我曾大发脾气，表示再也不与父母来往。

如果以上的行为有两种或两种以上适用于你，则你和父母的纠缠关系仍然是你人生的一个难题。

不难看出，顺从型行为的确是我们独立的阻碍。但对抗型行为背后也蕴含着纠缠关系，这并不是很容易看出，因为对抗型行为看似使我们和父母渐行渐远，带给我们一种在同父母抗争、没有屈服的错觉。事实上，对抗行为仍然是由纠缠关系引起的，具体原因有以下几个：

首先，我们在对抗型行为中表达的感情十分强烈；

其次，对抗型行为重复发生，已经成为我们的惯常行为；

最后，对抗型行为并不是我们自由选择的结果，而是我们保护自己、证明自己独立的一种行为。

顺从型行为和对抗型行为只是表现形式相反，它们的性质是一样的。

对调查问卷的反馈

卡罗尔，那位受到父亲的言语虐待的女士，把自己几份问卷的答案连接起来后十分震惊。她发现，虽然自己已经五十二岁了，却还在感情上和父母纠缠在一起。

我十分羞愧。我已经步入了中年，结过三次婚，一个儿子已经长大，可是我的父母竟然还在控制着我。你能相信吗？我几乎勾选了每一条观念和感受。而说到顺从，什么时候我这榆木脑袋才能明白我父母绝对不会改变呢？他们一直以来都很残忍，不为我着想，我想他们永远都不会改变。

我告诉卡罗尔，当一个人以为自己是成年人，却突然发现自己还在父母的控制之下时，难免会觉得羞愧和尴尬。我们更愿意相信自己是独立的个体，能够为自己的人生做决定。

卡罗尔也许是对的：她的父母的确永远都不会改变。但是她可以改变自己。想要将那些自我毁灭性的理念和感受从大脑中驱除，第一步是要先弄明白它们之间的连接为何如此紧密。

和我的很多咨询者一样，卡罗尔一开始也生气地拒绝承认自己仍被父母掌控。她想马上跑回家，当面和父母对质。如果你也想这样做，先克制住自己，因为现在还不是时候，冲动的行为总是会弄巧成拙。

情绪激动时，避免同父母接触、对质。你的想法和判断都会受到情绪的影响而出现偏差。

我们有充足的时间来将自己新的认知融入具体生活中。首先你需要制订一个行动计划。

要记住，这只是你漫长恢复过程的开始，你无法在一夕之间痊愈。以上的调查问卷只是你自我探索的开始，你的面前还有很多复杂的、令人困惑的问题要解决。如果没有探查好水底岩石如何分布，我们不会贸然潜入水中。你过去的生活方式问题重重，甚至充满毁灭性，无论这种毁灭的力量是强是弱，你都不可能在很短的时间之内改变它。你需要做的是开始质疑那些隐藏在你脑海中的错误观念和自我毁灭性的行为，将它们抛弃，拥有真正的自我。但是，在那之前，你得慢慢探寻你真正的自我到底是何模样。

第十一章

“我就是没办法丢下他们不管”

——自我界定

人们在情感受到威胁或攻击的时候往往反应最为敏感，一触即发。这种敏感反应会出现在他们的每一段关系中——与恋人、与上司、与孩子或与朋友。但是，在与父母的关系中，这种反应最为强烈。

情感上的独立并不意味着你要同父母彻底断绝联系，而是说你既是家里的一分子，同时也是一个独立的个体。这意味着你可以做自己，你的父母也无须改变他们原本的样子。

如果撇开父母（或其他人）的灌输和影响，你仍可以自由地拥有自己的信念、情感和行为，那么你就进行了“自我界定”。如果父母不喜欢你的做法和想法，你将不可避免地忍受一些不快。在你没有为了他们义无反顾地改变自己的时候，也要忍受他们对你的不满。即使你的某些观念与父母一致，或者你的行为得到了他们的赞许，对你来说，拥有选择的权利以及质疑他们的自由仍然至关重要。

这并不是说我在鼓励你无视别人的情感，或者全然不顾你的行为可能对别人产生的影响。但你也不能允许他们对你恣意妄为。我们都应该在照顾好自己和关心他人的情感之间找到一种平衡。

没有人的自我界定是完全准确的。我们都是庞大社会中的一部分，都渴望获得别人的认可。没有人能完全摆脱情感依赖，不论何种形式，也极少有人愿意这样做。人是社会性动物，人与人之间的开放式关系需要一定的感情上的相互依存。也正因为如此，自我界定在某种程度上必须具备灵活性。向父母妥协也没什么错，只要是出于你自己的主观意愿。我想说的是，保持你情感的完整性，忠于你内心的真实想法。

自我界定≠自私自利

很多人不敢维护自己的权利，因为他们混淆了自我界定和自私之间的差别。自私这个字眼开启了我们所有的愧疚感。桑迪——那位因十五岁时的一次流产而在成年后继续忍受父母惩罚的花艺设计师——为了避免被打上自私的标签，而让自己陷入了情感的炼狱。她是这样说的：

我想说的是自己左右为难的困境。可能我的整个生活都被自己给毁了。我的父母正在重新装修房子，上周母亲打电话来告诉我，装修噪音快把她逼疯了，所以她和父亲想搬过来和我们一起住，直到工期结束，大概是几周的时间。我真的不想答应，可是我又能怎么办呢？要知道，他们毕竟是我的父母。当我丈夫知道这个消息时，他几乎要崩溃了，因为他最近正在处理一个大项目，客房已经被用作办公室了。于是他让我给母亲回个电话，建议他们去宾馆住，那样或许更方便些。结果，这通电话让母亲火冒三丈，训斥了我半个小时，说我有多忘恩负义，多自私，他们为我付出了那么多，我却连这么一点小事都做不到。我只好告诉她，我会再和比尔商量一下。可我知道他还是不会同意的。我该怎么办啊，苏珊?

我建议桑迪借这次小冲突的机会开始一个自我界定的过程。她应该好好审视一下这次矛盾，将其视为她与父母间层出不穷的问题中的最新例子，而不是一次孤立的事件。引发这一矛盾的不是父母搬来同住的要求，而是她抚慰安置他们的自动化反应[1]。如果她想打破这种格局，首先要将自己的需求和父母对她的要求区分开来。我问她是否清楚自己的需求。

桑迪："我能想到的第一件事就是希望我的父母别来打扰我。我不愿意他们过来同住。这太可怕了。承认自己有这种想法就足以让我感到愧疚，毕竟孩子有义务照顾父母。或许只有答应了他们同住的要求，我的心里才会踏实吧。同比尔吵架总比应付他们容易多了。为什么我就不能让大家都满意呢?"

苏珊："你来回答这个问题。"

桑迪："我不知道该怎样回答。这也是我来这儿的原因。我知道以现在的情况来说，我不愿意他们搬来同住，但是我爱他们——我就是没办法丢下他们不管。"

苏珊："我不是让你不管他们。我是让你想象一下，如果可以偶尔对他

1　自动化反应（automatic reaction）：即无意识的选择。每当发生一个类似的或相同的情境时，我们的反应都是雷同的，在心理学上称为自动化反应，又称防御机制。

们说‘不’，如果给为他们做出的牺牲设定限制，事情会有什么样的变化。开始‘自我界定’吧，桑迪。做决定的时候，要以自己的愿望和需求为出发点，而不是以你父母的愿望和需求作为衡量标准。”

桑迪：“这听起来很自私。”

苏珊：“偶尔自私点也没关系的。”

桑迪：“我想做个好人，苏珊。从小到大我受到的教育都是好人就要帮助别人。”

苏珊：“亲爱的，如果你对自己能像对你父母一样好，或许就不用到这儿来了。你是个非常好的姑娘，对所有人都好，除了你自己。”

桑迪：“可是，为什么我这么难过呢？”

桑迪哭了。对她来说，向母亲证明自己并非自私，也没有忘恩负义实在太重要了，为此她甚至愿意让自己的夫妻感情和婚姻陷入混乱。

桑迪一生中的许多重大决定都是建立在对父母过度的责任感这一基础之上的。她坚信自己有义务将自己的需求置于父母的需求之下。她很少能按照自己的意愿行事，这造成了她内心压抑多年的愤怒和个人满足感的缺失，而这些最终表现为她的抑郁。

和大多数人一样，桑迪对父母的反应几乎是自动的、下意识。在做出反应时，我们往往不假思索、不听劝告，也不考虑其他选择。人们在情感受到威胁或攻击的时候往往反应最为敏感，一触即发。这种敏感反应会出现在他们的每一段关系中——与恋人、与上司、与孩子或与朋友。但是，在与父母的关系中，这种反应最为强烈。

你对他人的反应取决于他人对你的认同感。只有在没人反对你、批评你、厌恶你的情况下，你才会产生良好的自我感觉。你的感情相对于激发这些感情的事件来说往往过于激烈。你可能会把一个小小的建议看作人身攻击，把有建设性的微小批评看作个人的失败。没有了别人的肯定，连维持最起码的情绪稳定都会十分艰难。

其实，你的这些回应等于是在说“每次母亲告诉我该怎么生活时，我都要发疯了”“他们非常懂得如何控制我，我总是无力招架”，或是“只要听到父亲的声音我就生气”。当你任凭你的情感反应变得一触即发，就意味着放弃了自我控制，把自己的情感拱手交到别人的手上，也就给了对方掌控你的巨大能量。

少一些反应，多一些回应

反应的对立面是回应。在你做出回应时，你在感受的同时也在思考。你能意识到自己的感受，但不会任凭它们驱使你冲动行事。

回应也可以让你保持自我价值感，不管父母对你作何评价。这对你来说是极为有益的。别人的想法和感觉再不会将你拖入自我怀疑的深渊。在与其他人周旋时，你将看到各种全新的选择，拥有更多的选择权，因为你的思维方式和理智并未被情感所蒙蔽。回应会将生活的许多控制权重新交还到你手上。

桑迪应该少做反应、多做回应。我告诉她，行为方式的改变对任何人来说，都需要一番努力，包括我自己。但是我向她保证，只要她愿意努力便可以做到。她愿意。

我让她做的第一件事，就是承认她对自己的大部分看法其实来自父母的说法——来自他们对她的界定。这个定义的负面部分包括他们坚称的桑迪的自私、忘恩负义和卑劣。桑迪用了很多年的时间来内化这些负面的自我形象，所以，要改变她的观念也不能急于一时。但我还是教了她一些适用于治疗初期的行为策略，让她可以慢慢形成对真实的自我更为实事求是的看法，以取代父母对她的定义。

我让她想象我是她的母亲。通过角色扮演，我希望她可以找到一种应对母亲批评的新方法，而不是她一贯的妥协投降。

苏珊（饰母亲）："你自私！你忘恩负义！"

桑迪："不，我没有！我总是为别人着想。我总是为你着想。我尽我所能地避免伤害到你和父亲。不管多累，我都会带你出去逛街购物，请你和父亲到家里吃饭，难道不是吗？不管我为你做什么，你永远都不满足。"

我告诉桑迪，她这是在为自己辩护，她仍在道歉、证明和解释。她必须放弃"让他们明白"的无谓努力。只要她还渴望得到母亲的认可，就得受人摆布。如果她想要脱离掌控，就要采取非辩护性回应[1]。也就是说，你要在交涉过程中尽可能地化解过激情绪。

为了让她明白我的意思，我与她对调了角色。由桑迪来扮演她的母亲，而我扮演桑迪。

桑迪（饰母亲）："我和你父亲需要有个住处。你真是自私又忘恩负义。"

苏珊（饰桑迪）："哎呀，妈妈，你看问题的方式真有意思。"

1　非辩护性（non-defensive）回应：指用一种有节制而温和的方式坚定地表明自己的立场。

桑迪（饰母亲）:“我们为你付出了那么多，你居然建议我们去住宾馆，我简直不敢相信。”

苏珊（饰桑迪）:“让你伤心了，我很抱歉。”

桑迪（饰母亲）:“你到底同不同意我们搬过去住？”

苏珊（饰桑迪）:“我得考虑一下。”

桑迪（饰母亲）:“我要你的答复，小姐！”

苏珊（饰桑迪）:“我知道，妈妈，但是我需要考虑一下。”

桑迪（从角色切回现实）:“我不知道该说什么了。”

在这项练习中桑迪惊讶地发现，非辩护性回应可以阻止矛盾的激化。同样重要的是，她再也不必因为极力为自己辩解而被逼到绝境。

使用非辩护性回应

没有人教过我们如何做出非辩护性回应。这也是这项技能不容易被掌握的原因——它需要你学习和练习。另一个原因是，多数人认为，如果他们不在冲突中为自己辩护，他们的对手便会认为他们软弱、好欺负。其实现实中恰恰相反——只有沉着冷静、临危不乱，才能让你保留实力。

学习和使用非辩护性回应（尤其是用来应对有毒的父母）的重要性，如何强调都不为过。这种回应对打破“攻击——撤退——防守——升级”的循环大有帮助。

以下是一些你可以在日常生活中尝试使用的非辩护性回应的例子：

哦？

- 噢，我明白了。
- 这样啊。
- 你当然有权坚持你的意见。
- 很遗憾，你不赞同这一点。
- 让我想想。
- 很抱歉让你伤心（生气、失望）了。

在用非辩护性回应去与人周旋之前必须先自行演练，这一点非常重要。你可以幻想你的父母就在房间里，正在批评贬损你，这时你便可以大声地做出非辩护性的回应。记住，一旦你生气、道歉、解释或是试图说服他们改变主意，就等于是把大部分的主动权交到他们手上。如果你请求对方原谅你或理解你，那么你就给了他拒绝满足你要求的权利。但是，如果你采用非辩护性回应的方式，你没有任何要求，而当你没有任何要求的时候，就不会遭到拒绝。

一旦你适应了非辩护性回应的方式，下一次与父母以外的人意见相左的时候，便可以试用一下。你可以在与你感情不那么深的人身上试用一下，比如同事或者普通朋友。一开始或许会有点尴尬、不自然，你也可能因屡屡受挫而不自觉地重蹈辩护性回应的覆辙。和任何新技能一样，你必须要不断练习，勇于犯错。最终，它会成为你的第二天性。

表明自身立场

还有另一种行为技巧，我称之为“表明立场”，它可以帮你少做反应，并激励你在自我界定的道路上一路向前。

表明立场可以明确你的想法和信念，什么对你来说是重要的，什么愿意做、什么不愿意做，什么有得商量、什么没得商量等等。这些问题可大可小，小到对某部新电影的看法，大到你对生活的基本信念。当然，在表明立场之前，首先你要明确自己的立场是什么。

当我问桑迪她想对父母的要求作何答复时，她回答道："我不知道。我总担心会让他们感到伤心，根本不知道自己的真实想法。"

桑迪进退两难的处境对终其一生过度尽责于父母的人来说十分常见。如果你以前没有机会进行自我界定的话，现在再去做是很困难的。为了帮助桑迪表明她的立场，我给她列出了可供选择的三种基本立场：

- 我不愿意你们住在我家里。
- 我愿意让你们在指定的、有限的时段里住一阵。
- 我愿意让你们想住多久就住多久。

桑迪认定自己其实根本不愿意让他们来住，但又无法当面直说，所以决定答应他们住一周。她觉得这样处理比较妥善，既维护了自己的需求，也在一定程度上安顿了父母。

不要说"我不能"

桑迪对自己的解决办法并不十分满意。她还是给丈夫以及他们之间的关系增加了负担，她认为这是自己的软弱造成的。她深深地叹了口气，说："我觉得我还是不能违抗父母。"我让她重复这句话，但要把"我不能违抗父母"换成"我还没有违抗过父母"。

“我还没有”暗含着选择，而“不”或“不能”所隐含的意思则截然相反——这是个定局。没有了选择的余地，人们就会陷入纠结烦扰的混乱状态，这也是长久以来将孩子禁锢其中阻碍其成熟的关键因素——孩子的选择是由成人掌控的。说一句“我还没有”，你便打开了通往未来全新行为方式的大门，也就迎来了希望。

有些人认为，如果他们只是将有害行为变换说法称作选择，而不去改变这种行为，就等同于承认失败。我不同意这种观点。在我看来，选择是自我界定的关键。经过选择而所做出的任何决定都能让我们远离消极的反应。权衡各种选择后自觉还无法与父母抗争而向父母投降，和因为绝望而自动放弃抵抗，这二者之间存在着巨大的差异。做出选择就意味着向自我控制迈出了一步，而应激反应则意味着退回受控于人的境地。看起来其中似乎并没有飞跃性的进步，但我可以向你保证，你将取得惊人的进展。

在父母身上试练

我的一些咨询者因为尝试新行为方式时所体验到的成功滋味兴奋不已，并迫不及待地想要在父母身上做出尝试。但也有不少人担心他们的非辩护性反应和明确立场会使父母感到挫败沮丧或是怒火中烧，又或是二者兼而有之。有毒的父母惯于操控子女，一旦得不到他们预期的反应，他们便会烦乱不安。

我给你的建议是：尽管放手去做，越快越好。拖延这小小的第一步，耗上几周甚至几个月来“考虑”只会徒增焦虑。记住：

你已经是成年人了，可以承受追求自主生活的过程中所遇到的不快。

行动总比空想好。你也不必一开始便直奔与父母间最为激烈的情感问题。你可以从一些小事开始，对非辩护性回应的使用加以练习，比如你母亲不喜欢你唇膏的颜色或是父亲批评你厨艺的时候。

我建议桑迪在父母借住的这段日子里，尽可能地在一些小事上对非辩护性回应和立场的表明多加练习。我鼓励她勇敢地表达自己的想法和观点。不要说“你说的不对，贝类对你不好”，你可以说“我的看法恰好与你不同，我觉得吃贝类对你不太好”。这样一来，她的立场便会通过意见的形式呈现，而不会被父母看作是挑战，也就大大降低了引发过激情绪反应的概率。

我也建议桑迪，如果觉得自己够勇敢，不妨试着通过设立限制的方式来解决与父母关系中的一些更为重大的问题，让他们知道哪些是自己愿意为他们做的，而哪些不是。

尽管桑迪对我要求她做的事情还有些担心，但她也明白，如果不着手在父母身上实践这种新的行为方式，自己将永无解脱之日。她问我，万一这些办法不奏效，她的父母并未改变分毫，自己该怎么办。我提醒她，他们不一定要有所改变。一旦她回应父母的方式有所改变，她便可以凭一己之力改变与父母的关系，这会促使他们有所改变。即便他们没有改变，桑迪仍可以打破势均力敌的局面，使自己一方变得更为强大。

当你完成了自我界定的时候——当你习惯于做出回应而不是反应的时候，当你明确表明自己的感受和想法的时候，当你对自己愿做和不愿做的事情设定限度的时候——你与父母间的关系必然会有所变化。

第十二章

“你不该为……负责”

——不再自我惩罚

如果不能认清主要的责任方，你就会一辈子把这个重担背负在自己的肩膀上。如果你一直因此而责怪自己，你的内心就会永远充满耻辱和自我憎恶，你就会不停地惩罚自己。

按自己的节奏生活

在前两章里，我们所做的事情都只停留在认知的层面，在我的指引下，你们去探索、感受和理解。在这一章和下一章，我们会更多地涉及情感方面，因此，你可能需要一些时间来调整自己。说到情感方面，大家都会感觉到压力，可能在你还没察觉时，你已经在逃避这方面的改变了。

如果在此过程中你觉得压力过大，可以放慢速度，把治疗功课先放一放，休息几天。但如果你发现自己在无限期地往后拖延，就必须给自己设定一个期限，让自己回到治疗中，并且坚持下去。

开始这部分治疗时，你可以接纳一些外界的帮助，这会使你受益匪浅，比如心理辅导师或者互助小组可以正确引导你挖掘出内心深处的情感，好友、伴侣、亲属可以鼓励你，但也会惊讶于你内心情感的强烈，你可以让他们一起阅读这本书。这样一来，他们可以理解你的处境，在这个基础上给你提供更多的支持。

责任是他们的

虽然以下的话我说过很多遍，但这个道理怎样强调都不为过，因为它十分重要，同时将它内化于心又十分艰难：

你必须卸下为童年不幸遭遇而承担的责任，归还给应承担责任的人。

为了帮助大家卸下这个责任，我设计了这份列表，里面的每一条都是我的咨询者们的自责，而这些自责是毫无道理的。你一定要找一个私人的时间，一个静谧的地点来和自己内心的那个孩子对话。你可以拿一张自己童年的照片，看着照片里那个弱小、无助的孩子，对他大声说："你不需要为……负责！"在这句话中间加上列表里适用于你的一条内容，这样才能发挥这份清单的最大作用。

"你不需要为……负责！"

1. 他们忽视你。

2. 他们让你觉得自己没人爱。

3. 他们残忍而冷漠的嘲笑。

4. 他们对你的侮辱称呼。

5. 他们的不快。

6. 他们自己的问题。

7. 他们选择不去解决自己的问题。

8. 他们酗酒。

9. 他们酗酒后的暴行。

10. 他们对你的殴打。

11. 他们对你的猥亵。

你可以在这份清单上加上其他让你自责的痛苦经历。

在接下来的练习中，我们会为这些内容找到真正的责任人——你的父母。为了更清楚地认识这一点，我们会重复说刚才的句子，但要改为“我的父母应该为……负责”，将列表里的内容和其他痛苦经历加入到句子里。

一开始在认知的层面，你可能会理解这些不是你的错，可是你内心的孩子仍然背负着内疚。你的感受需要时间，才能慢慢适应你新的认知，所以你可能需要重复几次以上的练习。

“我觉得他们本不想伤害我”

如果父母失职、生病、问题缠身，或者表现出善意，可能你会不忍心将责任归于父母。

莱斯在八岁时，就由于母亲精神崩溃而要照顾年幼的弟弟们，他的经历正说明了这种情况。我告诉莱斯，他成年后与女性交往时的种种问题和他从年幼时就开始背负的内疚、责任有着紧密的联系。尽管莱斯完成了前文的责任归属练习，但他仍然不是很确定是否要将责任归于他的父母。

莱斯："但是我也有责任，我母亲很可怜，她现在也是个可怜人。她需要我。我只是想让她过得舒服一点。"

苏珊："你从什么时候开始负责你母亲生活的？"

莱斯："从我八岁起。"

苏珊："那么，谁应该为你的生活负责呢？"

莱斯："我觉得我总是想担起所有人的责任，包括我自己。"

苏珊："如果你开始放手，让你父母自己为自己负责的话，会是什么情形呢？"

莱斯："你怎么能让一个抑郁、可怜、一辈子都没有一天快乐的人对自己负责呢？这并不是她的错。她去看医生，她想变好，她也不想生病。"

苏珊："那也不能说明所有的责任都应该由你来负担。你的父亲呢？他为什么可以轻松摆脱责任呢？他什么时候能像成年人一样呢？"

莱斯（思考了一会儿之后）："你知道，我从来没想过这个问题，也许他没能力吧。"

苏珊："我明白，像你的父母这样，并没有明显的虐待行为，很难说他们伤害了你。但是，你们的关系中存在着善意的暴力，还有很多的情感忽视。没有人关心你的生活，你失去了自己的童年。他们应付多少责任并不重要，重要的是你不应该负任何责任。"

莱斯听进去了这番话，在接下来的治疗中，他不断获取新的认识，并更加努力。从我们谈话的那一天起，他的进步明显加快。

你可能认识到了父母失职、抑郁、生病或者难以沟通，但你仍然对他们自己的人生挣扎抱有同情，毕竟父母可利用的资源十分有限，三四十年前大部分人对心理治疗望而却步。你的父母可能过于被动，以至于如此无助，你确信他们并不想伤害你。

我确定，在许多案例中不存在故意的伤害，但是纠结于是否故意本身就是在浪费时间，重要的是结果。失职的父母造成了伤害，无关乎他们是否故意，他们需要对自己造成的结果负责。

为了帮助莱斯看清自己经历的真相，我用一张空椅子代表他的父母，我来扮演莱斯。我希望他能亲耳听到他自己本应说出却从未说出的一些话。

苏珊（饰莱斯）:"爸、妈，我小时候觉得没人爱我。我感到害怕、孤独，我不明白为什么没有人在乎我。我不懂，妈，为什么我要照顾你，为什么爸爸不来照顾。我不明白为什么我不能只当一个小孩儿。我总是认为这都是因为没有人爱我。我现在也是这么觉得。你们什么时候才能让我轻松一点？你们什么时候能像大人一样？我很累，不想再担负起全家的重担，也不想承担所有的责任，我不想再为所有不开心的事而责怪我自己。妈，你生病不开心，我很难过，可是这不是我的错。"

莱斯："你说得都对，这些都是我的感受，但是我永远都不能将这些话说出口。"

苏珊："永远是很长很长的时间。现在最重要的是，你要对自己说出这些感受。等你调整得越来越好，内心变得更强大时，你可能会改变你的选择。"

莱斯开始认识到他的父母是成年人，需要对自己的子女负责。可是，由于他的父母不能满足莱斯的身心需求，于是，和其他失职的父母一样，他们在自己和莱斯之间营造出一种错位的亲子关系。

一旦莱斯认清、相信这些真相，他就不会再继续自责，而由自责导致的过度工作和恋爱受挫情况也会慢慢消失。

“他已完全失控”

在童年时遭受过虐待的成人也很难认清责任的归属。我们要知道，接受批评和责怪是被虐待的孩子的生存之道。他们相信是自己不好，而不是父母不好，以此守护着家庭的神话。这一信念是他们所有自我破坏行为的核心。但是，这个信念是可以被改变的。

乔——那位心理学的研究生，曾被他酗酒、暴力的父亲殴打——最终接受了我的心理辅导。在我第一次和他交谈时，他描述了自己十分固执的自责，给我们提供了一个很典型的例子：

乔：“我回忆自己的童年，也知道我爸爸的确很过分。但是，我还是会为他找借口，因为可能他真的认为他所做的是为了我好。用理智去思考时，我知道他的行为很恶劣，也知道没有任何孩子应该遭受这样的对待，可是在我内心，我觉得自己是个坏孩子，应该遭受这些虐待，而且，我不能保护我妈妈，我到现在都感到自责。”

苏珊：“你把所有的责任都承担下来，选择了这样生存。如果让你说父亲在你小时候行为恶劣，可能对你而言很难接受，也很可怕。但是，你已经不是个小孩子了，你应该开始接受事实真相，而事实就是你父亲应该为虐待你、为自己的暴力行为和酗酒负全责。同时，他没有付出任何努力去解决自己的问题、去挽救家庭，这也是他的责任。可能对你而言，把你母亲看成一个受害者会让你心里好过一些，但是她没能保护她的孩子，也没能保护自己，她也应当为此负全责。她允许了暴力的持续发生。你得认清这些责任的真正归属。如果你拒绝面对生活的真相，你又怎能帮助别人呢？”

乔:“我明白你说的每个字，苏珊，但是想要改变自己的想法真的很难。”

乔的回应看起来十分固执。为了不激起他的逆反心理，我没有继续和他直接谈话，而是让他扮演他的父亲。

苏珊:“我想和你谈谈乔童年时的事情。乔告诉我你以前很暴力，经常殴打他，他还告诉我你酗酒。”

乔（饰父亲）:“首先，我家的事和你一点关系都没有。我打他，是为了让他更坚强。我喝酒是我自己的事。”

苏珊:“可能这是你的事，但你差点就毁了你的家庭。你虐待你的儿子和妻子，令他们恐惧。你知道乔都经历了什么吗？你在乎乔的感受吗？”

乔（饰父亲）:“我一点都不在乎，我只在乎我自己。”

苏珊:“我觉得你是个很差劲的父亲。你不仅毫无作为，还带给家人很多痛苦。我相信你自己也很痛苦，但你是个大人，他却只是个孩子。你可以努力拯救自己，而不是伤害其他人。你要对自己的酗酒负全责，无论是过去还是现在。我觉得你是个懦夫，打女人和孩子使你觉得自己强大。这些年来，乔一直责怪自己，但事实是，你才是那个需要负责的人。”

乔（饰父亲）:“见鬼去吧！那个小杂种以前一直骂我。他才是什么都没做……”

苏珊（打断）：“乔做的事情里，没有一件事能够成为你虐待他的理由。”

在这一刻，乔突然忘记了他的父亲角色。

乔：“你知道吗，我不愿意承认，但是当你控诉我爸的时候，我心里很痛快。我开始意识到他有多么愤怒、暴躁……他不想听你所说的话。你是对的，他差点毁了这个家。他就是个混蛋。但是我觉得他比我还恐惧，至少我在解决我的问题，可是他一生只会逃避。他确实是个懦夫。”

认识到自己父亲的真实一面的确令乔很痛苦，但乔也很解脱。他明白了童年的痛苦应该由谁负责，就可以不再自责和内疚了。

在之前的谈话中，乔告诉我他喜欢和孩子交流，他经常在儿童医院做志愿者。我让乔回忆一个他接触过的孩子，然后假设这个孩子和他的童年遭遇一样。我在乔面前摆一张空椅子，问他如果那个孩子就坐在那里，他想对他说什么：

我知道家里有些令你痛苦的事情，我感到很遗憾。我听见你父亲经常喝醉之后殴打你，辱骂你，骂你是个坏孩子。我知道你很害怕。你知道吗，我也经历过这些事。我猜你一定以为这些都是你的错，但不是这样的。你是个很好的孩子，他们不应该这样对你，不应该！你父亲很差劲，他心理不正常，他是个懦夫，不能面对自己的问题。他打你时没有任何愧疚感，反而以此为乐，他真该死！

乔因愤怒而浑身发抖，我问他刚才的话到底是在对谁说，他大声说：“我自己！天啊，我是在跟我自己说！”

乔长久压抑的愤怒开始显现了，他意识到自己内心一直承受的痛苦和自我憎恶应该由他的父母负责。

我让乔设想他父亲坐在对面的椅子上。我告诉他，他很安全，他可以说任何想说的话。这次，他没有犹豫。

你这个混蛋！你这个狗娘养的！你知道你给我造成了多少伤害吗？打一个孩子，让你觉得自己很伟大吧！我整个一生都觉得自己是一摊烂泥，觉得自己活该被这样对待。但是现在，我受够了你的虐待了，去你妈的！

对于乔的愤怒异常，我毫不惊讶。一旦我们将责任归于应负责的人，就会对那些加诸在我们身上的痛苦和这些痛苦的始作俑者充满愤怒。但是，乔对自己心中压抑的怒火之盛却有些惊讶。就像那些童年遭受过虐待的成年人一样，他很害怕自己会失去控制、伤害别人、精神崩溃，或者永远这样狂暴。他害怕自己会发疯。

处理怒气的有效方法

愤怒是种令人烦恼的情绪。你可能会把愤怒和你童年遭受的虐待联系在一起，你也可能会把愤怒和那些你见过的狂暴失控的人联系在一起。你可能会担心如果自己发怒，形象就会丑陋不堪，其他人就会对你避而远之。

你可能以为善良、慈爱的人从来不会生气、发怒，或者你认为你没有权力对给予你生命的父母发怒。

愤怒同时也令人恐惧。你可能害怕自己的怒火会伤到其他人，害怕自己会失控，或者像乔一样，你害怕自己会一直愤怒下去，停止不了。这些恐惧存在于你的心里，但是你也要知道一个事实：

我们愤怒，我们害怕的事情会发生；我们不愤怒，那些事情同样极有可能发生。

当你压抑自己的愤怒，你就会变得抑郁或者狂暴，其他人也会对你避而远之，和你公开对他们发火时的结果是一样的。压抑的愤怒好像一颗定时炸弹，没有人知道它何时会爆炸。当压抑的愤怒爆发时，人常常会失去控制。不加控制的愤怒通常是带有毁灭性的，尤其当这种愤怒被压抑在我们清醒的意识之下，不断发酵升级之后。

应对愤怒

中毒的子女成年后常常不知道该如何处理自己的愤怒，因为在成长的环境里，他们需要压抑自己的情绪。发泄愤怒是只有父母才能享有的特权。

这些孩子大多对所受的遭遇具有高度的包容力。当你还是孩童时，并不是很清楚自己的遭遇超乎寻常，有可能你并不知道自己到底有多生气。

你会用很多种方式来处理自己的怒火：你可能会将怒火压抑于胸，变得抑郁甚至疾病缠身；你可能会把愤怒变成内心的痛苦和折磨；你可能会用酒精、毒品、食物、性来麻痹自己的感觉；你也可能会不时地爆发，让愤怒把自己变成一个紧张、挫败、多疑、好斗的人。

不幸的是，很多人都在靠这些老旧的、依赖性强的、无效的方式来应对愤怒，这些方式无法帮助我们脱离父母的控制。其实，有些更有效的方式可以将愤怒转化为助力，帮助我们找到真正的自我和极限。

下面我就来介绍一些更为有效的管理愤怒的方式。

1. **允许自己愤怒，不要压抑自己的感受。**愤怒，和喜悦、恐惧一样，无关对错，只是一种感受。它属于你，是你人性的一部分。愤怒也是一个信号，给你传递重要的信息，比如你的权力正在被践踏、你正在被侮辱和利用、没有人关心你的需求等等。愤怒意味着你需要做出改变。

2. **表达出你的愤怒。**用力捶打枕头；对着惹你生气的人的照片大吼大叫；独自在车里或家里时，假装和生气的对象对话。你不必为发泄愤怒去暴力伤害或者言语侮辱任何人——和你信任的人聊聊你有多生气。你必须要发泄出怒火，否则你将无法应对愤怒。

3. **增加运动量。**将愤怒转化为运动可以帮助你释放出内心的紧张情绪。你可以选择打网球、跑步、骑自行车，也可以清理堆满杂物的储物间、参加舞蹈课。体育运动会增加内啡肽（大脑分泌的化合物，能促进愉悦情绪产生）的分泌。你会发现，直面愤怒会增加你的能量、提升你的生产力。压抑的愤怒最让人心力交瘁。

4. **不要让愤怒加深你心中消极的自我形象。**你没有因生气而变得卑劣。由于自己的怒火而对父母有愧疚感很常见。请你大声说："我很生气。我有权利生气。如果只有这样做才能应对愤怒，那么我只能为自己的愤怒而感到愧疚。这样的感觉既没有错，也没有使我变得卑劣！"

5. 把愤怒转化为自我定义的动力源泉。你的愤怒可以帮助你认清自己在亲子关系中愿意接受什么、不愿意接受什么，帮助你定义自己的边界和极限。这样一来，你可以很大程度地从顺从、妥协、害怕父母反对的陈旧的关系模式中解放出来。你的愤怒可以帮你将注意力重新集中在自身，不再去为改变父母而徒劳斗争。把“我很气愤，因为我爸从来不让我过自己的生活”变成“我不会再允许我爸控制我、贬低我”。

希望以上技巧能帮助你掌控怒火。一旦你可以掌控愤怒，就会有很多机会向父母直接表达愤怒。如果想在最终和父母面对面的对抗中取胜，这种掌控十分必要。

应对愤怒并不是很容易，这种能力不可能在短时间之内形成，尤其对于女人而言。由于受到社会性别角色的束缚，她们不能轻易表达愤怒。她们可以哭泣，可以在大家面前表现出哀伤忧愁，可以郁郁寡欢，也可以展现自己的脆弱，但是在我们的社会中，女人表达愤怒被认为是一种不甚得体的行为。因此，许多女人容易被那些能够替她们表达出怒火的异性吸引，通过伴侣来间接地发泄压抑的愤怒。然而不幸的是，她们选择的会经常生气发火的男性伴侣同时也具有极强的控制欲和虐待欲。

学会有效地控制愤怒对于我们的健康而言也是十分必要的。初次接触愤怒的情绪，你可能会浑身颤抖，过后又万分愧疚。要有耐心，坚持住。你不会一直这样愤怒下去，只有那些不承认自己愤怒的人和利用发火来获得力量、控制别人的人才会一直愤怒。

愤怒是人对于不公正待遇的一种正常反应。很明显，来自有毒家庭的孩子在成年后心中积累的愤怒要比一般人多。还有一点并不是很明显，那就是他们心中的悲伤和哀痛也会比普通人更多。

悲伤和哀痛

“你为什么让我悲伤”，乔问我，“有谁去世了吗？”

悲伤是人在面对失去时的正常、必要的反应。在这里，“失去”并不一定是生命的逝去。和乔一样，你可能失去了很多童年经历：

- 失去对自我的感知。
- 失去安全感。
- 失去信任。
- 失去快乐和积极性。
- 失去充满慈爱、令人尊敬的父母。
- 失去童年。
- 失去天真。
- 失去爱。

为了感受到悲伤，你需要先认清自己所失去的。你必须要经历和感受这些情绪（比如悲伤），这样才能冲破它们对你的束缚。

当乔面对愤怒时，不知不觉间，他开始经历悲伤的情绪。悲伤和愤怒紧密地交织在一起，互相依存。

可能直到现在，你也不是很清楚自己到底遭受了多少情感上的损失。有毒父母的孩子每天都在经历着失去，他们已经习惯了忽视它们或将它们压抑在心中。这些失去不断破坏着他们的自我价值，可是由于悲伤如此痛苦，许多孩子宁愿选择逃避。

悲伤确实可能使人在一段时间之内陷入低落、痛苦的情绪，但逃避只是暂时的，悲伤的情绪早晚会回来——有时会在你最不希望的时候回来。许多人在刚刚承受失去时不愿悲伤难过，因为他们觉得自己需要坚强，或者需要照顾其他人。但这些人往往会在多年后，面对某件微不足道的小事时，情绪突然崩溃。其实，直到他们最终经历了这姗姗来迟的悲伤时，他们的情绪才能够回到正轨。悲伤也有开端、中段和结尾，我们都必须一步步经历这些阶段。如果你试图逃避悲伤，悲伤将会永远伴随你，阻碍你得到快乐。

悲痛的强度

卡罗尔——她的父亲经常用言语侮辱她，说她浑身发臭——在治疗中取得了很大的进步。她在感情上和事业上都变得更有决断力，正在努力成为一名非辩护性交流的专家。但是当她开始触碰自己的悲痛情绪时，她惊讶于这种悲痛情绪的深刻和强烈。

我觉得自己沉浸在悲痛里。当我想到我以前是个多么好、多么可爱的孩子，而我爸爸又是怎样虐待我，我妈妈也任他欺侮我时，我仍然不能相信。虽然我知道这不是我的错，但这些事让我的心情很差。为什么我爸爸一定要令我如此痛苦呢？上一秒钟我在哭泣，下一秒我又变得十分愤怒。

悲痛的情绪包含震惊、愤怒、怀疑，当然还有悲伤。有时候悲伤似乎停不下来，你可能觉得自己的泪水止不住地流淌，甚至感到有些难为情。

此时你正被悲痛的情绪包围着。

相比愤怒，许多男性认为表达悲伤更让他们难堪。和女性不同，男性在展现侵略性和愤怒时，会比他们表现悲伤或痛苦时获得更多的文化认同和支持。由于我们对怎样做才是一个“真汉子”有着过于理想主义（违背真正的人性）的期待，许多男性在身体和心理上承受了巨大的压力。

乔和我的许多男性咨询者一样，与直面自己内心悲伤的小男孩相比，他宁愿去表达愤怒，因为那个痛苦的男孩让他感觉自己很软弱、很无力。作为一个被虐待的孩子，乔早就学会了压抑、封锁自己的情绪。为了帮助他哀悼失去的童年，我让乔尝试一种叫作“埋葬”的练习。我经常和童年曾被虐待的咨询者一起进行这个练习。我的办公室里放着一整瓶干花，我将它放在乔的面前，告诉他这瓶干花象征着坟墓。我让他随着我说出以下这段话：

我在这里埋葬我对美好家庭的期待。我在这里埋葬我对父母的希望。我在这里埋葬我的幻想——我幻想童年时可以改变父母。我知道自己永远都不可能拥有理想的父母了，我为自己所失去的感到难过。但是我接受这种失去。希望我的幻想可以在此安息。

当乔说完这段悼词，泪水模糊了他的双眼，他说：

天啊，苏珊，我太伤心了！真的很难过！为什么我要经历这些？我感觉自己陷在自怨自艾里，我很厌恶这样。我为自己感到难过，但许多人的经历可能比我的还糟。

我回答道：

其实，你是在为自己心里那个受过很多伤害的小男孩悲伤。为失去了童年而悲伤并不等同于自怨自艾。那些真正自怨自艾的人总是在等待别人来拯救他们的生活，他们逃避责任，他们没有勇气去做你刚才所做的事情。悲伤是积极的，不是消极的，它会解放你，让你痊愈，让你可以用实际行动解决自己的问题。

也许你也像乔那样，很努力地不让自己看起来自怨自艾，甚至强迫自己不去为失去的童年悲伤。但是，你只有感受和表达自己的愤怒和悲伤，才能释放内心深处的那个孩子，免除他的内疚和自责，否则，你还会继续惩罚自己。

不要停止生活的脚步

虽然感受悲伤对于你想要的改变十分重要，但是与此同时，你也不能停止自己生活的脚步。你仍然对自己和别人负有责任，你仍然要正常地生活。愤怒和悲伤会让我们失去控制，因此在这期间我们更要好好地照顾自己。尽可能地参加你认为愉快和有趣的活动，不要整天想着自己的治疗。对自己好一点，就好像对待有困难的朋友一样。向那些关心你的人寻求支持。

聊聊自己的悲伤情绪会对你有很大帮助，虽然这个话题会让一些人不那么自在。许多人从来都没有面对过来自童年的悲伤，而你的悲伤可能会引起他们内心的抵触。

列出十件你每周可以做的事情，以帮助自己从悲伤中恢复，把这个清单当作和自己签订的“关爱合同”。合同里需要包含能为你带来愉悦的休闲活动，简单的比如泡泡浴、看电影，或者多参加垒球队的户外训练，抽时间读一本很棒的小说。不论单子上列出什么活动，最重要的是要去做这些事，而不仅是想想。

悲伤总会结束

虽然对正在经历悲伤的你这么说，你很难相信，但是悲伤总会结束。尽管我们需要时间来消化悲伤，但这个过程不是无限长的。你需要时间接受自己已经失去的事实，也需要时间来将自己的重点从过去的痛苦转移到现在的新生和未来的目标上。最终，伤口总会变成伤疤。当你接受了自己不需要为悲痛负责任这一事实的时候，你就会感觉好一些。

对自己负责

将责任归于父母，并不是让你将自损行为的责任全部一脚踢开，也不是鼓励你抱怨“全是他们的错”。将童年的自己身上的责任免除，并不意味着同时免除了成年的自己的全部责任。

这张列表可以帮助你认清在与父母的关系中你应负的责任。请大声说“作为一个成年人，在和父母的关系中，我需要为……负责”，然后将以下列表的每一条内容加上。

1. 成为一个独立于父母的个体。

2. 诚实地看待自己和父母的关系。

3. 面对童年的事实。

4. 勇敢地承认自己童年的经历和成年后生活的关系。

5. 勇敢地向父母表达自己真实的想法。

6. 面对并消除父母对自己生活的控制，无论他们是否健在。

7. 当自己的行为残忍、刻薄，伤害到别人时，改变自己的行为。

8. 找到合适的方式来治愈内心的童年创伤。

9. 重新获得自己作为成年人的权力和自信。

列表中的每一条都是需要付出努力去实现的目标，不可能在一夕之间做到，认识这一点很重要。当你努力时，会遇到困难，你会退回到过去的行为和思考模式中，甚至可能会决定放弃。不要灰心丧气。其实，这些挫折都应该在你的意料之中。恢复是一个过程，注定不会顺利。有些目标可能实现起来不太容易，但总体说来它们都是可实现的，你一定可以把自己内心的孩子从永久的惩罚中解脱出来。

第十三章

一劳永逸地克服直面父母时的恐惧

重要的不是他们的反应，而是你的回应。如果面对父母的暴怒、谴责、威胁和狡辩时你能坚守立场，那么你将会体验到决战胜利的辉煌。

与父母对峙

之前三章中你所完成的所有工作——小组练习、填检测表、想明白这一切该由谁负责——都是在为你与父母的对峙做准备。对峙意味着你要为了痛苦的过去和艰难的现在，在经过深思熟虑后勇敢地面对你的父母。这将是你做过的最令你恐惧，同时也最能赋予你力量的事情。

这一过程虽然不易，倒也直接。在做好准备之后，你就从容坚定地同父母谈一谈自己记忆中发生在童年时期的那些不堪回首的往事。你尽可告诉他们这些事情是如何影响到你的生活以及你与他们目前的关系的。你要明确地指明你们的关系至今仍令你感到痛苦受伤的各个方面，然后制定出新的基本规则。

与父母对峙的目的并不是为了：

- 报复他们。
- 惩罚他们。
- 让他们收敛。
- 向他们发泄你的愤怒。
- 从他们身上寻回些补偿。

与父母对峙的目的是为了：

- 直面他们。
- 彻底克服面对他们时的恐惧。
- 告诉他们实情。
- 为你们此后的关系定位。

“这没什么好处”

很多人都不相信对峙的治疗效果，这其中也不乏一些杰出的心理治疗专家。他们的理由再熟悉不过了，“不要向后看，要向前看”“这只会徒增压力和愤怒”，或是“这不会治愈伤痛，只会揭开伤疤”。这些批评者们并不懂得其中的道理。

对峙或许不会让父母如你所愿地承认他们的所作所为，并向你道歉，承认或承担起自己应负的责任。很少有父母会在对峙中做出“你说得都对，我太对不起你了”“请你原谅我”或者“现在我能做些什么来补偿你吗”的反应。

实际上，对峙的结果往往截然相反：父母会对自己曾经的行为矢口否认，声称早已忘记，把责任推卸到子女身上并且大发雷霆。

如果你已经尝试过与父母对峙，但结果却令你大失所望，那么很可能你用以衡量对峙成败的标准是父母是否做出了积极的回应。然而，以他们的反应作为衡量标准，就等于为自己设定了失败的结局，你应该一早料到他们会有消极的回应。记住，你做的这一切是为了你自己，而不是为了他们。既然你有勇气去面对父母，就应该认定你的对峙是成功的。

为何要与父母对峙

我一直鼓励大家与有毒的父母对峙，理由很简单——对峙有效果。这些年来，我曾见证对峙给千万人的生活带来巨大的、积极的变化。但这并不意味着我对他们哪怕想到与父母对峙都会恐惧不已的心情毫无认识。这在感情上的风险是很高的。但是一旦你做了，你就面对了自己内心深处最大的恐惧，而这将足以令你与父母间的力量平衡开始发生变化。

我们都害怕面对有关父母的真相。我们都害怕承认自己渴望从父母身上得到的那些东西，以前得不到，现在依然得不到。除了对峙以外，我们就只能生活在恐惧里。如果你不去主动采取积极的措施，你的无助感和无能感便会愈发强烈，自尊心也会受到损害。

促使人们采取对峙手段的另一个更为重要的原因是：

没有归还的，便会转移。

如果你不想办法解决自己对父母的恐惧、愧疚和愤怒，你将会把它转移到自己的配偶和子女身上。

何时与父母对峙

我极力要求我的咨询者慎重考虑对峙的时机。你不可贸然行事，但也不能无限期地拖延。

当人们做出对峙的决定时，他们常常会历经三个阶段：

- 我永远都不会那样做！
- 或许有一天我会那样做，但不是现在。
- 我什么时候能那样做呢？

在我最初敦促咨询者与父母对峙时，他们不约而同地坚称这样做是错误的。通常我也能料到他们会有这种反应，我称之为“除此之外什么都行综合征”。只要不是让他们与父母对峙，咨询者愿意做出任何改变——除此之外什么都行！

格伦因自己的怯懦备受困扰，并为让酒鬼父亲到自己公司上班后悔不已。我告诉他，他需要与父亲对峙。要么对父亲的行为加以限制，要么干脆让他离开公司。他对此的反应是典型的“除此之外什么都行”：

我不想与父亲对峙。我知道这是胆小鬼的做法，但我不想给父母造成任何额外的痛苦。我敢肯定除了与父亲对峙，还有很多别的事情是我可以做的。我可以给他安排一份压力小一些的工作，让他不必常常出现在我的客户面前。我可以让他别再来找我，可以加大运动量来放松一下紧张的情绪，可以……

我打断了格伦："除此以外什么都行，对吧？什么都可以，除了这个可以给你的生活带来翻天覆地变化的做法。"

我告诉格伦，他的烦躁易怒和怯懦怕事很大程度上源于他内心压抑着的对父亲的愤怒，以及不愿面对困难、承担责任的心态。我承认大多数人在治疗初期都会有这种"除此以外什么都行"的反应，我并未因此对他灰心失望，他只是还没做好心理准备而已。多给他些时间去部署并实践这种对峙，我相信他会更加自信。

格伦仍然心存顾虑，但过了一段时间，他看到其他组员做出了对峙的决定，后续的进展也颇为顺利。格伦这才承认对峙对这些人奏效，但他很快又补充道，他的情况有所不同。他已经向做出对峙决定的第二阶段迈近了一步，虽然他自己并未察觉到这一点。

在治疗过程中，格伦非常努力地学习非辩护性回应和表明立场的技巧，并开始在商务场合以及与朋友的往来中加以练习。他对自己的表现感觉还不错，但是与父亲间日益紧张的关系以及自童年起始终得不到解决的问题所带来的巨大困扰却一直在拖累他。

在小组接受治疗大约六个月后，格伦告诉我他已经开始考虑对峙的问题了。这是他第一次承认自己有可能为了将来这样做，他已经进入了第二阶段。又过了几周，他就对峙的时间安排征求我的意见——进入第三阶段。

格伦希望我能为他制定出完美的日程，告诉他什么时候他的焦虑情绪会降至最低水平，让他能够顺利地完成对峙。事实上，焦虑情绪的降低往往出现在对峙之后。我们无法确定所谓的完美时机，你能做的只有做好充分的准备。

在与父母对峙前，你必须满足以下四个基本要求：

- 你必须坚强得足以应对父母的反驳、否认、责难、愤怒或其他任何由对峙引发的消极情绪。
- 你必须有充分的支持体系来帮你度过从期待对峙、对峙本身到对峙的后果出现这三个不同的阶段。
- 你必须将想说的内容事先写成信件或加以演练，必须练习使用非辩护性回应。
- 你必须改变观念，不再继续为儿时所遭遇的痛苦经历承担责任。

最后一点尤为重要。如果你还背负着童年创痛的责任，那么对峙对你来说还为时过早。你不能背负着你认为不该由父母承担的责任来与他们对峙。

一旦你觉得自己比较自信了，已经满足了以上四项要求，那么对峙的时机也就到了，无须再等待。

期待对峙比对峙本身更为糟糕

我告诉格伦，对他来说，为对峙设定日期并不是最重要的。真正重要的是，他需要给自己确立一个具体的目标并为之付出努力，包括为了完成他此生最重要的表演而预先进行的全面演练。

如何与父母对峙

对峙可以面对面进行，也可以通过书信的形式完成。我并没有将打电话列为选择之一。虽然打电话看似安全，但通过电话进行的对峙却几乎总是毫无效果——对父母来说，挂掉你的电话太容易了。此外，电话还有种“不真实感”，通过它来表达真情实感是非常困难的。如果你的父母住在另一个城市，他们过来或者你过去都不方便的话，你可以选择写信给他们。

写信

我一直倡导将写信用作治疗手段。写信为你提供了一个很好的机会，把想说的话加以组织并修改到满意为止。它也给了收信人一个反复阅读信件并对内容进行思考的机会。如果你的父母有暴力倾向，以信件的形式与他们交流也更为安全。虽然对峙很重要，却绝不值得冒遭受身体侵害的风险。

给父母写信一定要分别进行。虽然信中的部分内容是相同的，你与父母双方的关系和感情却是不同的。你应该先写给你认为对你伤害更大或者虐待更甚的一方。你与这一方的感情相对更容易显露出来，更容易挖掘。一旦你通过第一封信打开了感情的闸门——假定你的父母都还健在的话——你对另一方的情感便更容易倾泻。在第二封信中，你可以与父母中相对温和的一方进行对峙，谈谈他的消极态度以及未曾对你尽到保护义务的事实。

通过信件进行的对峙与面对面的对峙具体操作起来是一样的，都是以“我想对你说些以前从未说过的话”作为开场白，并且都应该涵盖以下四个要点：

- 这就是你曾经对我做的。
- 这就是我当时的感受。
- 它就是这样影响了我的生活。
- 这是我现在对你的要求。

我发现这四点为所有的对峙奠定了坚实的、目标明确的基础。这一架构基本上涵盖了你需要表达的所有要点，保证你在对峙中不会语无伦次，最终一无所获。

不断被父亲奚落身上有难闻气味的卡罗尔，刚刚觉得自己已做好对峙的准备，便被一单大生意拦了下来，无法去往美国东部面见父母。我向她保证，通过信件来对峙同样有效。我建议她找一个家里安静的时段来写信，并提前切断电话线路以免受到干扰。

写信对峙总是饱含激烈情感的体验。我建议卡罗尔先别急着寄信，不妨搁置几天，等心情平静些再读读看。和多数人一样，再次读到自己写的信，卡罗尔做了相当大的修改。你可能要修改好几遍之后才能满意。记住，你不是在参加作文比赛，没必要把信写得像文学巨著般华美，只要能表达你的真实情感和体验就好。

以下是一周之后卡罗尔读给我的信的部分内容：

亲爱的爸爸：

我想要说些以前从没对你说过的事情。首先，我想告诉你在过去的几个月里我没有同你和妈妈过多相处的原因，这或许会让你感到惊讶或烦扰。我不想见你是因为我怕你。我怕见到你之后又会感到无助，怕被你奚落，怕自己又一次在依赖你之后被弃之不顾。让我来解释给你听。

【你对我的所作所为】

我还记得小时候，你爱我疼我，对我百般呵护。但是，当我渐渐长大，一切都变了。我十一岁的时候，你变得对我十分残忍。你不断地告诉我，我身上的气味很难闻。不论什么事情出了差错，你都会责骂我。我没拿到奖学金你责骂我，鲍勃（她的弟弟）跌倒受伤你责骂我，我摔断了腿你责骂我，妈妈离开你的时候你也责骂我。妈妈走后，我便没有了任何情感支持。你对我讲的笑话十分龌龊，说我穿着毛衣的样子有多性感，不是像对待约会对象一样对待我，就是说我看起来像个妓女。

十二岁以后我便没有了父母的关爱。我相信那些年你自己也过得很痛苦，但是你也深深地伤害了我。或许你不是有意要伤害我，但这并不能减轻我的痛苦。

在我十五岁时，有个男人企图强奸我，你又责骂了我。我当时真的以为这是我的错，因为你是这么说的。在我怀孕八个月的时候，我丈夫打了我，而你却说一定是我做了什么坏事惹他生气。你不断对我讲起母亲做过的坏事，告诉我她从来就不爱我，说我内心肮脏，没有脑子。

【我当时的感受】

我感到害怕、屈辱、迷惘，不明白为什么忽然间你就不爱我了。我不知道自己做错了什么竟然失去了你，我只盼能做回爸爸疼爱的小女儿。所有事情都让我自责，我恨自己，觉得自己令人生厌。

【我的生活如何受到影响】

我作为人的尊严就这样遭到无情的践踏。许多男人曾残忍粗暴地对待我，而我却总觉得这都是我自己的错。在被汉克打了之后，我甚至还写信跟他道歉。我极度缺乏自信，觉得自己既无能力也无价值。

【我现在对你的要求】

我希望你为自己是这样一个残忍龌龊的父亲而道歉。我希望你承认你对我造成的伤害让我身心备受摧残。我希望你不要再对我恶语相向。你最后一次骂我还是在鲍勃家，当时我为了生意上的事情征求你的意见，你却不分青红皂白地冲我咆哮。我讨厌这样，却还是屈服了，但是今后我再也不会了。我想让你知道，从今往后，我不会允许这种事情再次发生。我想要你承认，好父亲不会不怀好意地审视自己的女儿，也不会侮辱贬损自己的女儿，他们只会将女儿保护得很好。

很遗憾我们没能保持正常的父女关系。我很想去爱我的父亲，却又无法给他爱，这是我生命中的缺憾。我还是会给你寄贺卡和礼物，因为这会让我心里好过些。但是，如果要见面的话，你必须接受我的基本规则。

我并不了解你。我不知道你有什么痛苦或恐惧。我很感激你曾经努力工作，让一家人生活舒适，也感谢你曾带我度过美好的假期。我还记得你教会我好多东西：大树和小鸟，人和政治，体育和地理，野营和滑冰。我记得那时候你常常开怀大笑。我现在生活得好多了，知道这一点，你可能也会觉得高兴吧。我不会再让男人打我了。我有很好的、很支持我的朋友，有不错的工作和疼爱的儿子。

收到我的信后请回信告知。虽然我们不能改变过去，却可以重新开始。

卡罗尔

面谈

我的许多咨询者偏爱写信的安全性，但也有不少人需要及时的反馈来感知对峙是否成功。对于他们来说，唯有选择面对面的对峙。

筹划面对面对峙的第一步就是选择对峙的地点——假定你已在情感上做好了准备。如果你正处于治疗期间，你可能会希望在自己心理医师的办公室里进行对峙。你的医师会为你精心策划，确保对方明白你的想法，并在你受困无措时提供帮助，最重要的是，他会给你支持和保护。我知道这是布局设计你的父母，但总好过你被他们设计，尤其是在你治疗的这一关键阶段。

如果你要在自己心理医师的办公室里与父母对峙，就务必和他们约好在那里碰面。你还要想好回家以后的应对措施。即便对峙的结果是好的，但此后的日子里你可能仍然希望独处，好整理自己的情感和思绪。

也许你更想独立完成对峙。可能你没有心理医师，又或者有医师，但仍觉得有必要让父母看到自己在不借助外力的情况下仍能保持独立。很多父母不愿去医师的办公室。不管出于什么原因，如果你决定独自去对峙，就一定要确定好地点，是去父母家还是在自己家。我不建议选择公共场所，比如餐厅或酒吧，那里会让你有所顾忌，你需要绝对私密的空间。

如果可以选择，我建议你将地点定在自己家里，这样你会觉得底气更足些。如果你要去往另一个城市对峙，就尽量将父母约到你的宾馆房间来。

如果有必要，你也可以在父母家完成有效的对峙，但是你必须尽力保护自己，不再被儿时的恐惧感、负罪感和无助感所伤。如果父母仍住在你小时候住过的房子里，你就务必要警惕这些儿时的情绪再次涌现。

关于同父母双方的对峙应该同时还是分别进行，我不做硬性的规定，虽然我自己更倾向于同时进行。有毒父母建立起来的家庭体系依赖于以维持家庭稳定为目的的掩饰家丑、勾结共谋和否认事实的行径。与父母双方同时对话可以让许多事情即刻变得明朗。

从另一方面来看，如果父母有着截然不同的性情、观点或借口，那么同时与两人对峙或许会让你们沟通起来更容易些。

有些人担心对峙前演练得过多会让自己没有临场发挥的余地。不用担心，届时你的焦虑足以让你的表现偏离原本的准备。不论你做了多少演练，这些话都不容易说出口。实际上，你有必要在行动前认识到这一点——你将会非常非常紧张。对峙时，你可能会心跳剧烈、胃部绞痛、汗水涔涔、呼吸不畅，也可能会张口结舌，把准备好的台词忘得一干二净。

有些人在极度紧张的状态下大脑会一片空白。如果你担心出现这种状况，可以事先写好给父母的信并在对峙时读给他们听。这是克服开始前的紧张焦虑情绪、确保自己的心意得以传达的好方法。

“首演”前的准备

不论你决定在哪里对峙，与父母双方的对峙是分别还是同时进行，你都必须对自己想说的内容做万全的准备。大声地演练你准备好的台词，自己练或者找个搭档都可以，直到完全记熟。面对面的对峙就好像百老汇大戏的首演之夜：你会在没背好台词、不明确演出动机的情况下就登台吗？在采取对峙行动之前，除了大量的演练，你还需要明确自己想要达成的目标。

你要在对峙开始时设定一些规则。我建议你这样开始：

我要对你说的话是我以前从没说过的，我希望你能答应听我说完。这对我非常重要，请不要反驳或打断我。在我说完后，你会有充足的时间表达你的想法。你愿意接受吗？

让父母在一开始答应这些条件是非常必要的，而且大多数父母都会同意。如果他们连这一点要求都不愿意接受，那么还是另行安排对峙时间比较好。不过在实际对峙时，你要在被打岔、被打断或是其他偏离你目标的干扰下坚持说完演练的内容，这对你很重要。如果他们不肯听你讲完，你可能就要以书信的形式替代当面对峙了。

预测父母的反应

一旦你开始讲述，大多数有毒的父母便会做出反击。毕竟，如果他们能够倾听你的诉说并听你说完、能讲道理、尊重你的感情并促使你独立的话，也就不算是有毒的父母了。他们可能会把你的话当作忘恩负义的人身攻击，并重拾过去惯用的伎俩和辩解，甚至变本加厉。

无能或不称职的父母可能会更感伤、更容易被击垮；酗酒的父母可能会更加激烈地否认自己的酗酒行为，如果他们正在戒酒过程中的话，可能会利用这一点剥夺你与他们对峙的权利；操控型的父母可能会愈发加罪于别人并自以为是；虐待型父母可能会大发雷霆，并一定会因为你的陋习责骂你。父母所有这些行为都是为了重获家庭的稳定，并使你退回到原本的顺从状态。做最坏的打算是个不错的主意——任何好过预期的结果都令人欣喜。

记住：重要的不是他们的反应，而是你的回应。如果面对父母的暴怒、谴责、威胁和狡辩你能坚守立场，那么你将会体验到决战胜利的辉煌。

为了准备充分，你不妨想象一下有可能出现的最糟糕的场景。想象一下你父母的脸，愤怒的、可怜的、泪水涟涟的又或是其他什么表情的脸，听听他们愤怒的咆哮、否认和谴责。大声说出想象中父母可能说出的话来降低自己对这些内容的强烈反应，尽量在演练中保持冷静，并练习使用非辩护性回应。请你的伴侣或朋友来扮演父母一方或双方的角色，让他们拼尽全力用能想到的最恶毒的话语向你发起攻势，让他们哭喊、咆哮、叫骂、威胁要将你赶出家门、指责你令人反感自私自利，然后练习用以下的句子作答：

- 我知道你是这么想的。
- 骂人和哭喊并不能解决问题。
- 我不愿意接受你强加于我的标签。

- 这正说明了我们这次见面是很有必要的。
- 你不应该这样跟我说话。
- 你答应了会听我说完。
- 等你冷静下来，我们另约时间再谈。

以下是父母在对峙时的一些典型反应，以及你可能需要的一些关键的应对办法：

“根本就没有这种事。”

为回避自己的无能和焦虑而否认事实的家长，无疑还会在对峙中用同样的手段来强化他们所谓的事实。他们会坚称你所说的事情根本没发生过，或者你在夸大其词，又或者你父亲根本做不出这样的事来。他们记不起当年的事情，只会指责你在说谎。这种反应对酗酒的父母来说尤为常见，因酗酒引起的记忆丧失或许会让他们否认得更加坚决。

你的回应：“你不记得并不足以说明事情没有发生过。”

“这都是你的错。”

有毒的父母几乎从来不愿为自己的破坏性行为承担责任。相反地，他们会责骂你。他们会说你很卑劣、难以相处，他们已经尽了最大的努力，但你却不断给他们惹麻烦，逼得他们要发疯了。他们还会提出佐证：家里的每个人都知道你是个麻烦，并列出一长串你冒犯他们的事例。

还有另一种情况，他们会将这场对峙归罪于你目前的艰难处境。“明明是你自己保不住工作、管不好孩子、留不住丈夫，朝我们发什么火？”

这种心理甚至可能被伪装成对你目前所处的混乱状况的同情。只要能将焦点从他们的行为上转移开，他们什么都会做。

你的回应："你可以把这些归罪于我，但我不会为你在我小时候对我做的事情承担责任。"

"我已经道过歉了。"

你的父母可能会做出保证，从此痛改前非，更加关爱你、支持你，但这往往只是一顿棒打后给根胡萝卜。一旦事情过去，他们旧日的陋习便会重新抢占上风，他们会重挥棒子，重演毒害你的劣行。有些父母或许会承认你所说的部分事实，却不愿意为此做出弥补。我最常听到的说辞是："我已经道过歉了，你还想怎样？"

你的回应："感谢你的道歉，但这只是个开始。如果你真心觉得歉疚，就应该在我需要你的时候伸出援手，和我一起解决问题，重新建立起更美好的亲子关系。"

"我们已经尽力了。"

这些无能或对配偶的虐待行为三缄其口的父母常常会以一贯的消极无效的方式应对你的对峙。他们会提醒你，他们是如何含辛茹苦地把你带大的，他们经历了哪些挣扎的艰辛。他们会说"你永远都不会明白我曾受过的煎熬""你不知道我劝了他多少次让他收手""我已经尽了最大努力"等诸如此类的话。这种特别的回应可能会激起你对父母的同情和怜悯。这虽情有可原，却可能使你无法专注于对峙中的直言坦诚，也会诱使你再一次将他们的需求置于自己的需求之上。承认他们难处的同时，也不要忽略自己的难处，这一点对你来说非常重要。

你的回应："我知道你的日子也很艰难，我也相信你不是故意要伤害我，但我想要你明白，你处理自己问题的方式真的伤害了我。"

"想想我们为你付出的一切。"

很多父母会回忆孩子儿时的美好时光，那些你与他们共同度过的亲密时刻，企图以此来反击你的说法。他们极力渲染过去的美好记忆，刻意回避自己行为的阴暗面。他们往往会罗列曾买给你的礼物、带你去过的地方、为你做出的牺牲以及对你无微不至的照料。他们会说"这就是我们得到的回报"或者"你永远都不觉得满足"。

你的回应："我很感激你为我做过的一切，但是这并不足以补偿那些殴打（不断地责骂、暴力、侮辱、酗酒等）带来的伤害。"

"你怎么能这样对我？"

有些父母会扮作殉道者的模样。他们会号啕大哭、搓手慨叹你的"残暴"令他们感到震惊和不可思议。他们会摆出被你的对峙迫害的模样，谴责你令他们伤心失望。他们会抱怨自己的麻烦已经够多了，不需要这样的对峙，还会告诉你他们的健康状况承受不了这样的刺激，这会要了他们的命的。当然，他们的悲痛也有些真实的成分，对父母来说，要面对自己的缺点以及给孩子造成的巨大痛苦，确实让人伤感。但与此同时，他们的悲痛也是有支配和控制力的。这是他们利用负罪感迫使你妥协的手段。

你的回应："很抱歉让你感到不安或受到伤害。但是我自己也伤心了这么久，在这个问题上我是不会放弃的。"

有时真的无法交流

以上列举的父母的一些典型反应和建议你采取的应答方式可以帮助你避免在对峙过程中陷入情感困境。此外还有些人，无论你如何努力，终究无法与之交流。

有些父母会在对峙中使冲突更加激化，导致双方无法交流。无论你有多理智、友善，你的讲述有多清晰明确，他们的行为都可能会迫使你中断对峙。他们会曲解你的话和动机，会撒谎，会违背之前的允诺打断你，会谴责、哭嚎、打烂家具、摔盘子，让你觉得他们要么是疯了，要么就是要杀人了。所以，除了克服对父母直言坦诚的畏惧之外，知道何时多说无益同样重要。如果你因为他们的行为不得不中止对峙的话，那是他们的失败，不是你的。

平静的对峙

失控的对峙并不很多，即使当时争吵激烈、群情激愤。事实上，很多对峙过程出奇的平静。

梅勒尼总是妄图拯救无能的男人。小时候她总是被迫去安慰她动不动就抑郁痛苦的父亲，也曾因此写信给“亲爱的艾比”。她选择把母亲金妮带到我的办公室进行对峙（她的父亲已经去世了）。她的开场白是我们一起演练过的，她的母亲也答应会听她把话说完。

梅勒尼：“妈妈，我需要和你谈谈我小时候的一些事情，它们到现在还会伤害到我。我现在认识到自己小时候曾那么自责。”

金妮（打断她）：“如果你还有这种感觉的话，亲爱的，一定是你的治疗效果不够好。”

梅勒尼：“你答应了会听我说完，不打断的。我们现在要说的不是治疗的事，而是我的童年。你还记得爸爸总是因为我和尼尔（她的弟弟）打架而生我的气吗？爸爸常常放声大哭，说尼尔对我有多好，我又对他多糟糕。你还记得你总是在爸爸哭的时候让我到他房里去哄他吗？你知道让我去照顾爸爸让我感到多愧疚吗？我本该是个天真烂漫的小女孩，却要担负起照顾爸爸的重任。为什么你不去照顾他？为什么他不能照顾自己？为什么非要我来做？你从来都不在，就算在也不会做任何事。我和管家在一起的时间都比和你相处的时间多。你还记得我给‘亲爱的艾比’写信的事情吗？你竟然毫无反应。”

金妮（平静地）：“这些事情我一点儿都不记得。”

梅勒尼：“妈妈，或许你选择不记得吧，但如果你真想帮我，就听我把话说完。没有人想攻击你，我只是想要告诉你我的感受。好吧，让我告诉你发生这些事情的时候我的感受吧。我觉得非常孤独，觉得自己是个很糟糕的人，觉得愧疚、不知所措，因为我努力在做的事情我根本就应付不来。这就是我的感受。现在让我来告诉你这件事情是如何影响我的生活的。在接受治疗之前，我觉得很空虚。现在已经好多了，但我仍会对敏感的男人心存畏惧。所以一直以来我交往的都是些冷漠、没有责任心的家伙。我很艰难地想要弄清楚自己是谁，想要什么，又或者需要什么。我现在开始想明白了。对我来说，最困难的事情是爱自己。每次我努力这样做，便能听到爸爸的声音，他会说我是个差劲的孩子。”

金妮（开始哭泣）："我真的记不起这些事情，但我相信如果你说它们发生过，那便一定是真的。我想我当时是完全沉浸在自己的痛苦里……"

梅勒尼："啊，不。我又觉得愧疚了，因为我伤害了你的感情。"

苏珊："梅勒尼，不如你来告诉母亲，你现在希望她做些什么呢？"

梅勒尼："我想要成年人之间的关系。我想与你坦诚相待，我想对你说实话，谈到过去的事情时希望你愿意倾听。我希望你愿意想起、思考和感受那些发生过的事情。你没有照顾我，没能保护我不受父亲情绪的伤害，我希望你可以为此承担起责任。我希望我们可以有话直说。"

金妮确实很诚恳地听女儿说完，并做出了肯定的回答，看来她也有意与女儿进行正常、理性的交流。最终她同意尽力满足梅勒尼的要求，尽管她觉得这些要求有些难以接受。

激烈的对峙

乔的父母就没有这么通情达理了。乔是那位被父亲殴打的心理学研究生。在我的反复劝说下，乔终于带着他酗酒的父亲和共依存的母亲来到了我的办公室。乔对此次对峙期盼已久，事实证明，他的对峙也远比梅勒尼的激烈。

乔的父亲艾伦大踏步地走进我的办公室，满以为自己会掌控全局的架势。他身材高大，沙色头发，怎么看都是六十多岁人的模样，几十年的暴怒和酗酒严重摧残了他的外表。乔的母亲，乔安妮，是位"灰夫人"——灰色的头发，灰色的脸，灰色的裙子，灰色的性格。她眼中忧心忡忡的神色，与我常常在遭遇家暴的妻子眼中所见到的一模一样。她随着丈夫进来，坐下，交叠双手，两眼直盯着地板。

最初的半小时里，我基本都在建立交流的气氛，让乔可以说出想说的话。他的父亲不停地打断、怒吼、咒骂，想方设法地想吓退儿子，让他保持沉默。当我介入他们的交谈想保护乔的时候，艾伦便会转向我，诋毁我和我的职业。乔的母亲几乎不开口，偶尔开口也是恳求丈夫冷静下来。我所看到的是四十年家庭悲剧的缩影。在这样几乎完全无法沟通的状况下，乔的表现却出奇的好。看得出来他已经怒不可遏了，却仍能竭力保持镇定。当他提到父亲酗酒的问题时，艾伦终于爆发了。

艾伦："好啊，你这浑小子，你就这么对待你的父亲！你他妈以为你是谁啊？我就是让你活得太舒坦了，我就应该让你自己出去讨生活！你怎么敢在外人面前叫我酒鬼？你这小杂种，你非要把这个家拆散才开心是吧？我可不想继续坐在这儿，让你这个卑鄙的、忘恩负义的小杂种和他的狗屁心理医师教我该怎么做！"

话音刚落，艾伦起身径直离开了。走到门口时他回头问乔安妮要不要一起走。乔安妮恳求他让自己听完。艾伦告诉她，自己会在楼下的咖啡店等她，如果十五分钟后她还不下去就自己想办法回家。说完他就怒气冲冲地走了。

乔安妮："很抱歉，我很惭愧。他平时不是这样的。他只是太骄傲了，受不了这样没面子。他身上其实有很多好品质的……"

乔："妈妈，别说了！在我这一生中，你一直都在这么做，你为他说谎，为他掩饰，你任由他打我们，从不反抗。我以前常常幻想着能救你脱离苦海，你也想过要救我吗？你知道在这种家庭生活的小孩心里是什么感觉吗？你知道我每天活在什么样的恐惧里吗？为什么你就不做点什么呢？为什么直到现在你也不肯做点什么呢？”

乔安妮："你现在也有了自己的生活。为什么就不能让我们过我们的日子呢？”

乔的对峙既激烈又令人沮丧，但依然是成功的。他最终接受了现实：他的父母困于心魔，不可救药地被封锁在他们有毒的行为模式里无法解脱。他最终放弃了无法实现的希望，不再期待父母做出改变。

对峙的结果

你的反应

对峙之后，你可能会因为获得了勇气和力量而突然间兴奋欣喜。即使对峙的过程并不完全符合你的预期，但总算是结束了。你可能会感到无比宽慰，或是因为将隐藏多年的心事倾吐大半而感到轻松，但你也可能会感到内心严重失衡或心灰意冷。当然，你还会为接下来事情的走向感到焦虑不安。

不论对峙过后你的第一反应如何，对峙的各种长远的好处总要过段时间才能显现出来。几周甚至几个月之后，你就会体会到对峙赋予你的力量，你一定能感受到这股力量。最终你所感受到的并不是欢乐或失望等强烈的情绪，而是不断提升的幸福感和自信心。

父母的反应

你所采取的对峙行动的性质无法预测最终的结果。对峙的双方都需要些时间，以自己的方式来应对这一交流过程并解决相关的问题。

举例来说，一旦你的父母有时间重新考虑，原本看似颇有成效的对峙也有可能急转直下。他们的反应可能会有些迟缓。他们可能会在对峙期间相对冷静，却在之后大发雷霆，指责你在家中掀起毁灭性的动乱。

另一方面，我也目睹过许多在愤怒与混乱中结束的对峙最终反而改善了咨询者与父母间的关系。一旦最初的喧嚣平息，你揭开尘封的过往这一事实可能会使你与父母间的关系变得更加开诚布公，坦诚相待。

如果父母在对峙后表现出愤怒，你可能会按捺不住想要反击。尽量避免在言辞上激怒父母，比如“这就是你的本来面目”，或是“我永远都不会相信你说的任何事”。坚持使用非辩护性回应，这一点非常重要，否则你便会将刚刚获得的力量再次交还到父母手中。

- 我愿意谈谈你们的愤怒，但是我不允许你们向我大喊大叫或强加侮辱。
- 等你们冷静下来的时候，我会回来继续这个话题。

如果你的父母一言不发，以此表达对你的愤怒，你可以试试这样说：

- 什么时候你们不再用沉默来惩罚我了，我很愿意和你们谈一谈。
- 我已经冒险对你们说了我的真实想法。为什么你们就不愿意说说你们的想法呢？

有一点是肯定的：没有什么是一成不变的。你必须关注此次对峙行动在之后数周、数月甚至数年中所产生的连锁反应，这很重要。在审视你与父母或其他家庭成员不断变化的关系时，你必须保持头脑清醒、目光锐利。

你的任务是坚守你身处的现实，不论父母做什么，都不要被逼退到之前的反应性和辩护性的应对模式中去。

对峙对父母间关系的影响

除了你与父母的关系会产生巨大的变化，你还必须做好心理准备，经过此次对峙，你父母之间的关系也会发生变化。

如果你在对峙中所揭露的是父母中的一方有意向另一方隐瞒的家庭秘密，比如乱伦，那么他们二人的关系将会受到巨大的冲击。被隐瞒的一方可能会与你结成同盟，对抗共同的对立方。他们的关系甚至可能破裂。如果你在对峙中所陈述的是大家都知道但始终绝口不提、逃避面对的事实，比如酗酒，那么你父母间的关系所受到的影响或许没有那么强烈，但也不容小觑，他们的关系可能会因此产生动摇。

你很可能会因为父母的关系出现问题而自责，甚至怀疑如果当初没有采取行动，而是任凭事态自行发展的话，情况会不会更好些。

卡拉曾放弃自己的墨西哥之行去探望潦倒的酒鬼母亲。当她因母亲的酗酒问题以及父亲的共依存性与他们对峙时，她父母的婚姻也遭到重创。当她母亲接受治疗并有所好转的同时，她的父亲又几近精神崩溃了。他的自我价值感很大程度上来自于他强大、称职的父亲形象，如果妻子不再依赖于他，他在家中的角色便失去了意义。这种相互关联性曾是他们婚姻的基石，如今却发生了变化。他们不知道如何沟通，他们找不到平衡，他们失去了共同的立场。对此，卡拉的心情很矛盾。

卡拉："看看我惹的祸吧，我把整个家闹得天翻地覆。"

苏珊："等一下，你并没有惹祸，是他们惹的祸。"

卡拉："但是如果他们离婚，我会非常难过。"

苏珊："你没有理由感到内疚。他们正在重新审视他们之间的关系，因为他们接收到了新的信息。这些信息并不是你凭空捏造的，你不过是让它们更清晰。"

卡拉："可是，可能这并不是个好办法。他们的婚姻原本还可以的。"

苏珊："不，并不是这样的。"

卡拉："可至少看起来还好。"

苏珊："不，看起来也不好。"

卡拉（沉默了许久）："我想，可怕的是，我终于决定再也不为他们做出任何牺牲了，我会让他们为自己负责。如果这样令大家感到难过的话，那我就再想办法应对他们的不快吧。"

卡拉的父母并没有离婚，但是他们的婚姻从此再没平静过。不过，尽管他们之间冲突不断，这些冲突却再不会把卡拉的生活搅得一团糟。卡拉讲述了事情的真相，并在父母压抑已久的矛盾爆发时不让自己在情感上沦陷，为自己赢得了此前一直不敢奢望的自由。

你兄弟姐妹的反应

虽然本书主要探讨的是你与父母的关系，然而对峙终究无法脱离现实环境。你是家庭体系中的一部分，这一体系中的每一个人都会受到影响。你与父母的关系在对峙后必然会发生变化，同样的，你与兄弟姐妹的关系也会发生一些变化。

有些兄弟姐妹与你有着类似的经历并认同你的记忆。也有一些虽有相似经历，却囿于同父母的关系中自顾不暇，进而否认或弱化你所陈述的父母施加在你和他们身上的可怕虐待。还有一些没有相似经历的，面对你的陈述或许会一头雾水、不知所云。

有些兄弟姐妹会因你的对峙行为感觉受到极大的威胁，他们可能会被激怒，因为你打破了家中原本就岌岌可危的平衡局面。卡罗尔的弟弟就是这种反应。

卡罗尔的父亲在收到她的信后，给她打了电话并表示支持，这让卡罗尔有些意外。父亲告诉她，她信里写到的那些事情虽然他不太记得，但对于自己曾给她造成的痛苦表示歉意。卡罗尔深受感动，并为可能与父亲建立起全新的关系而激动不已。然而几周之后，与父亲的第二次谈话却令她大失所望——父亲不但否认了她在信中提到的那些经历，还否认自己曾经向她道过歉。接着，卡罗尔的弟弟打电话来疾言厉色地斥责她竟敢散布关于父亲的“不堪入耳的谎言”。他说卡罗尔控诉父亲曾虐待她是因为她自己“精神不正常”。

如果你的兄弟姐妹对你的对峙持否定态度，他们可能会使尽浑身解数地让你感到你对家庭造成了多么严重的损害。他们会给你写信、打电话或是直接登门造访。他们可能会化身为你父母的使者，向你传达父母的留言、恳求、威胁或是最后通牒。他们可能会出言不逊，想方设法地想要让你相信，你不是错了就是疯了，又或者二者兼而有之。在这种状况下，你仍需要使用非辩护性应答，坚持自己说实话的权利，这非常重要。

以下是你可以对兄弟姐妹讲的一些话：

- 我愿意同你谈谈这件事，但我不允许你侮辱我。
- 我知道你想保护他们，但是我说的都是实话。
- 我并不想让任何人难过，但为了我自己，我必须这样做。
- 我和你的关系对我来说非常重要，但我不能为了维系这种关系而牺牲自己的需求。
- 这种事情没有发生在你身上，不代表它也没有发生在我身上。

凯特的银行家父亲当年常常毒打她和她的妹妹朱蒂。凯特相信如果自己提起这段痛苦的过往，一定会受到妹妹的反对。但她还是决定冒险一试。

我一直觉得自己应该好好保护朱蒂，很多时候她挨的打比我还重。在我给父母寄信的那天晚上，我给她打了电话，因为我觉得有必要告诉她我正在做的事情。她说她马上过来，想和我谈一谈。我原以为她会大发脾气，说我肯定是脑子进水了。可是当我打开门时，却发现她是一路哭着过来的。我们伸出双臂抱在了一起，就那么抱了很久。我们聊一会儿，哭一会儿，抱一会儿，笑一会儿，然后再哭一会儿，把所有的事情都回想了一遍。朱蒂还想起了一些我完全不记得的事情，她很高兴能跟我谈起这些往事。她说，要不是我，她还不知道要把这些事情憋在心里多少年。她觉得和我更加亲近了，再也不是孤零零一个人守着心里的一堆不快。她很佩服我的勇气，并告诉我她会一直支持我。听到她的这些话，我感动得整个人都要融化了。

倾诉心声之后，凯特与朱蒂的姐妹之情变得更加深厚，相互间的支持也更为强大。凯特的英勇之举对妹妹来说亦是极大的鼓舞，朱蒂也开始接受心理医师的帮助，努力平复童年时期的受虐经历造成的创伤。

其他家庭成员的反应

对峙会影响到每一个与你有情感联系的人，尤其是你的配偶和子女，他们是你有毒父母的间接受害者。在对峙之后，你对爱和支持的需求将达到顶峰，你尽可以坦白地告诉他们这对你来说是一个极为艰难的阶段，你需要很多的爱和支持，不必羞于启齿。但你要记住一点：他们没有像你这般强烈的情感体验，可能无法充分理解你必须这么做的原因。对他们来说，这一阶段同样颇为艰难。所以，如果他们没有如你想象的那般体谅你、支持你，你同样有必要对他们的情感表示理解。

你的父母可能会拉拢其他家庭成员作为盟友，继续为自己开脱，并把你说成掀起家庭纷争的罪魁祸首。这其中可能包括与你非常亲近的家人，比如祖父母或是你喜爱的姨妈或姑妈。他们在家庭纷争面前可能会偏袒你的父母，也可能站在你这一边。与应对父母和兄弟姐妹一样，在与其他家庭成员的交涉中，你必须根据他们不同的意见和需求采取对策，并且提醒他们，你是在为自己的心理健康状况而采取积极有效的措施，他们并不一定要表态，支持其中的某一方。

你甚至可能会从意想不到的来源听到些声音，比如你母亲的好友或是你的邻居。记住，你没必要向非家庭成员的调解者做详细的解释。如果你决定不解释，不妨这样回答：

- 非常感谢你的关心，但这是我与我父母之间的事情。
- 我理解你想帮忙的心情，但我不打算与你讨论这件事。
- 你并未充分了解这件事，请不要妄下定论。等事情平息下来，或许我会与你谈谈。

有时候，亲戚或与你的家人关系密切的朋友根本无法理解你一定要与父母对峙的原因。这样一来，你与他的关系就可能因此受到影响。这从来就不是件容易的事。或许这就是你为了获得健康的心理和情感而不得不付出的一种更为痛苦的代价吧。

最危险的时刻

毫无疑问，在对峙之后，你必须为父母最具危险性的反应想好对策，他们可能会做最后的挣扎，奋力破坏你已经取得的成果。他们会不遗余力地惩罚你、斥责你的背叛行为，又或者干脆不与你说话。他们会威胁说要同你断绝关系，或者取消你的继承权。毕竟你破坏了对家丑保持沉默或矢口否认的家规，你毁掉了完美家庭的神话。你已经把自己界定为独立的个体，并为摆脱令人绝望的畸形家庭的禁锢做出了努力。

从本质上来说，你的行为无异于投下了一颗情感原子弹，由此产生的激烈震荡可想而知。父母越是愤怒，你就越忍不住想要放弃刚刚获得的力量，寻求“不惜任何代价的和平”。你会怀疑以家中的喧嚣纷争换取那些成果是否值得。你的这些疑虑、犹豫甚至想回到之前生活状态的渴求都是普遍现象。有毒的父母会无所不用其极地重新建立起他们熟悉且适应的家庭平衡。当他们像海妖歌唱般地讲出愧疚、怜悯或责备的花言巧语时，确实有种不可思议的诱惑力。

这时，你的情感支持体系便尤为重要了。就像希腊神话中的英雄尤利西斯被他的船员们绑到桅杆上以抵御海妖歌唱那令人无法抗拒的致命吸引一样，你的朋友、心理治疗师、配偶等也会将你绑到保护你的情感不受侵害的桅杆上。他们会给你关爱和肯定，而你正需要这些关爱和肯定来保持对自己以及自己做出的重要决定的信心。

根据我的经验，有毒的父母极少会履行他们的威胁恐吓，真的将子女赶出家门。他们往往在固有的家庭关系中陷得太深，不愿生活中出现重大的改变。然而生活如何，谁都无法保证。我见过同子女断绝关系的父母，他们有的剥夺了子女的继承权，有的终止了对子女的一切经济援助——说到做到。对父母的此种或其他任何种类的反应，你必须在情感上和心理上做好充分的准备。

当全家人都在你周围企图改变你的时候，要坚守自己的阵地实属不易。面对自己新的行为模式所产生的结果，是你要求自己做出的最勇敢、同时也最有益的事情之一。

决定目前与他们的关系

一旦尘埃落定，你就有机会审视对峙对你与父母间关系所产生的影响，你会发现摆在面前的选择有三种。

首先，假定父母对你的痛苦表现出一定程度的理解，并承认对你们之间的矛盾负有哪怕一小部分的责任。如果他们表示愿意继续讨论、探究并分享你的情感和忧虑，那么你们很有可能会共同建立起一种不那么具有毒害性的关系。你可以成为父母的老师，指导他们如何平等地对待你，以及如何在不批评、不攻击的氛围里与你交流。你可以教会他们如何毫不畏惧地表达自己的情感。你可以告诉他们，在你们的关系中什么令你愉快，什么又令你不快。我不会妄下断言，告诉你这种事情常常会发生，但它的确有时会发生。只有说服父母接受对峙的严峻考验之后，你才能知道促使它发生的关键因素是什么。

其次，如果父母双方都没有表现出改变，又回到了老样子，或许你就该意识到，最有益于健康的做法就是和他们保持联系，但不要对他们抱有太多的期望。我在治疗中遇到的不少咨询者，他们既不愿与父母彻底断绝来往，又不愿回到之前的生活状态，于是选择了疏远，与父母建立起一种友好但多少有些流于表面的关系。他们不再对父母表露自己的真实情感和内心的脆弱，而是将谈话内容限制在一些情感中立的话题上。他们为与父母间交流的本质设定了一些新的基本规则。这一中间立场对我的许多咨询者来说似乎颇有成效，或许对你也适用。与有毒的父母保持联系也无不可，只要你们的关系不需要以你牺牲自己的精神健康作为代价。

第三，同时也是最后一种选择，就是为了你的情感健康放弃与父母的关系。有些父母在对峙后会采取无情的敌对态度，他们极具毒害的行为也会变本加厉。如果出现这种情况，你可能就要被迫在他们和你的情感健康之间做出选择。你这一生都在亏欠自己，现在是时候改换新的核算体系了。

选择第三条路，不经历极大的痛苦是不可能的，但是对抗这种痛苦还是有办法的——实验性分离。暂时中断与父母的联系，至少三个月不要来往。这意味着你们将不见面、不通电话也不写信。我把这称作"排毒"阶段，因为它给所有相关的人一个机会，排解自身有毒的负面情绪，并审视这段关系对自己的重要性。这种中断来往可能有些困难，却可以让你在这段时间里迅速强大起来。不必耗费大量的精力去应对与父母的冲突，你将拥有更多的精力去经营自己的生活。一旦拉开了情感距离，你与父母甚至可能重新对彼此产生好感。

当实验性分离结束时，你需要评估一下父母的立场是否有所缓和。约他们见面谈一谈。如果他们没有改变，你可以再次尝试中断联系，或者做出最终的决定，与他们彻底断绝关系。

如果你认为最终断绝关系是维持自己心理健康的唯一途径，我强烈要求你寻求专业心理医师的帮助以渡过这一难关。在这期间，你心底那个受过惊吓的孩子将需要很多宽慰和安抚。一位富于同情心的心理咨询师可以帮助你抚慰这个孩子，同时也引导成年的你熬过与父母诀别的焦虑和痛苦。

乔的决定

乔的父亲艾伦在对峙后仍然怒火中烧，久久不能平静。他继续狂饮不止。几周之后，他让妻子乔安妮捎口信给乔：如果乔还想再见到父亲，就必须道歉。乔的母亲几乎每天都会打电话给他，哀求他答应父亲的要求，用她的话说，“这样我们就又是一家人了”。

乔悲痛地意识到家中扭曲的现实还会继续损害自己的精神健康，于是给父母写了一封简短的信，告诉他们自己将与他们中断联系九十天，并希望父母可以在这段时间里重新考虑一下他们的立场。他提出九十天后会与他们见面，看看这段关系是否还有挽回的余地。

信件寄出后，乔告诉我，他已经做好了准备，愿意接受最终与父母永别的可能性：

我曾经真心希望自己足够强大，可以与他们保持关系，同时又不会被他们的疯狂折磨得几乎崩溃。但现在我才明白，这是对自己的苛求。所以，既然是要在他们和我自己之间做出选择，我选择我自己。这或许是我做过的最健康的一件事了，但是请理解我现在的心情吧：我一会儿为自己感到自豪，觉得自己很坚强，一会儿又觉得内心十分空虚。天啊，苏珊，我不知道自己究竟能不能获得情感上的健康——我是说，拥有情感上的健康会是什么样的感觉呢？

尽管与父母决裂对乔来说是非常痛苦的，但他所表明的坚决态度却赋予他全新的内在力量。他在与女性交往时更加自信了，并且在六个月的时间里建立起了据他所说是迄今为止最为稳定的恋爱关系。随着自我价值感的不断提升，他的生活质量也得到了相应的改善。

不论你是与父母达成改善关系的共同意向，还是疏远他们以维持一种更为表面化的关系，又或者与他们彻底断绝关系，都是向摆脱过去的阴影迈出的一大步。一旦你打破了与有毒父母间旧有的、惯性的关系模式，你将在与他人的真正的亲密关系中变得更加坦诚和投入。

与患病或年迈的父母对峙

我的许多咨询者会在对峙问题上陷入痛苦的两难境地，因为他们的父母年迈、体弱或是身患疾病。他们常常受困于对父母既怜悯又怨愤的强烈而矛盾的情感。在一些人的心里，人类最基本的照顾父母的强烈责任感与对父母要求的高度敏感密不可分。“对峙有什么用？”他们说，“要是几年前就这么做了该多好，现在他们什么都不记得了”，或者“如果我与妈妈对峙，她肯定又会中风发作。为什么我不能让她平静地走进坟墓呢？”然而，他们也明白，如果不采取对峙行动，自己的内心将更加难以平静。

我不想对其中的困难轻描淡写，但家长年迈或是患病并不一定意味着对峙不可行。我建议咨询者们同父母的医生探讨一下情感压力可能引发的后果，确定一下从医学角度来看有无重大风险。如果有风险，可以选择其他的办法替代直接对峙，即使你已经决定不对父母直言相告，也一样可以倾诉心声。你可以写对峙信，只是不寄出而已。你可以将信的内容读给父母的照片听。如果你正在接受治疗，可以通过角色扮演的方式与父母对峙。在后面“与过世的父母对峙”一节中，我将更详细地探讨这些技巧。

经证实，这些技巧对一些全职照顾一方或双方父母的咨询者来说同样有效。如果父母目前与你同住并依靠你照料，那么你为坦诚地处理你们的关系而做出的种种努力或许会让你们之间的紧张局面有所缓解，使你扮演看护者的角色变得容易一些。但是对峙也可能会产生不和，使你的生活环境变得更加令人难以忍受。如果对峙让父母对你积怨更深，而你目前的居住条件又无法让你们保持距离，那么你可以选择一些其他的办法来代替直接对峙。

“我不能这么做，她的身体状况无法承受”

我们在第三章认识的乔纳森拒绝与女性交往，因为他一直在与不断催促他结婚的母亲对抗。经过几个月的治疗，他认为有些问题有必要与八十二岁的母亲谈一谈。自从几年前心脏病发作以来，她一直很虚弱，但是她依然通过电话和信件对乔纳森的事情指手画脚。他每次去探望母亲，他们之间的交流都很痛苦。

我很可怜她，也因为她对我的控制感到气愤。可是我担心如果现在说出来，可能会要了她的命，我可不想让自己的良心受到谴责。所以，我还是扮演我的好孩子角色好了。为什么我没有在十五或二十年前对她直言相告呢？那时候她的身体可比现在好多了，我自己也能少受许多痛苦。

我提醒乔纳森，对峙并不意味着要攻击对方。如果可以找到一种有节制而又温和的方式来排解他的伤痛和愤怒情绪，他就会发现，与逃避问题相比，说实话总能带给人更多的平静。我不想迫使他做些后果可能令他难以承受的事情，但现实中确实存在这样的大好机会，与母亲开诚布公地互诉心声将使他们之间关系的质量得到极大的改善。

乔纳森选择对自己的情感不予理睬，并装作若无其事的样子。我告诉他，对于可以与母亲共度的剩余的这段时光来说，这是极大的浪费。

乔纳森又挣扎了几个星期。在我的敦促下，他与母亲的医生进行了交流，医生让他放心，母亲的病情比较稳定。

首先我问她，知不知道我对我们之间关系的看法。她说她不明白为什么在她面前我总是烦躁易怒。这刚好为我打开了一扇门，让我可以平静地跟她谈一谈她对我的控制欲是如何影响到我的生活的。我们聊了好几个小时。我说了一些原以为自己永远都不会说出口的话。她开始辩解，觉得自己受到了伤害……她极力否认我提到的一些事情，但是部分谈话内容她还是听进去了的。有好几次她眼中噙泪地握紧了我的手，这让我感到无比宽慰。我过去常常害怕见她，但现在的她不过是个弱不禁风的小老太太。我简直无法相信这么多年来自己竟一直不敢对她说出内心的想法。

乔纳森生平第一次与母亲这样坦诚真实地相对，并有效地改变了二人关系的基调。他感觉自己好像终于卸下了千斤重担，摆脱了过往记忆和恐惧的侵扰，可以正视并适应母亲现在真实的样子，这与他记忆中的强悍、操控全局的母亲大不相同。

乔纳森与母亲的对峙产生了一些积极的效果，但事情并非总是如此顺利。年迈或病痛并不一定会让有毒的父母更愿意接受事实。有些父母晚年会趋于平和，大限将至的处境可能会让他们更容易为自己的行为担负起责任；而另一些父母在深感自己时日无多的同时执念也愈深，他们会变本加厉地否认事实、虐待子女、恣意发泄心中的怒火。对你发起攻击或许是他们所知道的、可以抵御自身消沉和恐惧情绪的唯一方式。这些父母可能会带着愤怒和怨恨步入坟墓，甚至根本不承认与你的关系。这些都不重要。

重要的是，你已经对他们讲了必须要说的话。

与过世的父母对峙

如果你排除万难终于到了对峙的紧要关头，可是父母的一方或双方却过世了，这是非常令人沮丧的事情。不过，还是有些方法可以保证你与父母的对峙正常进行，即使他们已经不在人世。

我设计的一种经证实卓有成效的方法是写对峙信，并在父母的墓前朗读。这会令你产生一种与父母面谈的真实感，以及终于将压抑许久的心事倾诉出来的畅快感。这些年来，我从咨询者和电台节目听众那里收到了许多有关这种墓边对峙结果的积极反馈。

如果不方便去父母的墓前，你也可以把信读给父母的照片、一把空椅子或者你的支持体系中愿意暂代你父母角色的某个人。

还有一种选择：你可以同一位亲戚，最好是与你过世的父母同辈的亲戚谈话。同这位亲戚（最好是关系密切的血亲）谈一谈你与父母间的过往。你不必要求对方为你父母曾经的行为承担责任，能够和姨妈或叔叔说说心里话本身就是一种极为有益的情感释放。

这位亲戚可能会做出与你父母（假设他们尚在世）一样的消极反应，他可能会否认或怀疑你所讲述的事实、对此感到愤怒或觉得自己受到了伤害，在这种状况下，你应该像应对父母一样，不要回应也不要辩解。这是一个不可多得的好时机，可以让你更好地认识到这一点：促使改变发生的责任在于你，而不是他们。

这位亲戚也可能会出人意料地对你讲述的内容予以肯定，甚至代表你的父母向你致歉。金就遇到了这样的事情——她的父亲一直用金钱和喜怒无常的情绪控制着她。即使父亲已经过世五年之久，她仍然觉得有必要与其他家庭成员进行对峙。她选中了父亲的妹妹，雪莉，并邀请她共进午餐。

在她们见面之后的小组讨论上，我看得出来金为她们的谈话结果感到开心。

要知道，大家都对我的父亲充满敬畏。他是家里的超级明星，而雪莉则常常表现出对他的无限崇拜。所以你可以想象得到，父亲对我做的那些混蛋的事情是多么难以启齿。可是当我终于说出口之后，最令人难以置信的事情发生了——雪莉告诉我，她一直以来都对我的父亲心存畏惧，小时候父亲便待她很不好，所以听到我说的那些事情她一点儿都不觉得意外。然后她告诉我——这是最精彩的部分——大约在八年前，她送了父亲一件棕色的衬衫作为生日礼物，就是过去纳粹分子穿的那种。她说她当时甚至想过把纳粹标志绣在上面，但又觉得那样或许太过分了。我们大笑起来，接着又一起哭，那种感觉很奇妙。餐厅里的人一定觉得我们疯了吧。

当雪莉对金敞开心扉的时候，她实际上是在表明："我理解你的感受，我知道这一切都是真的。"金也发现，通过与同为父亲行为的受害者的长辈进行交流，她在很大程度上排解了父亲的行为给她造成的压抑许久的焦虑感和负罪感。

我知道这种做法可能有些不近人情，毕竟在多数情况下，你的不幸遭遇并不是亲戚们造成的，不该由他们来负责。可是你应该权衡利弊，如果由亲戚替代父母可以帮助你治愈极具破坏力的精神和情感创伤，那么当然就值得一试，不妨委屈一下这位亲戚，与你进行一次或许会引起一时不快的谈话。

根本不存在“失败的对峙”

对峙是通往独立自主道路上最激动人心的阶段。

不论对峙期间或之后发生什么事情，只要你有勇气付诸行动，就是胜利者。

就算你没有任何战利品，就算你没能把计划中的台词全部说完，就算你慌乱中又开始为自己辩解，就算父母愤然起身弃你而去……你仍然做到了。你对自己和父母坦承了你生活的真相。从今以后，你再不会受制于身陷与父母关系中的旧有角色不得解脱的恐惧感。

第十四章

有些创伤需要专业的心理治疗

那种感觉，就像是卸下了千斤重担。现在我终于认识到，我有讲实话的权利，要是有人觉得接受不了，那也不是我的责任。

“为什么我需要接受治疗”

如果你在童年时期曾经遭受过性骚扰，那么以下列表中的全部或大部分陈述将与你的情况相符：

1. 你的无价值感、罪恶感以及羞耻感根深蒂固。
2. 你很容易受到他人的利用和盘剥。
3. 你觉得其他人比你自己更重要。
4. 你认为获得爱的唯一途径就是放弃自己的需求去迎合别人的需求。
5. 你很难对别人设立底线、表达愤怒或是说“不”。

6. 你选择残酷或有虐待倾向的人共同生活，并深信可以让他爱你、善待你。

7. 你很难信任别人，觉得人们会背叛你或伤害你。

8. 你对性以及自己的性需求感到不适。

9. 你已经学会在境况不如意时装作一切都好的样子。

10. 你觉得自己不配拥有成功、幸福以及美满的爱情。

11. 你很难发自内心地欢闹嬉笑。

12. 你觉得自己没有童年。

13. 你常常对自己的孩子发脾气，他们比你表现得出色会令你感到不快。

14. 你不知道做一个正常人是什么样的感觉。

这些因遭受迫害而形成的行为模式很早就形成了，而且根深蒂固，单凭一己之力难以打破，但是心理治疗却可以帮你成功地摆脱它对你的生活的控制。

选择心理医师

选择一位心理医师是非常必要的，尤其是在乱伦受害者的治疗方面受过专业培训并具备一定经验的医师。在这一高度专业化的领域里，许多医师其实并不称职，他们在上学期间没有学过任何针对乱伦受害者的治疗方法。所以，在选择心理医师之前，请务必问清楚他所受过的专业培训及从业经验。如果他之前没有治疗乱伦受害者的经验，又或者不曾参加过任何相关内容的研讨会、进修班或培训班，那么我建议你还是另请高明的好。

对乱伦受害者来说，受过家庭动力学[1]方面的培训，并可以运用行动导向性疗法（比如角色扮演）的医师是最好的选择。信奉弗洛伊德的医师是最不适合的，因为弗洛伊德曾推翻了自己最初的（也是正确的）有关乱伦普遍性和危害性的立场，因此，面对咨询者有关自己儿时遭遇性虐待的叙述时，许多信奉弗洛伊德的心理医师和精神分析学者是持怀疑或否定态度的。

虽然乱伦受害者的自助小组给很多乱伦受害者提供了一些支持和团队归属感，但也缺少可以为治疗工作提供整体部署和导向的专业医师的指导。参加自助小组总比没有组织要好，但是，如果可以加入一个有专家引导的团体，则又好得多。

单独治疗还是集体治疗

要摆脱曾经的乱伦经历，最好的办法是加入由有经验且态度开明的医师引导、由与你有类似经历的受害者组成的小组。

乱伦受害者身上几乎普遍存在的症状，就是绝对的孤独感。但是，当周围的人讲述的都是和你极其相似的感觉和经历时，这种孤独感便开始消退。小组里的成员会给你抚慰和支持，等于是在对你说："我们知道这种感受，我们相信你，我们为你感到难过，我们关心你，我们希望你做最好的自己。"

尽管多数人在最初加入团体时有所顾虑，但是一旦置身其中，几乎所

1　家庭动力学（Family Dynamics）是一门研究家庭内部成员的心理过程、行为、沟通以及家庭和外部环境间交互作用的科学。家庭动力学理论把家庭作为一个互动的系统，分析以家庭为背景的个人健康问题，解析家庭成员之间的相互作用。

有人的心理健康状况都有明显的好转。在外人面前谈起“那件事”可能会让你紧张和尴尬，但是，相信我，这种感觉通常不会超过十分钟。

我总是将男女咨询者混编分组。虽然性别不同，但他们的感受和所遭受的精神创伤却是相同的。我设立的乱伦治疗小组在起止时间上是开放的，新成员随时可以加入。这就意味着刚刚开始治疗的新人将会和处于不同治疗阶段的老成员共处同一个治疗环境。看到有人即将“毕业”并将曾经的经历渐渐放下，对新成员来说是极大的鼓舞。

也有少数乱伦受害者的感情非常脆弱，难以承受集体治疗的巨大压力。对他们来说，一对一的治疗是个不错的选择。

初次小组活动

每次有新成员加入小组的时候，小组讨论便会从一项初始练习开始。在这项练习中，每一位小组成员都会讲述自己的乱伦经历：和谁，发生了什么，什么时候开始的，持续了多久，还有什么人知道内情。新成员将是最后一位讲述者。

这项练习会帮你打破尴尬的局面，以一种积极的方式参与到小组中来。或许这是你第一次和人说起自己经历的细节，但你会发现自己不是孤身一人，其他人也经历过类似的苦痛。

你的讲述也会推进对其他小组成员来说至关重要的一个过程——对自己的创痛脱敏。每次有新成员做初始讲述时，大家便要把许久未提起的事情重新讲述一遍。对每位小组成员来说，初始练习的次数越多，羞耻感和负罪感便越轻。完成第一次讲述对任何新成员来说都是十分艰难的，其间常常伴随着哀泣和尴尬；到了第三四次的时候，就比较容易开口了，尴尬也会明显减少；等讲过十到十二次之后，便和谈起生活中其他不愉快的事情没什么分别了。

三个阶段——愤恨、悲伤与释放

我会引导乱伦受害者经历三个基本阶段：愤恨、悲伤和释放。

愤恨是受害者因遭到侵犯和背叛而产生的。这是治疗的第一个基本环节，也是最困难的部分。

大多数儿时曾遭遇性骚扰的成年人都会时常感到悲伤、孤独和不适。悲伤的情绪是他们所熟悉的，而愤恨不是。所以，他们常常试图跳过自己的愤恨，尽可能快地进入悲伤的环节。这样做是错误的，愤恨必须先于悲伤。当然，要将强烈的情绪彻底分离开来是不可能的——愤恨里含有悲伤的成分，而悲伤里也有愤恨的痕迹。但是就此种治疗工作而言，它们代表着不同的治疗阶段。

承认并释放自己

为了把责任坚定地归于应该承担它的一方，你必须承认自己怀有愤恨的情绪，而为了确保治疗的安全性，你还需要将它释放出来。

对大多数人来说，这些话说起来容易，做起来就难了。或许多年以来，你把自己的愤恨压抑得太彻底，以至于让自己变成了一个唯命是从、自我牺牲的完美主义者。就好像是你一直在对外界宣称："我没有受到伤害，我完美的样子足以证明这一点。我可以为别人牺牲一切，我并不生气，让我做什么我都会照做。”要释放你的愤恨就如同打开了火山口，随之而来的喷发可能会让你难以招架。

即使你已将愤恨彻底从自觉意识中驱逐出去，也很容易受到一些身体或情感症状的伤害，比如头痛或抑郁。

对另一部分人来说，问题不在于如何接触自己的愤恨情绪，而是如何去控制它。或许你会对身边的每一个人大发雷霆，却唯独绕开了真正令你愤恨的人——你的父母。或许你总是把对父母的愤恨转嫁到任何刚好出现的人身上，又或许你表现得太过强硬、咄咄逼人，以至于人们根本就不敢靠近你。

在本章后面的部分，我会说说如何用可控的方法外化自己的愤恨，让你打开压力阀，将自己的愤恨情绪排解掉。

受害者的悲伤

在治疗过程中，你会情不自禁地为失去的一切感到难过——失去美好家庭的幻想，失去你的纯真、爱和童年，失去本应幸福美满、有所成就的年华。这种悲伤可能会让你一蹶不振。你的心理医师必须有足够的信心和经验引领你通过这一关，并把你带到成功的彼岸。悲伤的情绪是无可回避的，没有捷径可走。

释放与自我认可

在治疗的最后一个阶段，当你将自己的愤恨和悲伤释放殆尽之后，你将学会把原本耗费在这些不良情绪上的精力用于生活与自我形象的重建。你的诸般症状到了此刻不是有了极大的缓解，就是得到了相应的控制。你将获得前所未有的尊严，并建立起全新的自我形象：一个有价值、讨人喜欢的人。你将第一次面对生活中的新选择——不再以受害者自居，也不再如受害者般行事。

几种有效的治疗方法

我对乱伦咨询者使用的两种基本治疗方法是写信和角色扮演。我也设计了一些经证明对乱伦受害者及其他中毒的成年子女卓有成效的小组练习。这些方法对单独治疗和小组治疗同样适用。鉴于在我的治疗中心只有小部分乱伦受害者的治疗是单独进行的，所以我所选用的案例全部来自于小组讨论。

写信

我要求每一位小组成员每周写一封信，尤其是在最初阶段。他们在家写完信件，然后在下一次活动时大声读给全组成员听。虽然我没有要求任何人将信件寄出，但许多人还是决定这样做，尤其是当他们感觉自己变得更坚强的时候。我要求我的咨询者按照以下顺序写信：

- 写给侵害者。
- 写给沉默者（假定父母中的一方是侵害者，另一方是沉默者；对于遭受除父母以外的其他家庭成员性骚扰的咨询者，请先写给侵害者，然后再分别写给自己的父母)。

- 以你成年后的身份写给曾经受到伤害的年幼的自己。
- 写一篇关于你生活的治愈童话。
- 写给你的配偶或恋人(如果有的话)。
- 写给你的每一个孩子。

在这一系列的信件任务完成后，我会让组员按照同样要求开始第二轮写作。这样一来，这些信件不仅可以作为有效的治疗工具，还能成为反映治疗进展的晴雨表。在治疗初期的几周里所写的信件与三四个月后写出的信件，不论是语气还是内容，都大不相同。

写给侵害者的信

在第一封信(写给侵害者的)中，我希望你可以毫无保留地尽情发泄自己的愤恨。尽情使用“你怎么敢……”“你怎么能……”之类的措辞，这会让你更容易接触到自己的愤恨。

我第一次见到詹妮时她三十六岁，温柔娇小，说起话来就像耳语一般轻柔。她在七岁到十一岁期间曾遭受父亲的性骚扰，但是她始终心存希望，觉得自己总能赢得父亲的爱。她极不愿意承认内心对父亲的愤恨。在做初始讲述的时候，她一直哭个不停。面对给父亲写信的任务时，她也明显很不自在。我鼓励她通过写信的方式把因父亲的伤害和背叛而产生的愤恨情绪发泄出来，同时也提醒她，没必要让她的父亲看到这封信。

以接触中我对她的了解来看，我以为她的第一封信应该是初步的尝试，内容无非是一厢情愿的美好幻想和渴望，然而读到信时我却吃了一惊：

亲爱的爸爸：

其实你并不是“亲爱的”，你能成为我的爸爸不过是因为你在某个晚上把精子射进了妈妈体内。我恨你,也可怜你。你怎么可以侵犯自己的小女儿?

你对我的道歉在哪儿呢，爸爸？我的童贞在哪儿？我的自尊又在哪儿?

我没有做过任何会让你恨我的事情。我没有挑逗你。小女孩很紧致，对吗？她们娇嫩小巧的乳房会让你硬起来，对吗？你这个狗杂种！我早就应该唾弃你。我恨自己没有勇气反抗你。你怎么敢滥用你作为父亲的权力强奸我？你怎么敢伤害我？你怎么敢不向我做出忏悔?

在我很小的时候你曾带我到海边玩，你拉着我的手，我们一起在波浪间穿梭，你还记得吗？那时候你的眼睛里只有我，而我也完全信任你。我想要你好好地尊重我，我想要你以我为傲。对我来说你曾是那么重要，并不只是一个儿童性骚扰者，但你却毫不在乎，你在乎过吗？我再也无法忍受了，我无法装作什么事都没发生过。它确实发生了，爸爸，直到现在它仍在折磨着我。

詹妮

和此前几个小时的谈话相比，写信更能让詹妮的情感得到释放。她被自己如此强烈的情感吓到了，但是想到自己终于找到了一个安全的地方去探究和表达这些情感，她又备感宽慰。

康妮，那位银行信贷员，年幼时曾受到父亲的性骚扰，后来又通过滥交来发泄对自己的厌恶。她和詹妮同在一个治疗小组，比詹妮早入组几个月。康妮性格急躁，争强好胜，时常发脾气。我叫她“硬汉”，但我知道真实的她是多么渺小和脆弱。在写给父亲的第一封信里，康妮强烈的情感溢于纸上，毫不节制，也不拘形式。但是，当她读到自己写给父亲的第二封信时，她的情感和观念都发生了显著的变化，信的内容组织变得更加有条理，重点也更为突出：

亲爱的爸爸：

我在苏珊的治疗小组写的第一封信久远得就像上辈子的事。在这期间，很多事情都发生了变化。在写第一封信的时候,你还是一个可怕的吃人恶魔，而我在某种程度上也变得跟你一样了。乱伦已经够可怕了，而我却还要一直忍受你的暴力和威胁。你真是个恃强凌弱的暴君。你怎么敢夺走我的童年?你怎么敢毁掉我的生活?

而现在，将这些零散的记忆拼凑起来，我终于理清了头绪。你就是一个病态的、精神失常的人。你无所不用其极地利用我。没有父亲会要求女儿以这种方式来爱自己，而我却没有能力阻止你。我觉得自己不是一个正常的人，觉得自己很肮脏。我的境遇一直很糟糕，而我也拒绝一切让生活有所好转的可能，自暴自弃地迎接毁灭。

我解决不了你的问题，也解决不了妈妈的问题，但我可以解决自己的问题。在这个过程中，如果你们中的谁受到了伤害，或者都受到了伤害，我也没有办法。当年我遭受性虐待的时候，也没有人征求过我的同意。

康妮

随着愤怒情绪的宣泄，康妮对自己的憎恨和厌恶之情也消退了大半。这项练习重复的次数越多，她对自己成长和康复的决心就越强。

写给沉默者的信

在写信给侵害者之后，你将写信给父母中的另一方，多数情况下是写给你的母亲。如果你认为母亲对家中的乱伦事件一无所知，那么这封信可能是你第一次以文字的形式向她倾诉自己的经历。

如果你认为母亲知道这件事，或者你甚至告诉过她实情，那么你将有满腔的怒火要向她倾泻：恨她对你保护不周，恨她不相信你甚至责怪你，恨她把你当作维系病态婚姻和完整家庭的牺牲品，恨她把经济保障和家庭现状的维持看得比你更重要。

康妮写给母亲的信深刻地反映了绝大多数乱伦受害者对他们母亲怀有的极其矛盾的情感。她在信中叙述了曾经被父亲性虐待的遭遇，也表达了她对母亲在这场家庭闹剧中所扮演的角色的看法。

……我觉得你也背叛了我。母亲应该保护好自己的小女儿，但你从来不会那样做。你从不照顾我，而他也因此来伤害我。

你当时真的没发现吗？或者你根本毫不在意，所以才看不到？我在孤独和惊恐中挨了那么多年，我真的很生你的气。你抛弃了我。跟他的和睦对你来说就那么重要，让你宁愿为了他牺牲我！发现自己毫不重要甚至不值得被保护的滋味真的很伤人，伤得我把自己的痛苦都封闭起来，我甚至无法像正常人那样去感受。我的父母不仅夺去了我的童年，还夺去了我的情感。我对你的恨和爱一样强烈，这让我感到很迷惘。为什么你就不能关心我、照顾我呢，妈妈？为什么你就是不爱我？是我犯了什么错吗？你能告诉我答案吗？

康妮极具感染力的表达道出了所有乱伦受害者的心声：“为什么妈妈不来保护我呢？连动物都知道保护自己的幼崽！”

写给受伤害的孩子的信

从很多方面来说，给你内心深处那个曾经受到伤害的孩子写信可能是此项任务中最为艰难的部分，或许也是最重要的部分，因为这封信将启动一个“重新抚慰自己”的过程。

“重新抚慰自己”意味着你要深入自己的内心，为躲在心底的那个受伤害的孩子找到一个爱他、肯定他价值的父亲或母亲。这位家长将通过信件的形式给这个依然脆弱惊恐的孩子宽慰、安抚以及保护。

儿时曾遭遇性虐待的你大多已经和心里的那个孩子疏远了。你的羞耻感已经转化为对这个“堕落”、无助孩子的蔑视和憎恶。为了抵御这些极端痛苦的情感，你可能曾经试图否认这个孩子的存在，但是你能做的不过是把他藏起来，你无法遗弃他。

在这封信里，我希望你给他一个拥抱，并接纳他成为你人格的一部分。做一个慈爱的家长吧，给他你不曾体验过的安慰和支持，让他第一次感受到自己是备受父母疼爱的、有价值的人。

丹，一位在童年和少年时期一直遭到父亲性虐待的工程师，长久以来一直厌恶曾经的自己——那个无力反抗父亲的弱小的孩子。以下是他给这个孩子的信的部分内容。显然，经过几次小组讨论，他的情感很快发生了巨大的变化：

亲爱的小丹：

你是一个天真漂亮的孩子，纯洁又讨人喜欢。从现在开始我会照顾你。你很有天分又富于创造性，我会帮你展露才华。你现在是安全的，你可以去爱别人，也可以接受别人对你的爱。你不会再受到伤害，相信你也能感觉到。我会照顾好咱们俩的，我们会一直在一起。过去我们总是分开，扮演着不同的角色，学着自己应对一切。你没有发疯，你只是害怕。他再也无法伤害到你了。从前，因为不想面对你的愤怒、悲伤、压抑、愧疚和焦虑情绪，我曾经酗酒吸毒，现在我都已经戒掉了，你也应该抛开这些坏情绪。我不会再像他一样惩罚我们。我们是有价值的，我是有价值的。我们虚构的那个世界已经成为过去，我们正在觉醒。虽然心里还是会痛，却比以前好多了。最终我们所期望的一切都会实现的。

丹

通过这封信，丹不仅和内心深处的孩子进行了交流，也给了自己些许安慰：戒酒戒毒的决定就是他迈向自我肯定的一步。写这封信的时候他才开始明白他自我挫败的行为和童年时的苦痛之间的关联。

写治愈童话

完成了前三封信，接下来你将要写的是一个童话故事，我要你用童话的语言和形象去描述一下你的生活。你将把自己描绘成小公主或者温和的小王子，与邪恶的国王、丑陋的怪兽或是恶龙一同生活在黑暗的森林或者残破的城堡里。你可以将乱伦描绘成黑死病、暴风雨或者任何你能想象到的东西。

这个童话故事要用第三人称完成，你将以“他”或“她”的视角展开描述，而不是“我”。这将有助于你从一个全新的、更加客观的角度来审视自己的内心世界，在你和你的童年创伤之间拉开心理距离。将那个小女孩称为“她”而不是“我”，曾经的不幸遭遇的刺痛便会开始消退。当你通过象征唤醒自己的感情时，你便会站在一个前所未有的高度来应对它们，最终，你将对自己的遭遇产生全新的、更清晰的认识。

我对这一童话故事设定的唯一限制就是，虽然故事的开篇是悲伤的，结局一定要充满希望。毕竟童话故事是你生活的一个比喻，生活总是充满希望的。刚开始写作的时候你或许并不相信，但是通过对自己生活的乐观描述，你将开始在头脑中构建出更多的美好画面。这对那些无法想象自己会拥有美好未来的人来说尤为重要。通过对美好生活的憧憬，你便有了一些具体的、力所能及的目标；一旦设立了目标，你就有了激励自己前进的动力。

我永远都忘不了曾遭受自己父亲性骚扰的特蕾西为大家宣读她的童话故事的那一天。故事很长，所以在这里我只节选了一部分。她在完成这项练习的过程中所领悟到的真理以及获得的希望，让她对自身处境的看法发生了彻底的改变。

很久以前，在一个群山环绕、与世隔绝的山谷里有一株很小的植物，她的名字叫“艾维”（Ivy，乱伦受害者 incest victim 的首字母缩写）。她的遭遇十分悲惨，所以，她常常凝视着河对岸，默默地期望可以逃过去。

艾维的小世界被臭名昭著的国王莫里斯·莱斯特统治着，大家都叫他莫。

你会发现他的姓和名拼合在一起就是莫莱斯特[1]，而他也确实人如其名。

莫对鲜嫩的植物有着强烈的特殊感情。当艾维含苞待放时，莫便暗中窥探，并惊诧于艾维鲜嫩与成熟并存的美。莫一再对艾维行越矩之事，可尽管如此，她还是满心敬畏地奉他为王。

莫丝毫不觉得羞耻，但是他所欠缺的，艾维会替他做出弥补。可怜的艾维摒弃了全世界，蜷缩在自己的角落里，在她无尽的孤独里，她只有一个同伴：吉尔·特里普。

吉尔是一种低等生物，她缠绕在艾维身上，终日啃食她的叶子和根茎。正是吉尔把艾维禁锢在这个山谷里，她和周围的一切一样，迫使艾维病恹恹地度日如年。

然而，艾维万万没有想到有一天她会遇见拯救她的人。"你是谁？"艾维惊奇地问。"我是你的仙女教母,人们也叫我'北方的苏珊'。收拾好行李，快一点儿，我要带你搬到别处去。"艾维有些惊慌失措。"可是我过不去河啊！"她哭着说。"不，你可以的。"苏珊轻柔地说，语气中透着必胜的把握。"你可以骑上我的愤恨。它载我走了很远，现在它也会带你走的。"

艾维紧贴在以前从未有人为她制服的愤恨情绪上，奋力上弹，终于拔地而起，逃离了令她厌恶的山谷。

特蕾西对自身经历的深刻理解以及对自己想象力和幽默感的巧妙运用，令她重新捕捉到一些在童年时期被父母无视的玩兴。

在我最初布置童话作业的时候，有一些咨询者提出反对，他们声称自

1　莫莱斯特：与英文单词 molester 同音，意为性骚扰者。

己不会写，又或是这种作业很无聊。但是经证实，童话故事一直都是最令人感动、治疗效果最好的练习形式之一。

写给配偶的信

你的下一封信要写给你的配偶。如果你没有配偶、恋人或是共同生活的伴侣，前任恋人或前夫也可以（你不需要将这封信寄出）。向他解释一下你儿时的创伤是如何影响到你们之间的关系的。你无需将你们二人之间的所有问题都归咎于自己，但是你的不信任、你的卑微顺从和你的性经历或许对他造成了损害。这封信中最为重要的部分就是，你要开诚布公地讲述自己的经历。这是摆脱自己的羞耻感的重要环节。

写给孩子的信

你的这一系列信件将以写给每位孩子的信作为终结。如果你没有孩子，也可以写给尚未出世的孩子或是想象中的孩子。你要用这封信来重申自己还有爱的能力，并从中领会到一个道理：你经历了痛苦又从中解脱，这是一个积聚内在力量的过程，你将成为更好的家长。

角色扮演的力量

在治疗小组里，当大家读完所有的信件后，我们会即刻设置一些简要的场景来解决信中提出的问题。我发现，不论是平复乱伦造成的创痛，还是消除咨询者生活中的其他顾虑，这些心理剧或角色扮演的场景都是极为深刻又卓有成效的手段。

角色扮演略去了你为了摆脱自身情感折磨而做出的理性化解释和否认。它为你提供了一个机会，在还未准备好面对家人的时候，向他们表达你的所有情感。它为你营造了一个安全的氛围去尝试一些新的行为模式。这些都是成功治疗不可或缺的因素。

在小组治疗了三个月之后，康妮觉得自己变得很坚强，可以把之前写的信寄给父母了。但她也意识到，一旦信件抵达目的地，她将需要更多的支持。我问她，她的丈夫韦恩是否会支持她，她羞怯地承认自己还不曾把遭遇父亲性虐待的事情告诉丈夫。

和大多数乱伦受害者一样，康妮坚信如果自己说出实情，在丈夫面前便会魅力尽失，遭到厌恶。虽然多年的证据表明，这个男人一直爱她、支持她，但内心的顾虑还是促使她把这个痛苦的秘密藏在了心里。可是现在她不能再隐瞒下去了。

为了帮康妮消除顾虑，我让她在冒险告诉韦恩实情之前，先在小组里以角色扮演的方式预演一下。我们演习了几个不同的场景，由我或其他组员扮演韦恩，做出不同的反应，从全然接受到断然拒绝。

在其中一个颇为戏剧性的场景中，由康妮自己扮演韦恩的角色，这样一来，她便可以试着体验他的某些情感变化。我则扮演康妮。在告诉韦恩父亲对我的所作所为之后，我告诉他我对他的期望。

苏珊（饰演康妮）:“我现在非常需要你的爱和支持。我希望这些事情不会对你产生影响，希望你不要恨我或是觉得我很不堪。”

康妮（饰演韦恩）:“我当然不会恨你。我只是希望你早些告诉我，这样我就可以一直陪在你身边支持你。如果说这件事对我有什么影响的话，那就是，对我来说你变得更加珍贵了。我一直觉得你的心里藏着什么痛苦，它总是让你多疑、易怒，现在我终于知道了，一切都明朗了。我希望自己能做些什么来消除你受到的伤害，你应该信任我，早些告诉我真相……”

这时，康妮结束了表演。

康妮 :“在扮演他的过程中，我真的能感受到他对我的爱。一切都会好起来的。我知道一定会。”

你可以通过角色扮演的方式获得打破沉默的勇气。当康妮告诉韦恩自己的童年遭遇时，她发觉小组演练真的打消了她的诸多顾虑。韦恩的确通情达理，和康妮预想的一样。在此后的治疗中，他始终如一的支持也对她的恢复大有帮助。

练习 : 治愈内心深处的孩子

除了写信和角色扮演，还有一些治疗效果极为显著的小组练习。以下是最为有效的两种。

改写历史——练习说“不”

或许你与绝大多数乱伦受害者一样，不知道怎样说“不”。你可能觉得自己无力反抗，所以别人说什么都只能照做。这些信念源于你曾遭强悍的父母胁迫、恐吓和羞辱的经历。

为了重获力量，请你闭上眼睛，回忆自己第一次遭到父母侵犯时的情景，但是这一次你要让既定事实发生改变。想象一下事发时的房间，还有眼前将要侵犯你的人。伸出双手将他推开，告诉他："不！你不能这么做！我不允许你这样！滚开！我会告发你！我要喊了！"想象他服从的样子。你看着他转身离开房间，身影变得越来越小。

虽然你可能会为自己曾经无力这样反抗而感到痛苦，但改写历史是一项激动人心并且能够赋予你力量的练习。正如丹所说的：

天啊，如果这一切能成真，我愿意付出任何代价！即使是现在，这样做也让我觉得获得了前所未有的力量。那个时候我无力保护自己，但现在我一定可以。

先做孩子，再做大人

在最令人心酸的一项小组练习里，我要求成员们扮演初遭侵害时年幼的自己。

在练习中，找到身为孩子的感觉很重要。为了做到这一点，你不妨坐在地上。记住，小孩子可不会像大人那样说话，他们有自己的词汇以及感知世界的方式。组成受虐儿童小组之后，你要向组长汇报自己家里发生的"怪事情"。其他的"孩子们"可以问问题，也可以安慰你。以下是最近一次小组讨论的摘录，在这次练习中，康妮取得了重大的突破。

苏珊："嗨，亲爱的，你多大了？"

小康妮（以稚嫩的童音）："七岁。"

苏珊："我知道你爸爸正在对你做些特别不好的事情。跟我们说说吧，这对你有帮助。"

小康妮："这个……真的不太好说。我有点难为情，但是爸爸他……他走进我的房间然后他……他扒下我的小裤裤摸我，他还舔我……就是下面，我尿尿的地方。后来他还拿他的小鸡鸡蹭我的腿，他喘得很厉害，过了一会儿就冒出一些白色的黏糊糊的东西来，他让我拿毛巾擦掉，还说我要是告诉了别人他就打我。"

苏珊："爸爸对你做这些事情的时候你有什么感觉？"

小康妮："我吓坏了，还肚子疼。我想我一定是个特别坏的孩子，爸爸才这样对我的。有时候我会想自己死掉，那样他就知道我有多不高兴了。我死了他就不会对我做那个了。"

这一刻，康妮的"硬汉"防线崩塌了。小组的其他成员围成一圈，轻拥着她，给她安慰。她哭了好几分钟。

康妮啜泣着告诉我们她已经很多年没有哭过了，她害怕哭泣给她带来的无助感。我安慰她说，将自己柔软、易受伤害的一面展露出来非但不会让她变得更加脆弱，反而还会赋予她更强大的力量。她内心深处那个伤心惊恐的孩子再也不用四下躲藏了。

当你心底的孩子有机会表达自己并得到安慰和肯定之后，你便要做出理性的选择，重新回到自己的成人身份。站起身来，感受一下自己的高大健壮和作为成人的力量吧。当你感到自己像个无助的孩子时，切换回你的成人身份可以让你积聚巨大的能量，重新振奋起来。

小组疗法的形式很多样，以上不过是你的心理医师可能采用的个别方法。这些小组练习，以及之前介绍过的写信和角色扮演，都是消除乱伦伤害的重要手段。

与父母对峙

写到这里我忽然感到很难过，因为我不得不提醒你，那些本应养育你、爱你并保护你的人极有可能在你鼓起勇气说出实情的时候对你发起攻势，摧残你的情感。在与乱伦侵害者对峙前请务必再次确认，我强调过的有关对峙的所有准备工作都已完成无误。

- 你必须有坚实的支持体系。
- 你必须演练、演练、再演练。
- 你必须转换观念，重新确认乱伦事件的责任承担者。
- 你必须做好充分的思想准备：你与父母的关系将发生重大改变，甚至是终结。

如果你的父母还生活在一起，那么你与他们的对峙可以同时进行，也可以分开进行。不过据我观察，分开进行往往可以降低场面失控的风险。因为当乱伦受害者同时与父母双方对峙时，父母往往会团结一致，合力抵御“外敌”的全面进攻以保卫他们的婚姻，这样一来就会形成二对一的局面。所以你的身边必须要有支持者，这对你来说非常重要。

我们无法预测在乱伦的事实面前，不同的侵害者会作何反应，所以，与他单独对峙似乎可以让局面相对缓和些。侵害者可能会对曾经的乱伦事件矢口否认，或者气急败坏地拍案而去，或者污蔑你的医师教唆你破坏自己的家庭，或者对自己的罪行轻描淡写，又或者干脆承认了自己的所作所为。你必须做好充分的准备面对每一种可能性。如果他承认了自己的罪行，你也要小心戒备：他可能会找各种借口为自己开脱。侵害者常常巧妙地操控受害者来同情自己。

虽然同乱伦侵害者交涉和同其他类型的有毒家长交涉的细节类似，但你还需在“我对你的要求”这部分列入一些非常具体的内容。在决定你与侵害者将来的关系模式时，他对你所提要求的回应将是你唯一的衡量标准，同时也是准确的参考指标。

以下是你的要求：

- 对发生的一切供认不讳。如果侵害者声称忘记了，也要让他承认：即使他不记得，这一切也真实发生过，因为你记得。
- 道歉。
- 承担全部责任，并明确说明你对此事没有任何责任。
- 愿意做出补偿。比如，他可以加入治疗，为你支付治疗费用，为给你生活中的其他人造成痛苦致歉，在你需要的时候与你进行相关的交流。

在这里提醒你一句：父母的道歉可能具有欺骗性，令你产生不切实际的希望，以为你们的关系将大有改观。如果侵害者在道歉之后没有任何实质性的行为改变，那么一切还将照旧。他必须愿意为此做些什么，否则所谓道歉就不过是空话，只会带给你更多的伤害和失望。

显然，受害者的全部要求，或者大部分要求能得到积极回应的情况极少出现，但是提出要求的过程对你的成长来说至关重要。你需要为你们将来的关系制定一些基本规则。你必须明确态度：你再也不会生活在谎言、半真半假的欺骗、隐藏秘密和否认事实的环境中。最重要的是，你必须明确地说明：你再也不会为曾经遭受的暴力侵犯承担责任——你不愿意再次成为受害者。

“是时候卸下伪装了”

特蕾西决定分别面对父母二人。特蕾西告诉父亲，她正在接受治疗，但没有具体说明是哪一种治疗。她说如果他能和她一起参加小组讨论，对她来说将大有帮助。他同意了，中间又一再更改预约时间，但最终还是来了。

特蕾西的父亲哈罗德年近六十。他穿戴得体，和他总经理的职衔倒也相衬。我问他知不知道特蕾西让他见我的原因，他说他觉得这是个“不错的主意”。于是我让特蕾西先告诉父亲她所在的治疗小组的性质。

我参加的是乱伦受害者治疗小组，爸爸。小组成员的爸爸——有些是妈妈——都和你一样，在他们小时候对他们做了那种事情。

哈罗德明显脸红了，眼神也开始闪躲。他说了些什么，但特蕾西打断了他，让他先听自己把话说完。接着她向父亲讲述了他对自己做的那些事情，以及这让她感到多么恶心、恐惧、迷惘和不堪，讲述了这件事是如何对她的生活造成重大影响的。

我从来都不能踏踏实实地去爱什么人。我总觉得我是在背叛你，对你不忠。我觉得自己像是你拥有的什么物件，在你之外就没有别的生活了。你说我是荡妇的时候，我便信以为真——毕竟我心里一直藏着这个肮脏的秘密。我觉得这都是我的错。我这一生，大部分时间都是在忧郁中度过的，但我也学会了装作若无其事。但事实并非如此，爸爸，我们都不要再演戏了。现在，我的婚姻濒临破裂，因为我厌恶性、厌恶我的身体、厌恶我自己！谢天谢地，现在这些都发生了变化。可是，一直以来你都逍遥法外，而我却背负着所有的重担。你背叛了我，你利用了我，你做了一位父亲能对自己小女儿做的最卑劣的事情。

然后特蕾西告诉父亲自己对他的要求：为他的行为道歉并承担全部责任。她也给了他一个机会：在她告诉母亲之前，他自己坦白一切。

特蕾西的父亲惊得目瞪口呆。他指责女儿讹诈他。他没有否认他的乱伦行为，但却刻意地轻描淡写，说自己从未“伤害她的身体”。他的确道歉了，但他最关心的是一旦这件事被“张扬出去”，他的婚姻和职业地位都将受到影响。他拒不承认自己需要接受治疗，因为他一直过着“有价值、有成就的生活”。

接下来的一周，特蕾西的父亲迫于压力向她的母亲坦白了。待特蕾西再来小组的时候，她向大家汇报了结果：

我的母亲很受打击，可眨眼的工夫就要我原谅他，并且不要告诉家里的其他人。当我告诉她我不会同意她的要求时，她质问我为什么非要这样伤害他们，这样做是不是很开心——突然间，我成了整件事中的坏人。

每一位小组成员都很想知道特蕾西当时的感受，毕竟她迈出了如此意义重大的一步。我永远都忘不了她的回答：

那种感觉，就像是卸下了千斤重担。现在我终于认识到，我有讲实话的权利，要是有人觉得接受不了，那也不是我的责任。

看到特蕾西重获力量，并且越来越接近消除乱伦伤害的终极目标，我们都非常兴奋。最终，特蕾西决定与父母维持关系，但也仅仅是非常有限的联系。

撞上石墙

特蕾西在与父亲对峙的过程中几乎不需要我的帮助，而丽兹则不同。她的继父是当地颇有影响力的牧师，他不仅虐待她，在她鼓起勇气要他停手的时候还差点掐死她。丽兹非常需要我的帮助，尤其是在她母亲和继父坚持一起陪她参加讨论的状况下。当丽兹告诉父母她想让他们来参加小组讨论的时候，他们的答复是：“只要能帮她解决精神问题，他们愿意做任何事情。”

十三岁的时候，丽兹曾告诉过母亲继父性侵犯她的事情。她曾竭力想要制止此事，可是母亲并不相信她，于是她便再没提起过这件事。

丽兹的继父伯特年过六旬，谦和有礼。他穿着黑色的牧师服，露出洁白的衣领。丽兹的母亲罗达是个高高瘦瘦、神情严峻的女人，黑发中夹杂着一缕一缕的白发。两人从进门的那一刻起便一直满腔义愤。

丽兹的一言一行都和事先练习的一样，可是，每当她提起当年的性骚扰事件时，便遭到了父母愤怒的否认和谴责，就好像撞在了一堵石墙上。按照父母的说法，她是一名精神病患者，整件事情都是她凭空编造的。她是个顽劣、爱记仇的姑娘，因为伯特一直对她“严加管教”而伺机报复。虽然丽兹按部就班地进行着对峙，但这一切都毫无意义。她无助地望向我。于是我介入了他们的谈话：

你们俩对她的伤害已经够深的了，我不允许这样的事情再发生。很遗憾你们都没有承认事实的勇气。伯特，你很清楚丽兹所说的一切都是真的。没人会编造这种既屈辱又痛苦的记忆，也没人会编造多年来承受压抑和耻辱的经历。虽然你所犯下的罪行已经过了诉讼时限，但我想说的是，鉴于对其他儿童来说你是值得信赖的权威，所以丽兹和我已经把你的所作所为上报了儿童保护服务处[1]。如果你再伤害到其他的孩子，这份报告将对你十分不利。我真不明白，你的生活完全建立在谎言上，还怎么能对其他人履行牧师的职责。你是一个骗子，恋童癖，牧师大人！这一点，你自己心里清楚，上帝也清楚。

1　儿童保护服务处（Child Protective Services）：美国各州区政府都有儿童保护服务处，负责调查虐童事件、安排受虐儿童到寄养家庭等事项。据统计，美国目前有40万儿童生活在儿童保护服务处安排的家庭里。

伯特的脸僵住了。他一言不发，但明显感觉得到他的怒气。我转向丽兹的母亲，想尽最后的努力让她面对事实，但她却置若罔闻。

伯特和罗达的防御坚不可摧。我觉得没有必要让丽兹继续忍受这种局面。她想要的答案就摆在眼前，于是我请伯特和罗达离开了。

丽兹清楚，她必须在父母和自己的心理健康之间做出选择。以当时的情形来看二者无法兼得。她很快做出了决定：

我必须把他们赶出我的生活。他们太疯狂了。要我和他们保持关系只有一种可能——那就是我也疯了。现在的我比以前坚强多了，再看他们会感觉好像外星人一样。天呐，苏珊，那个女人原来还是我妈呢！

她突然哭了出来。我抱住她几分钟，她一直在抽泣。最后，她说：

最让我感到伤心的是，我终于意识到他们根本不关心我，他们从来就没有关心过我。不论以哪一种正常标准界定的爱来衡量，他们都不爱我。

丽兹的最后一句话表明，她愿意去面对一个许多儿时遭遇性虐待的成年人不得不面对的可怕事实——归根结底，她的父母根本不具备爱的能力。是他们的失败和性格缺陷造成了如此痛苦的现实，与她无关。

与沉默的一方对峙

康妮的父母住在别的州，所以她决定以信件的形式分别与他们对峙。在扮演年幼的自己的那次练习中，康妮忽然想起在第一次遭到父亲的性骚扰之后，她曾把这件事情告诉了母亲。所以，对康妮来说，找到母亲没能采取措施保护她的原因是非常重要的。

信件寄出后，康妮一直焦虑不安。三周过去了，她还是没有收到父亲的回信。

“但是你已经收到了，”我说，“他的回复就是他不愿意谈论这件事。”

但是，康妮却收到了母亲的回信。她在小组里和大家分享了其中的部分内容。

不论我说什么，都不足以弥补你所承受的伤害。那个时候，我以为我已经尽最大的能力保护了你。我真的跟他谈过这件事，他也道歉了，还发誓永远不会再犯。他看起来是那么真诚。他乞求我再给他一次机会，并告诉我他是爱我的。没有人能明白我心里的恐惧，我对他的话半信半疑，不知道该如何是好。我以为这件事情已经过去了。现在我才意识到，他居然这么轻易地骗了我，这真让我恶心。我是那么渴望拥有幸福美满的家庭，所以拼命地掩饰这一切，一心想要维持平静的生活。现在我的脑子很乱，没有办法再继续这个话题。或许，和以前一样，我还是帮不上什么忙，康妮，但是请相信我是真心爱你的，希望你一切都好。

爱你的妈妈

这封信燃起了康妮心中的某种希望，或许两人可以由此建立起一种更加真诚的关系。在我的建议下，康妮安排了一次她母亲、她和我之间的电话会谈。交谈间，康妮的母亲玛格丽特再次表达了她在这件事情上的悲痛心情，并且再次承认了自己的软弱和等同于共谋的不作为。连我都开始觉得，或许这两个女人可以建立起一些有价值的关系……直到康妮对母亲提出她唯一的要求。

康妮："这么多年都过去了，我也不求你能够离开他，但是有一件事情对我来说真的非常重要。我希望你可以告诉他，他对我做的事情有多可怕。我不需要他为我做什么——他是个变态又疯狂的家伙，我只能接受现实。但是我真的希望他能从你这里听到这些话。"

玛格丽特沉默了许久。

玛格丽特："我不能这么做。我真的做不到。请不要逼我。"

康妮："所以你是在袒护他、放弃我对吗？就像以前一样。当我收到你的回信时，我还以为或许我将拥有我的母亲。我还以为或许这次你会站在我这边，就这一次。只做出道歉是不够的，妈妈。你得为我做点什么。你得用行动表明你是爱我的，不是说说而已。"

玛格丽特："康妮，那都是很久以前的事了。现在你有你自己的生活，有自己的家庭，而我，他就是我的一切。"

唯一的要求被母亲拒绝了，康妮既痛苦又失望。但她忽然明白，其实母亲在很久以前就做出了选择。在这种情况下仍期望她能改变是不现实的。

康妮决定，为了自己的心理健康，她将与母亲维持最低限度的信件和电话往来。母亲能为她做的事情极为有限，她也不再抱有期望。至于父亲，她决定与他断绝一切联系。

"让我们放下过去，重新出发吧"

丹的母亲伊芙琳是一位退休的中学校长。当丹打破沉默的时候，她的反应与丽兹和康妮的母亲截然不同。丹的父母离异已经十年了，他终于坚强起来，把童年遭受父亲性虐待的事实告诉了母亲。

听到儿子遭遇的详情，伊芙琳哭了，她走过去将他抱在怀里。

天啊，亲爱的，我很难过。你怎么不早告诉我呢？那样我还能做点什么来帮你。我当时完全不知情，我只觉得他有些很严重的问题。我们的性生活非常糟糕，我也知道他总是在浴室里自慰，但我万万没想到他会对你下手。天啊，我的宝贝，我很抱歉，我真的很抱歉。

丹之前曾担心会给母亲造成难以承受的负担，但他低估了她共情[1]的能力。伊芙琳让他放心：她宁愿与他共同面对可怕的事实，也不愿生活在谎言里。

我感觉就像被卡车撞到一样，但是，你能告诉我实情，我真的很高兴。现在看来，一切都明朗了，很多事情也说得通了……像你的酗酒、抑郁，以及我婚姻中出现的许多问题。你知道吗，多年以来我一直很自责，因为他似乎对同我做爱完全没有兴趣。我也会因为他的坏脾气责备自己。现在我才明

---

1 共情（empathy）：又称移情，指能设身处地体验他人的处境，感受和理解他人情感。

白，他这是病态，他真的有病，根本不是我们的错。所以，让我们放下过去，重新出发吧。

丹说了实话。他不仅给自己，也给母亲送上了一份礼物。通过乱伦事件的讲述，母亲婚姻生活中的许多令人痛苦困惑的问题也得到了解答。丹的母亲做出的反应，正是所有乱伦受害者渴望他们的母亲会做出的反应——体谅，对侵害者的愤怒，对受害者真诚的支持。

当丹和母亲手挽手离开我的办公室时，我不禁想，要是所有的母亲都是这种反应该多好！

毕业

在完成了写信、角色扮演、小组练习、与父母对峙、就将来与父母的关系做出决定之后，你将迎来治疗过程中的这一重大时刻。你将看到越来越多的有关自己力量和健康的证明。你在观念、情感和行为各方面的变化将融入你的人格。总而言之，你可以“毕业”了。

这对你、你所在小组的其他成员以及你的心理医师来说，是一个伤感而又激动人心的时刻。很多小组成员在离组后仍能长期保持亲密的关系。这种产生于群体内部、以极端情感经历的共享和交流为基础的友谊往往极为坚固，并且在治疗结束后仍不断给予你关爱和支持，帮你减轻离开治疗小组的失落感。

毕业时间将视你的需求而定。我的治疗小组里的乱伦受害者大多需要一年到一年半的时间来完成整个治疗周期。如果你的父母极为配合，就像丹的母亲那样，这个时间可能会短一些；如果你决定与父母断绝联系，就像康妮和她的父亲那样，那么你的周期可能就要长一些，以免雪上加霜，使你在已有损失（失去父母）的基础上再遭受另一损失（失去治疗小组）。能够在相对短暂的时间里发生如此巨大的变化，我始终惊叹不已，尤其是想到大家最初各方面都遭受重创的状态的时候。

重生

时常会有已经毕业的咨询者联系我，向我汇报他们的近况。最近收到的一封信让我特别高兴，也深受感动。写信的是一位名叫帕蒂的年轻女士，她是我的第一批“毕业生”。

帕蒂是我组织的第一批乱伦受害者小组里的成员之一。那时候她十六岁。前文中我曾简略地提到过她。在她很小的时候，父亲曾威胁她说，如果她不顺从他，就把她送去寄养家庭。我已经很多年没有收到她的来信了，但是我记得她一直没能完成与父亲的对峙，因为在她接受治疗的时候，她父亲已经失踪好几年了。她在信中写道：

亲爱的苏珊：

我一直都想写信给你，感谢你帮我成为一个全新的人。多亏了你和治疗组，我现在真的很好。

我嫁了一个特别好的人，我们有三个孩子，我也学会了信任别人。我觉得，正因为我曾经的经历，我现在成了更合格的妈妈。我的孩子们懂得不让别人碰她们身上不该碰的地方，也知道如果发生这种事情应该告诉我，我会站在她们那边支持她们的。

我终于还是和爸爸对峙了。虽然费了些周折，但我还是找到他了，并且对他说了我对他的看法。他唯一的回答是“我是个病人”，甚至连一句对不起都没有。但你说得对，这都不重要了。只要我把责任还给应该承担它的人，自己就会好起来。

谢谢你一直以来对我的关爱，是你让我重生。

永远爱你的帕蒂

像帕蒂这样的例子并不少见。虽然在乱伦受害者的角度看来生活可能很残酷，但治疗也确实卓有成效。不管你多么沮丧消沉，总有更好的生活在等着你——摆脱愧疚、恐惧和屈辱的、自尊自爱的生活。你在这一章里读到的所有人都已经从绝望走向了健康，你也一定能做到。

第十五章

“我能保护自己的孩子”
——打破旧有的家庭模式

从现在开始，我的孩子们将看到一个不再甘受欺侮、也不允许他们遭受虐待的母亲。我的儿子不会在虐待女性的家庭里长大，我的女儿也不会默认自己受害者的角色。

在《依恋：为什么我们爱得如此卑微》一书出版后，一位名叫珍妮特的女士写信给我，说刚刚读完了我的著作。

这本书里到处都是我丈夫和我自己的影子。我这才意识到，不仅我丈夫暴虐成性，就连我自己也是成长于接连几代人都是男人施虐、女人受害的家庭环境。你的著作给了我去结束这一切的勇气和坚定信念。我不确定我丈夫是否愿意做出改变，也不知道自己还会不会和他一起生活下去。但我可以肯定，从现在开始，我的孩子们将看到一个不再甘受欺侮，也不允许他们遭受虐待的母亲。我的儿子不会在虐待女性的家庭里长大，我的女儿也不会默认自己受害者的角色。非常感谢你的指点。

尽管施虐者、受虐者“角色”的“演员”有所改变，有毒行为周而复始的循环却可以持续数代。每一代上演的家庭戏码或许看起来、听起来各不相同，但所有有毒的行为模式最终导致的结果却惊人地相似：痛苦和折磨。

珍妮特勇敢地对一直以来家中男方暴虐成性、女方逆来顺受的格局进行了反抗。她改变了自己的行为模式，并对丈夫的情感虐待设立限制，为确保子女免受家族遗毒的影响迈出了一大步，她正在打破这一循环。

打破循环意味着不再像受害者，也不再像虐待者那般行事，不再在配偶、孩子、同事、权威人士和父母面前扮演依赖他人、百般无助的孩子的角色。如果你又忍不住以令自己羞愧的方式打骂配偶或孩子，就应该寻求专业心理医师的帮助。虽然你只是自身做出改变，但你会发现其影响要广泛得多。一旦打破了循环，你就可以保护你的子女免受带有你童年色彩的有毒的观念、规则和经历的荼毒，或许你会在今后的几代里改变自己家庭关系的本质。

“我能保护自己的孩子”

打破循环最有效的方法之一就是做出承诺，和你父母当年对你的态度相比，你要更加体贴关爱自己的子女。

梅勒妮意识到，她不应该仅仅因为自己没有从父母身上得到关爱和抚慰，便剥夺孩子从她身上得到这一切的权利。虽然时时保持警惕以免再次沾染旧习对她来说并不容易，但她的承诺却十分坚定：

以前我害怕有小孩。我只是不知道自己会成为什么样的母亲。带孩子真的不容易，很多时候我会冲他们大声叫喊，让他们回到自己房间去，让我一个人静一静。他们怎么就那么让人劳心劳力呢！但是接受治疗之后我才意识到，我母亲当年就是这样对我的。所以，在我情绪低落的时候，我会尽力克制，不将他们拒之门外。我必须深入地剖析自己，而我真的做到了。虽然我并不完美，但至少我在努力地完善自己。我应该为这一切承担起责任。

为了让自己痊愈，梅勒妮采取了一些具体的举措。在完成对峙之后，她们母女终于可以更加坦诚地谈论各自的感受和经历，梅勒妮这才得知自己是上几代对子女漠不关心、毫不作为的母亲们遗毒的受害者。为了不让自己的孩子受到同样的侵害，她主动担负起责任，这样的局面令人振奋。

除了接受治疗以外，梅勒妮还报名参加了家长互助小组。她承诺要做一位好家长，可是她唯一的角色榜样——她的父母——却极不称职，所以她并不知道怎样做才算是好家长，她从未见过好家长是如何对待子女的。家长互助小组帮她消除了许多可以理解的恐惧，也帮她克服了逃避心理和对孩子需求的恐惧。

梅勒妮也找到了新的办法来更好地照顾自己并对抗内心的空虚感。她结交了一些新朋友，这其中包括家长互助小组的成员，也有我建议她参加的民族舞蹈班上的同学。她正在渐渐摆脱旧有模式的侵害，不再被际遇坎坷的落魄男人吸引，并且牺牲自己去照顾他们。

“我发誓不会和父亲一样”

本书是以戈登的案例作为开篇的，这位年幼时曾被父亲用皮带抽打的医生在接受治疗六个月之后，已经完全接受了自己曾经是受虐待儿童的事实。他完成了写信、角色扮演以及与父母对峙的各个治疗环节，并在此过程中将大部分昔日的痛苦渐渐释放出来。他开始认识到他是如何在自己的婚姻中延续这一虐待循环的。

戈登："我曾经发过上百次誓，我绝不会像父亲那样，可是回顾过去，我觉得自己对待妻子的方式和当年父亲对待我的方式如出一辙。我受到的训练就是这样的，所以得到的结果也一模一样。"

苏珊："在你小的时候，爱和虐待便是交织在一起的。你父亲对你的爱和虐待有时会同时显现，所以你将这两者混在一起也情有可原。"

戈登："以前我真的觉得自己和父亲完全不同，因为我没有在身体上虐待我妻子。但我却用言语虐待她，用我的坏心情惩罚她。就好像虽然我的人离开了家，却像被父亲附体了一样。"

戈登在他的一生中一直极力否认父亲曾虐待过他这一事实；在他的婚姻生活中，他也一直否认自己具有虐待倾向。但事实上，戈登不过是变换了不同的虐待方式而已。戈登的父亲通过身体上的暴力和痛苦来控制他，而戈登则是通过言语上的暴力和情感上的痛苦来控制他的妻子。戈登变成了一个粉饰太平的受害者，一个像他父亲一样的专制者。

只要戈登拒不承认在某种程度上自己是在重复父亲的虐待行为，他就意识不到自己其实还有另一种选择。如果他觉察不到这种恶性循环的存在，就无法下决心去打破它。直到妻子离他而去，戈登才不得不面对现实。

戈登是幸运的，他的辛勤努力最终获得了回报。妻子看到他做出的改变，最近同意试着与他和解。戈登不再恐吓或贬损妻子，他学会了从根源上平息自己的愤怒，而不是将其转嫁到妻子身上。他现在可以很坦诚地与妻子谈论自己的恐惧以及遭受虐待的童年。这一循环已经被打破了。

“我的孩子不能由酒鬼带大”

格伦曾做出让酗酒的父亲进自己公司上班的错误决定，也曾发誓自己永远不会和任何酒鬼有任何关联，然而最终他却发现，酗酒的戏码在他的家中再度上演——他的妻子是个酒鬼，而他年少的孩子们也面临着沦为酒鬼和瘾君子的危险。

我曾经觉得我的孩子们不会遇到我曾遭遇的问题，因为我不喝酒。但是他们的母亲喝酒很凶并且拒绝接受戒酒治疗。有一天晚上我回到家，发现丹妮斯正和我们的两个儿子分享一箱啤酒，这可把我吓坏了。他们三个人都喝多了，而且我发现这样的事情已经不是头一回了。我的天啊，苏珊，我自己不喝酒，却始终没办法摆脱生活中的酒鬼，这种日子我真的过不下去了。

格伦已经不再是我们初次见面时的那个怯懦而神经质的人了。他比以往任何时候都更愿意与妻子丹妮斯坦诚相对。他知道要想在孩子们染上酒瘾之前打破循环，就必须采取一些强制性的措施。最终他告诉妻子，如果她不同意接受戒酒治疗，自己就离开她——他说到做到。于是，丹妮斯报名参加了嗜酒者互诫协会，而他们的两个孩子也参加了一个针对年轻人的十二步戒酒项目。

如果你的父母是酗酒者，那么极有可能酗酒的怪圈会再度出现在你自己的家中。就像格伦那样，即使你自己不酗酒，也极有可能选择酗酒的伴侣。一旦出现这种状况，你的子女将会和你一样，在酗酒者与助人者的典型环境中成长。除非你能打破这一循环，否则他们极有可能成为同样的酗酒者或助人者。

“我不想伤害孩子”

在前文中我介绍过霍利，她被指控对自己的小儿子施行身体虐待，由法庭转到我这里来接受治疗。我知道要真正打破这一循环，霍利必须在两方面做出努力：过去和现在。但是在最初几次会面中，我的焦点几乎都集中在向她传授她所急需的、控制自身冲动情绪的方法上。她必须重新掌控自己的日常生活，这就意味着首先她要具备控制自身愤怒的能力，然后才能进入一个更为漫长的、平复童年伤痛的过程。

我坚持让霍利参加匿名父母俱乐部每周一次的活动，这是一个专门为虐待子女的父母提供援助的自助组织。在俱乐部里，霍利找到了一位“援助者”，在她自觉可能控制不住自己而要伤害儿子的时候，就可以给这位援助者打电话，对方会通过安抚、提供建议甚至是上门帮助缓和局面等方式及时予以调停。

霍利为了控制自己受到压力便想打人的倾向而在俱乐部接受治疗，同时我们也在她的讨论治疗环节中采用了与之不同却并行不悖的方法。我让霍利学习的第一件事就是辨认她在即将发火或施虐时的生理感觉。愤怒有许多生理因素。我告诉霍利，她的身体就像是个晴雨表，只要她稍加留意便可以知道自己身体内部的变化。当霍利开始留意自己变得暴虐之前的身体感觉时，她惊奇地发现原来许多变化是自己可以察觉到的：

你最初告诉我的时候我还不相信，苏珊，但这竟然是真的！在我要发火的时候，我能感觉到自己脖子和肩膀处的肌肉会变得僵硬，胃里面好像有什么东西在摩擦作响，我的下巴会绷紧，呼吸会加速，心跳得像大锤一样厚重，而且眼眶发烫泪水上涌。

这些生理上的感觉就是霍利爆发前的征兆。我告诉他，她有责任留意这些征兆并极力避免风暴的发生。在过去，她会对儿子怒吼咆哮或是拳脚相向，借以发泄心中巨大的压力。如果她想打破家庭暴力的循环，就必须为这些一触即发的生理反应找到替代的办法。

一旦霍利学会辨认自己怒火中烧的体征，就要为这些身体感觉寻找具体的应对办法了。我们谈了很多关于主动回应和自动反应之间的区别，但是霍利长久以来一直习惯性地听从自动反应，要让她想出一些新的做法是极其困难的。为了帮她有个良好的开始，我问她，如果父母没有对她施以暴力，她希望他们如何对待自己。她回答道：

以前我希望他们走开就好，等到心情平复了再回来。在周围的街上走走或者做些别的什么事情。

我建议她在下次生气的时候不妨试试。接着我又问她，还有些什么事情是她曾经希望父母可以做并且现在也适合她自己来做的。

我可以数数，数到十……我了解自己，我最好是能数到五十。我可以告诉儿子我并不想伤害他，并且让他去别的房间待一会儿。又或者，我也可以给我的援助者打电话，和她聊聊天，直到自己冷静下来。

我对霍利想出了一些不错的行为策略表示赞许。在接下来的几个月里，她对自己在控制情绪及冲动行为方面的改变感到兴奋不已。一旦她看到了自己的自控力，知道自己并非注定要重蹈母亲的覆辙，就已经做好了准备，可以去应对真正的难题了——抚平自己儿时的受虐经历所留下的创伤。

“我不允许我的孩子与父亲单独相处”

詹妮——她年幼时曾遭受父亲的性骚扰，为了重新获得父爱，她努力了整整二十年——在对峙后获得了全新的自信。她所在治疗小组里的一位成员问她，她将如何处理她的父母与八岁大的女儿蕾切尔之间的关系。詹妮告诉大家，她对老人与孩子的共处制定了十分严格的基本规则。

我告诉他们我决不允许蕾切尔与他们单独相处。我说:“你知道的，爸爸，一切都没有改变，你没有接受过任何治疗，你仍然是曾经虐待过我的那个人。我怎么能放心地把女儿托付给你呢？”接着我也告诉母亲，我同样不相信她有能力保护蕾切尔的安全。毕竟当年在他侵犯我的时候，她就在那幢房子里。

詹妮意识到了一个被许多乱伦受害者忽略的问题——所谓打破循环也意味着保护其他的孩子不受虐待者的侵害。乱伦是一种令人不解的冲动。骚扰过亲生女儿的侵害者往往还会继续骚扰自己的孙辈或是其他有机会接触到的孩子。詹妮无法预测父亲是否会重施劣行，于是明智地决定要谨慎行事。

詹妮还为女儿买了一些帮助儿童区分健康的爱抚和不当的、含有性意味行为的书。现在也有这方面的影像资料在售。这些资料的目的不是吓唬孩子，而是要心平气和地普及一些多数家长会感到难堪但所有孩子都有必要了解的常识。

在我的坚持下，詹妮采取了更勇敢、治疗效果也更好的进一步行动。

我要把这件事告诉家里的所有人。你说得对，我不仅有责任保护蕾切尔，也有责任保护家里所有的孩子，毕竟我父亲有机会接近她们每一个人。并非所有人都满意我的决定，尤其是我的父母。但是他们必须承受这样的结果。多年以来我一直把这个秘密藏在心里，我以为自己是在保护这个家，可我真正保护的其实是我的父亲。事实上，正是由于我的沉默，家中其他的孩子将身处危险境地。

尽管詹妮勇敢地做出了富于责任心的举动，可并不是所有人都领情。在典型的乱伦家庭中，有些亲戚会感谢你说出实情，有些人则会完全不相信你的话，还有些人则可能被激怒并斥责你说谎或背叛自己的父母。如同对峙一样，其他家庭成员的反应很大程度上决定了你与他们未来关系的性质。有些家庭关系可能会受到影响，但为了保护孩子，这是你必须付出的代价。乱伦只能存在于沉默的共谋中，而打破这种沉默是最终打破循环至关重要的一步。

“很抱歉我伤害了你”

有毒父母的特征之一就是他们极少（甚至从不）为自己的破坏性行为道歉。正因如此，向你可能伤害过的人——尤其是你的子女——道歉是打破这一循环的重要环节。你或许会觉得难堪，或者将其视为软弱的表现。你甚至害怕道歉会有损你的权威性，但即使年纪小，孩子也能觉察到主动道歉代表勇气，他们反而会因此更加尊重你。主动而由衷的道歉是你所能采取的效果最显著、最能打破循环的行动之一。

在治疗自己儿时受虐的创痛时，霍利发现自己萌生了向儿子道歉的想法。但是她又有些害怕，不知道该说些什么。我采用角色扮演的方法来帮助她。我将椅子挪向她，握住了她的手，让她把自己想象成她的儿子斯图尔特，而我则扮演霍利的角色。我让“斯图尔特”告诉我，面对母亲的虐待他有什么样的感受。

霍利（饰斯图尔特）：“妈妈，我真的很爱你，但是我也真的很怕你。当你发疯一样地打我的时候，我觉得你肯定是恨透我了，而我甚至不知道自己到底做错了什么。我努力地想做个好孩子，但是……妈妈，请不要再打我了……”

霍利停了下来，伸手拭去了眼中的泪水。她所感受到的是儿子的痛苦，也是她自己的痛苦。她想，如果自己当初可以对母亲说出这些她想象中儿子会对自己说的话该多好。于是她决定当晚回家就向斯图尔特道歉。

一周后她再次出现的时候，看起来神采奕奕。向斯图尔特道歉其实远没有她想象的那么难。她只是想起了自己一直期盼能从父母那里听到的话而已。她是这样说的：

我告诉他："宝贝，我做的事情对你造成了很大的伤害，我很惭愧。我无权打你，也无权骂你。你没做错什么，不应该受到这样的对待。你是个很优秀的孩子。都是我的错，亲爱的，都怪我。我现在终于得到了帮助，我早就该寻求帮助了。你知道吗，我的父母当年也曾毒打过我，我也不知道自己心里压着多少火气。我已经学会了许多应对自己怒气的新方法，可能你已经发现了，我不再疯狂失控了。所以我真心地认为我不会再打你了。但是如果我又对你动了手，我希望你能去隔壁求助。我不希望再对你造成任何伤害，这对我们都不好。我真的很爱你，亲爱的，我真的很抱歉。"

当你向孩子道歉时，你也是在教会他们相信自己的感觉和认知。实际上你是在对他们说："你认为我所做的不公平的事情确实不公平。你的感觉是对的。"同时你也向他们表明，身为父母的你也会犯错误，而你也愿意为自己的错误承担责任。这其中的信息是，你的孩子也有犯错误的权利，只要他们愿意为此承担责任。通过道歉，你便真正将关爱他人的行为塑造为供孩子们学习的典范。

你身上本就具备改变子女命运的力量。当你自己从内疚、自我仇视和愤怒的家庭遗毒中解脱出来的时候，你也解救了自己的子女。当你终止了旧有的家庭模式并打破循环时，也为你的孩子、你孩子的孩子以及以后的子子孙孙送上了一份无比珍贵的礼物。你是在塑造未来。

尾声

放弃斗争

The end

你可以继续像个孩子似的幼稚和无助，等待父母给你发放成人许可证。但实际上，决定权在你自己手里，而不是由他们来掌握。当你真正地放弃斗争时，会发现自己的生活也会顺利起来。

在电影《战争游戏》中，美国政府的一台计算机被人编写了程序，即将启动一场全球性的核战争。所有试图改变这一程序的努力都是徒劳。然而，就在最后的紧要关头，计算机自己停了下来，说："有趣的游戏，获胜的唯一办法就是退出游戏。"

这句话也适用于我们许多人，我们的游戏——试图改变自己有毒的父母——仍在继续。我们竭尽所能地做出种种抗争，希望父母可以对我们更加慈爱和宽容。可是这种斗争会耗尽我们的精力，使我们的生活充满混乱和痛苦，注定徒劳无功。获胜的唯一办法就是放弃这种抗争。

这并不是说你必须同父母斩断联系，而是你必须放弃：

- 改变父母来获得良好的自我感觉的尝试。
- 寻找获得父母关爱的做法。
- 对父母持有激烈的情绪反应。
- 幻想总有一天父母会给予你应得的关心和支持。

与很多中毒的子女一样，你可能已经在理智层面上认识到：如果你至今都没有得到过父母的感情滋润，那你很可能永远都得不到了。但是这种认知极少能够渗透到情感层面。你内心那个苦苦挣扎的孩子可能还执着地希望，终有一天父母会发现你有多棒，并给予你关爱，不论他们的能力多么有限。面对父母对你的莫名责怪，你虽然不解，虽然心碎，但还是决定尽可能地为自己莫须有的过错做出补偿。可当你回到他们身边，渴望重获童年缺失的抚慰和认同时，你却发现自己犹如从枯井取水，一无所获。

放手，前行

很多年来，桑迪——她的父母因为她年少时的流产事件不停地训斥她——一直被束缚在企图改变父母的无谓努力中。她鼓足勇气，最终认清了自己的希望——获得父母的爱和接受——永远都不会实现。

这些年来，我一直相信父母很好，有问题的是我。对我来说，承认父母不知道该怎样爱我这一现实真的很难。他们知道怎样控制我、怎样批评我、怎样令我内疚和难过，却不知道怎样让我成为自己，以及怎样尊重我。他们只有觉得我是个好女孩，才会给予我他们的爱，否则就将它收回。我知道这一切都不会改变。他们会一直这样，但我要改变。我应该去做些更有价值的事情，而不是执着于改变他们。

桑迪需要很努力，才能克服崇拜父母的内心需要。她勇敢地面对父母，从母亲那里得到了些许的回应，母亲表示在当年的流产事件上，他们没能给予她足够的支持。然而，父母仍然对她现在的生活提出过分的要求。

桑迪让我帮忙想想对策，怎么说才能限制父母的来访、任意摆布以及利用负罪感和批评对她施行的操控。以下是桑迪和我想出的一些表述：

• 爸妈，我知道你们很希望和我待在一起，但是我现在有自己的生活，在你们需要我的时候，我可能无法每次都做到有求必应。

• 我不会再允许你们指责批评我了。你们有权发表意见，但是你们无权刻薄、轻视我。如果你们再这样对我，我不会容忍。

• 我知道这可能会让你们失望，但是今后我的拒绝会比以前多些。我不能每周都陪你们过周日了，而且下次你们来我家之前，请先给我打电话。

• 我知道所有这些意味着我们之间会有很多改变，我也知道我们都畏惧改变。但是我相信这些都是好的变化，会让我们之间的关系越来越好。

桑迪正在努力改变着她和父母之间糟糕的关系。对于父母的干涉和控制，她设定了很多限制，但同时，她不再试图改变他们的态度和观念。

关于放弃斗争，最难的一点就是容忍父母的一成不变。当父母作威作福时，你不需要保持沉默，但你要学着平复自己的焦躁，控制自己的反应。

正如桑迪所料，对于她的新做法，父母十分失望。他们并不承认自己干扰了她的生活，也不觉得他们像对待孩子一样对待她。但是桑迪不需要他们的醒悟，她已经主导了自己的生活。过了一段时间，桑迪的父母勉强地接受了她的新原则。

桑迪在与父母斗争时花费了很多精力。现在既然她已经放弃了斗争，就可以将这些精力用于经营婚姻和寻求个人的发展。她和丈夫有了更多时间可以交流、制订计划、享受性生活，给予他们的感情足够的关注。她也开始朝经营花店的目标努力。在治疗结束两年后，我收到了她寄来的宣传单，她的花店开业了。

你可以继续像个孩子似的幼稚和无助，等待父母给你发放成人许可证。但实际上，决定权在你自己手里，而不是由他们来掌握。当你真正地放弃斗争时，会发现自己的生活也会顺利起来。

重新定义爱

爱不仅仅是一种感觉，更是一种行为方式。当桑迪说“我父母不知道该怎样爱我”时，她的意思其实是他们不知道怎样展现爱的行为。如果你问桑迪的父母，或者任何有毒的父母是否爱自己的孩子，他们大多都会强调说他们很爱孩子。然而，他们的孩子大多没有感觉到被爱。有毒父母认为的爱，并不是我们通常意义的抚育和安慰行为。

很多来自有毒家庭的孩子长大以后都对爱的含义和感受感到困惑。他们的父母打着爱的旗号，实际上却并没有赋予他们真正的爱，反而令他们觉得爱是一种混乱的、戏剧性的、令人困惑甚至痛苦的情感——他们必须要牺牲自己的心愿和梦想才能成全爱。很明显，他们感受到的并不是爱。

爱的行为并不会折磨你，也不会让你失控，更不会让你产生自我憎恶。爱并不会带来伤害，爱是一种令人幸福的感觉。爱的行为会滋养你，让你拥有健康的情感。当有人爱你时，你会感到被接受、关怀、珍惜和尊重。真正的爱带来的是温暖、愉悦、安心、稳定和内心的平静。

当你理解了什么是爱的时候，你可能就会意识到你的父母没有能力，或者不知道怎样爱你。尽管这个事实很可悲，你也只能选择接受。而当你清晰地了解到父母的局限性和自己遭受的损失后，你也将为自己的生命打开一扇新的大门，开始接纳那些真正爱你的人，他们会赋予你应得的、真正的爱。

相信自己

小的时候，像所有的孩子一样，你将父母的认可或反对当作衡量自己好坏的标准。由于有毒父母的意见原本就是扭曲的，所以你只能牺牲自己对于现实的认知，来接受一些似是而非的观念。长大后，你可能还在做着此类牺牲。

然而，通过这本书的练习，你正在将衡量标准从父母的意见转变为自己的想法。你正学着相信自己对于现实的认知。你会发现，尽管父母不同意你的观点或不认可你的做法，但你仍然可以抵御他们的否定带给你的焦虑，因为你不再需要他们的认可。你正在成为自己的主人。

随着你变得越来越自主和独立，你的父母也会愈发感到不快。请记住，将变化视为威胁是有毒父母的天性，他们会十分抗拒你的变化和健康的行为，所以你要相信自己的感受和认知，这非常重要。随着时间流逝，父母可能会接受崭新的你，你和他们之间可能会衍生出一种类似成人之间的正常关系。但他们也有可能会抗拒到底，竭力维持旧的关系模式。不管怎样，能否从有毒的家庭行为模式中解脱出来的关键还是在于你自己。

成为一个真正的成年人并不是那么简单。你会经历一个艰难而疲惫的过程：准备好应对挫折和失误，从上到下、从前到后、从里到外地磨炼自己。焦虑、恐惧、内疚和困惑对任何人来说都无可避免。但这些魔鬼将再也无法控制你。这，才是关键。

当你可以更好地把握过去和现在与父母的关系时，你会发现你和其他人的关系，尤其是和自己的关系，会得到极大的改善。或许是平生第一次，你将拥有享受自己人生的自由。

◎ 作者介绍

苏珊 · 福沃德

国际知名的心理治疗师、演说家和作家，她的著作有《执迷：如何正常地爱与被爱》《依恋：为什么我们爱得如此卑微》《如何识破男人的谎言》《金钱魔鬼》《情感勒索》等。本书曾荣登《纽约时报》畅销书排行榜榜首。目前，她的作品已被翻译成15种文字，在全球发行。

她经常出现在媒体访谈节目中，曾在美国广播公司主持谈话节目长达6年，并在美国加州成立了私人性虐待诊疗中心。

克雷格 · 巴克

影视编剧兼制片人，他曾为全美许多杂志和报纸撰写文章，探讨人类行为问题，现居于美国洛杉矶。他曾与苏珊·福沃德合著过多部作品，如《执迷：如何正常地爱与被爱》《金钱魔鬼》《对天真的背弃》等。

◎ 译者介绍

黄姝

黑龙江大学应用外语学院讲师，曾参与编写《大学英语词汇教学理论与实践》《大学英语基础语法教程》《世界节假日文化》等，参与翻译《跟各国人都聊得来》《走神的艺术与科学》。

王婷

现任东北大学外国语学院讲师，主要研究方向为语言学及话语分析，曾参与翻译《从华尔街到长城》《跟各国人都聊得来》《走神的艺术与科学》。

图书在版编目 (CIP) 数据

原生家庭：如何修补自己的性格缺陷 / (美) 苏珊 · 福沃德，(美) 克雷格 · 巴克著；黄姝，王婷译 . -- 北京：北京时代华文书局，2017.12（2021.6 重印）
（苏珊 · 福沃德心理学经典作品）
书名原文：Toxic Parents
ISBN 978-7-5699-1881-6

Ⅰ . ①原… Ⅱ . ①苏… ②克… ③黄… ④王… Ⅲ . ①性格—通俗读物
Ⅳ . ① B848.6-49

中国版本图书馆 CIP 数据核字 (2017) 第 263194 号

北京市版权著作权合同登记号 图字：01-2017-6646

原 生 家 庭： 如 何 修 补 自 己 的 性 格 缺 陷

YUANSHENG JIATING RUHE XIUBU ZIJI DE XINGGE QUEXIAN

著　　者 | [美] 苏珊 • 福沃德　[美] 克雷格 • 巴克
译　　者 | 黄　姝　王　婷

出 版 人 | 陈　涛
选题策划 | 阳光博客
责任编辑 | 陈丽杰　袁思远
责任校对 | 陈丽杰　袁思远
装帧设计 | 郑金将
责任印制 | 刘社涛
营销推广 | 娟　娟　小　宇

出版发行 | 北京时代华文书局 http://www.bjsdsj.com.cn
北京市东城区安定门外大街 138 号皇城国际大厦 A 座 8 楼
邮编：100011　电话：010 - 64267120　64267397
印　　刷 | 天津创先河普业印刷有限公司　电话：022-22458683
（如发现印装质量问题，请与印刷厂联系调换）
开　　本 | 710mm × 1000mm　1/16　印　　张 | 20.75　字　　数 | 230 千字
版　　次 | 2018 年 5 月第 1 版　印　　次 | 2021 年 6 月第 4 次印刷
书　　号 | ISBN 978-7-5699-1881-6
定　　价 | 58. 00 元